Andreas Neumeister /
Marcel Hartges (Hg.)

Poetry! Slam!

_____ **Texte der Pop-Fraktion**

Rowohlt

1   2   ③   4   5   6   7   8   9   0

Originalausgabe
Veröffentlicht im Rowohlt Taschenbuch Verlag GmbH,
Reinbek bei Hamburg, Mai 1996
Copyright © 1996 by Rowohlt Taschenbuch Verlag GmbH,
Reinbek bei Hamburg
Die Rechte an den einzelnen Beiträgen
liegen bei den Autoren
Layout und Herstellung Constanze Hinz
Umschlaggestaltung Walter Hellmann
Alle Rechte vorbehalten
Satz Aldus PostScript auf Apple Macintosh,
QuarkXPress 3.31
Gesamtherstellung Clausen & Bosse, Leck
Printed in Germany
1990-ISBN 3 499 13736 4

1   2   3   ④   5   6   7   8   9   0

Inhaltsverzeichnis

1   2   3   4   ⑤   6   7   8   9   0

notiz:
die toten des wohnungsbaus werden nicht mehr gezählt
oder «der droste würde ich gern wasser reichen» / noch
manche buche mit ihr fälln
mir geht es so schlecht daß ich mich kaum
halten kann vor lachen
schlag mich wenn der mond platzt

die barrikade der butterkeks oder zwei turmhohe nym-
phomaninnen, die einem kasernierten volkspolizisten
himbeereis versprechen oder warum das trinken von
tonic unter ideologieverdacht gerät
nicht für die zukunft für den ernstfall zeugen wir oder
jehovas leberschaden
miss marple: erinnerungen aus der einzelhaft unter dem
einfluß von heilerde

1   2   3   4   5   6   7   8   ⑨   0

①   2   3   4   5   6   7   8   9   ⓪

TECSTASY

Poetry Slams haben mit herkömmlichen literarischen Lesungen wenig gemein. Als typische Pop-Idee kamen sie aus den USA und tauchen, nachdem sie sich in der amerikanischen Pop- und Underground-Szene durchgesetzt haben, zunehmend auch in Großbritannien und Deutschland auf. «Ideen hatten wir gestern, heute kupfern wir ab», kündigte sich der erste Münchener «Literatur-Slam» selbstbewußt an. Wer auf Slams auftritt, rechnet nicht unbedingt mit einem andächtig lauschenden Auditorium. Respektlose Unmutsäußerungen sind nicht seltener als offener Szenenapplaus, und am Ende wartet das spontane Votum der Publikumsjury, oft noch mit Zusatzwertungen für die Performance. Wer sich dem stellt, der weiß, daß er sich gut ins Zeug legen muß, um die launische Gunst der Zuhörer zu gewinnen. Einsatz ist Pflicht.

Mit den Slams hat die Literatur endlich zurück in die Clubs und Bars, zurück ins Nachtleben gefunden. «Die mühsam angelegten Rauschkulturen der Nacht hatten sich noch nicht verflüchtigt, alles war gut und herrlich, wir waren zurückgelehnte Unberührte, Heilige Drei Könige in eigener Mission.» Und kaum sind die ehrwürdigen literarischen Hallen verlassen, kehrt das vermeintlich abhanden gekommene Publikum wieder. Das Interesse am gesprochenen Wort scheint auf den ersten Blick ungebrochen. Doch der Eindruck täuscht, das Personal hat gewechselt. Wer das bedauert, dem ist nicht zu helfen.

In New York gibt es annähernd neunzig Orte, an denen regelmäßig Gedichte, Kurzprosa oder Stories vorgetragen werden. Im berühmtesten, dem «Nuyorican Poets Café», trat letztens eine Delegation deutscher Dichterinnen und Dichter auf. Die lange Anfahrt hätte man sich sparen können. Denn selbst wenn von vergleichbaren Verhältnissen wie in den USA noch lange nicht die Rede sein kann, gibt es mittlerweile in Berlin, Hamburg, München, Köln oder anderen Städten diverse Lokale, in denen sich die hiesige Spoken-Word-*Posse* einfindet.

① 2 ③ 4 5 6 7 8 9 0

Für uns sind Slams allerdings nicht nur eine neue Präsentationsform, sie dokumentieren auch ein neues Verständnis von Literatur. Spontaneität, Alltagsnähe, Gegenwartsbezug, Sprachwitz, Lustprinzip und Unmittelbarkeit spielen darin eine weit größere Rolle als die abstrakte, auf ein Expertenpublikum zielende Kunstanstrengung. Dies alles gilt selbstverständlich nicht nur für slam-erprobte Autoren, sie repräsentieren die Idee nur in besonders deutlicher Weise. Nicht weniger wichtig sind uns in diesem Zusammenhang eine ganze Reihe von Autorinnen und Autoren, die in Richtung Spoken Word oder Pop-Ästhetik arbeiten, ohne bisher auf einer Slam-Bühne gestanden zu haben. «Matthias» BAADER Holst beispielsweise, in vielfacher Hinsicht ein Vorreiter der Bewegung, war bereits tot, als die ersten Slams in Deutschland stattfanden. Bei der Auswahl der Beiträge für dieses Buch entschied neben ästhetischen Kriterien also weniger die faktische Slam-Teilnahme von Autoren als die Slam-Tauglichkeit von Texten. Neben Slammern der ersten Stunde wandten wir uns auch an textende Musiker, Fanzine-Autoren, an Pop-Journalisten und pop-sozialisierte Schriftsteller. Wie auf der Bühne waren außer dem Umfang keine formalen und thematischen Vorgaben einzuhalten, entsprechend vielseitig präsentieren sich die Texte hier. Und dennoch gehören sie für uns in einen Zusammenhang. Was slam-tauglich ist, mag sich nicht ohne weiteres in eine griffige Definition packen lassen, die Autoren und Autorinnen dieses Bandes haben es, wie wir meinen, trotzdem verstanden. Gerade in der Unterschiedlichkeit der Texte vermittelt sich ein Eindruck von der Vitalität der Szene.

Daß zeitgleich zum rituellen Dauerjammern der Kulturredaktionen über den Zustand der Literatur und die schwindende Bedeutung des Wortes eine Szene auf den Plan tritt, die – bezeichnenderweise großenteils außerhalb des Literaturbetriebs – das gesprochene und geschriebene Wort zu ihrer Sache erklärt, finden wir schon bemerkenswert. Die Vielzahl der in Frage kommenden Texte brachte es mit sich, daß wir eine Auswahl treffen mußten, die wir für repräsentativ halten, hochgradig subjektiv ist sie trotzdem. Ohne Kontroversen kamen wir dabei nicht aus.

Puristen mögen vielleicht die Transferverluste vom Slam zum Buch monieren. Klar, ganz von der Hand zu weisen ist das Argument nicht. Aber auch bei Übersetzungen käme niemand trotz vergleichbarer Einwände auf die Idee, darauf zu verzichten. Das ging uns nicht anders.

Literatur und Pop hatten es im deutschsprachigen Raum die meiste Zeit schwer miteinander. Das scheint sich im Moment zu ändern – was uns freut! Support your local fanzine, join your local slam!

Andreas Neumeister / Marcel Hartges

Walter Jens

Eines Tages traf ich in einem
Dieser neuen und modernen S-Bahnzüge:
Walter Jens
Er kramte mißvergnügt in seiner Aktentasche
Er hatte
Eine Idee
Ich sagte:
Herr Jens, wenn ich Ihnen mit einem Bleistift aushelfen kann,
Und hier:
Der Brief von meinem Liebsten
– die Rückseite ist nicht beschrieben
Walter Jens nahm Bleistift und Papier
Und schrieb seine Idee auf deinen Brief
Der Bleistift war zerkaut und voller Spucke
Aber Walter Jens schauderte nicht
Und Dein Brief war voller Lügen
Aber Walter Jens schauderte nicht
Rübenkamp stieg Walter Jens aus und nahm meinen Bleistift mit.

Karen Duve, geboren 1961, lebt als freie Schriftstellerin in Hamburg. 1994 Preisträgerin des II. Open Mike in Berlin. 1995 ist die Erzählung «Im tiefen Schnee ein stilles Heim» im Verlag «Achilla Presse» erschienen.

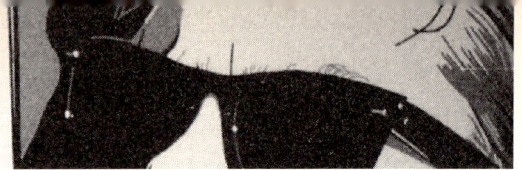

Sonntag

Kleine Vögel prallen gegen Panoramascheiben
Hausfrauen wischen lächelnd das Blut
In Lungen fettet Bratendunst
Es ist zu spät für Lotto, Toto, Selbstverstümmelung.

Du sagst: Lieber tot und tot als lebendig und tot
Und ich sage:
Keines Menschen Schmerz ist größer als der
Comer See.

Wir könnten ins Aquarium
Die Lurche heißen Blauer Pfeilgiftfrosch und
Niedlicher Grauer Schleimbolzen und nebenan
Der Komodowaran
Bewegt sich nur, wenn Du nicht hinschaust.

Du sagst: Lieber tot und tot als lebendig und tot
Und ich sage:
Keines Menschen Schmerz ist größer als der
Comer See.

Zur Kasse, Schätzchen!

(Slacken heute) Fotoposing: Tocotronic

Eben las ich im Semiprominentenklatschundtratschblatt XXS so etwas wie: Wenn man nach Amerika fährt, dann solle man sich da Second-Hand-Klamotten kaufen, weil die dort super-billig seien, was man von den deutschen Second-Hand-Läden nicht behaupten könne. Da sieht man mal wieder, wie schlecht informiert die hiesige Journaille doch über die eigene Heimat ist. Über Amerika, da wissen sie natürlich alles! Was ein Ko-kosburger mit Pistaziencreme am Sunset Boulevard kostet oder wer zuletzt Sharon Stone sein Ding reingesteckt hat, das kann man in jedem Apothekenheftchen nachlesen, die wirklich über-lebenswichtigen Informationen für das Hier und Jetzt liefert dagegen kaum mal jemand. Gerade der Slacker von heute steht oft allein da, wenn es darum geht, solide Mode für einen ak-zeptablen Preis zu bekommen, denn was die Hochglanzgazet-ten uns als Slacker-Mode verkaufen wollen, das sind ja Desi-gnerklamotten, die man sich höchstens leisten kann, wenn man der Erfinder der Generation X ist oder dergleichen. Ich jedoch sage: Teure Second-Hand-Kleidung? Das muß nicht sein! Ich will auch gar nicht mit meinen fundierten Kenntnissen hin-term Berg halten, ich weiß, ihr seid alle wahnsinnig scharf dar-auf, wie echte Slacker auszusehen. Bevor ich euch jedoch das Geheimnis der wahren und einzigen Slacker-Mode verrate, möchte ich darauf hinweisen, daß man sich ruhig mal ein bißchen lokalpatriotischer geben kann, man muß ja nicht im-mer diesen ganzen Amikram übernehmen, denn Slackertum ist natürlich kein neues und vor allem kein in Deutschland unbe-kanntes Phänomen. Früher sagte man zum Slacker bloß Tu-nichtgut oder Herumhänger. Der Parade-Slacker aus deutschen Landen erschien vor über fünfundzwanzig Jahren auf der Lein-wand und trug den Namen Werner Enke, er war die demoti-vierte Lässigkeit (heute sagt man Coolness) in Person, schlafen bis Mittag und dann im Halbschlaf durch den Tag vegetieren und ein paar flotte (coole) Sprüche bringen. Der Rumhänger-

Kai Damkowski, 1970 in Hamburg geboren, gibt das Lovepunk-Magazin «Klausner» heraus, glaubt noch immer an die hei-lende Wirkung des Alko-hols und plant für die Jahrtausendwende die Abschaffung des Kapitalis-mus. Außerdem geht Damkowski in seiner Freizeit als Aktivist der Alkohol-Krach-Kapelle Hrubesch Youth seinem Hobby Selbstzerstörung nach.

Streifen ‹Zur Sache, Schätzchen› zeigte schon damals alles, was echte Slacker auch gerne machen: Rumhängen, gammeln, schlafen, Schabernack treiben, rauchen, Frauen in sich verliebt machen, schlafen, nebenbei (mit Songtexten) Geld verdienen, Bullen verarschen, lässig sein, sich um nichts kümmern, schlafen. Der einzige, der Enke damals auch nur annähernd das Wasser reichen konnte, war Belmondo, bloß daß Godard ihm in ‹Außer Atem› ja unbedingt einen so wahnsinnig dramatischen Abgang verschaffen mußte – was May Spils in ‹Zur Sache, Schätzchen› dann verarschte, denn Enke wird nur durch einen Streifschuß am Arm verletzt. Nun seid ihr natürlich alle heiß geworden, ihr wollt auch Tunichtgute werden oder doch lieber Slacker, weil das lässiger und auch cooler klingt. Schön und gut, was aber tun, wenn die allgemeine Slacker-Mode unerschwinglich ist? Wer kann sich schon die ganzen Klamotten leisten, die in den Edel-Slacker-Läden, zum Beispiel im Karo-Viertel, angeboten werden? Wo doch das Karo-Viertel schon das heruntergekommenste ist, was Hamburg zu bieten hat... Der wahre Slacker kauft seine Klamotten auf dem Flohmarkt, das weiß ich, weil ich einige echte Slacker (Tocotronic) persönlich kenne. Die gehen am Wochenende wirklich auf den Flohmarkt, wühlen da in den T-Shirt-Bergen herum und kaufen für ‹halbes Dutzend/zwei Mark› irgendwelche nach Keller riechenden Kleidungsstücke, aus denen vor fünfzehn, zwanzig Jahren Leute wie Uwe Bohm oder The Teens rausgewachsen sind. (Es ist übrigens sehr wichtig, als echter Slacker dünn zu sein, weil man auf Flohmärkten vorzugsweise Jugendklamotten erwerben kann, die niemand mehr gebrauchen kann, der über siebzig Kilo wiegt – man kann also das wenige Geld, das man als Slacker haben sollte, für Schallplatten ausgeben und spart dafür bei den Lebensmitteln.) Alles in allem sind Flohmärkte aber auch nicht das Gelbe vom Ei, man muß für die ja auch immer so früh aufstehen am Wochenende. Ich bin ohnehin kein Flohmarktgänger (oh, gleich liest keiner mehr weiter, so was von unslackermäßig, wie ich mich hier gebe...), ich latsche zwischen den Ständen herum und sehe nur Schrott, so weit meine trüben Augen reichen. All die Leute aber, die ich später treffe und die auf demselben Flohmarkt waren, präsentieren mir die tollsten Dinge, die sie erstanden haben, die haben dann alte Wifona-Plattenspieler für acht Mark gekauft oder Klasse-T-Shirts mit Firmenaufdrucken aus den Siebzigern, die ich einfach nur häßlich finde, wenn sie auf den gammligen Flohmarkttischen liegen und noch kein schmucker Slacker drinsteckt. Henna

kauft sich oft bei irgendwelchen Türken Plastikspielzeug, das elektronische Geräusche von sich gibt, Froschorgeln, stöhnende Messer und so was, völlig teuer, aber irgendwie cool. Ich kann das nicht, ich habe kein Auge für so was. (Das einzige, was ich mal erstanden habe, ist eine wunderschöne ca. dreißig Jahre alte Alpina-Schreibmaschine, die meinen Schreibmaschinenbestand auf sechs erhöht hat und auf deren Kauf ich sehr stolz bin, vor allem weil ich den Standbesitzer noch von dreißig auf fünfundzwanzig Mark runtergehandelt habe: «Dreißig.» «Öh… Fünfundzwanzig?» «Jetzt soll ich siebenundzwanzigfünfzig sagen, oder was?») Aber eigentlich wollte ich ja über billige Kleidung berichten, und der Flohmarkt ist für Leute wie mich schon deshalb kein besonders gutes Kleiderkaufpflaster, weil man nicht anprobieren kann (was bei meiner doch relativ langen Größe ein absolutes Muß ist) oder sich dabei in Schneestürmen und vor den gaffenden Blicken unzähliger Vorbeischlenderer ent- und ankleiden muß, was besonders peinlich wird, wenn einem die Sachen, die man auserkoren hat, weder passen noch stehen. Also doch Karo-Viertel? Oder vielleicht das Studium durchziehen, als Möchtegern-Slacker an der Uni abhängen und später als Lehrer von den wilden Hängertagen erzählen? Muß nicht sein, denn es gibt noch andere Second-

Hand-Läden neben den Szene-Wichsern in der Marktstraße. Wie das Wort ‹Szene-Wichser› nämlich schon sagt, ist das Karo-Viertel zwar ein heruntergekommener Stadtteil, aber es gibt dort eine ganze Menge Jungvolk, das es sich leisten kann oder will, teure Klamotten zu kaufen oder zu verkaufen. Szene-Stadtteile sind nicht gut für den billigen Einkauf. Ich persönlich wohne in Altona, auf der Ostseite des Altonaer Bahnhofs, das heißt nicht im Szene-Stadtteil Ottensen, sondern eben in jener toten Zone zwischen Ottensen und St.Pauli, wo es nichts gibt, mal abgesehen von einer trostlosen, aber äußerst praktisch konzipier-ten Fußgängereinkaufspassage (Neue Große Bergstraße) und Sozialwohnungen, die, über den Daumen gepeilt, zu 40 % von Ausländern, zu 25 % von Arbeiter- oder Arbeitslosenfamilien, zu 20 % von Rentnern und zu 15 % von jungen Leuten, vorwiegend Singles, bewohnt werden (jetzt mal die Obdachlosen, wie immer, außen vor gelassen). Keine der Gruppen ist besonders einkommensstark, und die jungen Leute sind sehr ‹unszenig›, sie wollen weder die Antifa in ihrem Viertel etablieren noch ‹witzige› Kneipen und Cafés aufmachen, geschweige denn überteuerte Second-Hand-Läden. Das hat einerseits zwar negative Folgen (es gibt null Zusammengehörigkeitsgefühl, die Rentner und Arbeitslosen sind nicht gut auf die Ausländer zu sprechen, und zum Ausgehen muß man auf den Kiez), andererseits aber ist es auch positiv, weil die Jungen keine szenige Kleidung (sog. Identifikations-Klamotten) tragen und sie sich auch nicht für ein Heidengeld aufschwatzen lassen. Die Ausländer eh nicht, die kaufen das Günstigste und Haltbarste, ist ja klar. Die Folge ist: Es gibt in Altona-Ost billige Klamotten. Früher gab es noch den legendären Humana-Markt, der damit warb, daß soundsoviel Prozent des Umsatzes in Projekte in der Dritten Welt flössen. Wenn man so was liest, schreckt man normalerweise sofort zurück, denn der nächste Blick fällt aufs Preisschild, und da kostet dann ein Pfund Kaffee hundert Mark oder so, wie soll das dann erst bei Kleidung sein? Nicht so bei Humana, dort waren die Preise noch niedriger als bei den Kilo-Kaufhäusern in anderen Städten (ein Kilo Kleidung für fünfundzwanzig Mark), die bei uns aus irgendwelchem wettbewerbsrechtlichen

Schnickschnack nicht zugelassen wurden. Bei Humana gab es eigentlich alles, und nur sehr selten hatte man das Gefühl, daß man etwas von diesem allem auch gebrauchen konnte. Wenn man aber doch was gefunden hatte (eine Jeans paßt immer), mußte man auch nicht tief in die Tasche greifen, sagen wir im Schnitt etwa zwölf Mark. Wem das noch zuviel war, der konnte auf den Winter- oder Sommerschlußverkauf warten, dann kam nämlich der eigentliche Humana-, was sage ich, Nirvana-Hammer: Der Schlußverkauf dauerte nämlich genau eine Woche, und jeden Tag wurden die Preise, angefangen bei sieben Mark für alle Artikel, um eine Mark gesenkt. Das heißt, am Montag kosteten alle Sachen sieben Mark und am Samstag wurde das, was noch da war, für zwei Mark verramscht. Egal, ob Lederjacke oder Strumpfhose, alles der gleiche Preis. Da konnte man noch bluffen und taktieren... Würde die Klasse-Kunstlederjeans auch morgen noch für vier oder gar übermorgen noch für drei Mark da sein? Das hieße, man hätte schon wieder einen Pullover gespart, den man sich am Samstag holen könnte! Einmal habe ich mir wirklich eine rote, knallenge Kunstlederjeans geholt, für zwei Mark am Samstag. Die war so eng, daß ich den Knopf nicht zubekommen habe, aber für zwei Mark fragt man nach so was nicht, außerdem meinte meine Freundin damals, die sähe cool aus, sexy. Tja, aber wie das so ist, wenn man mit dem Posen anfängt, gerät man schnell in einen Teufelskreis, die Hose spannte, und irgendwann ist mir auf einer Hafenstraßen-Demo der Reißverschluß aufgeplatzt, und ich latschte ziemlich möchtegernautonom mit Händen in den Taschen bis zur nächsten S-Bahnstation, von wo aus ich nach Hause fuhr. (Zuvor hatte es schon eine andere mehr oder minder peinliche Situation mit der Hose gegeben, als ich nämlich in einem Café aus einem dieser aus Wäscheleine geflochtenen Stühle aufstehen wollte, blieb die halbe Kunststoffbeschichtung daran kleben.) Naja, Humana hat inzwischen ohnehin dichtgemacht, wahrscheinlich hatten die den Verkäufern Dritte-Welt-Löhne gezahlt, aus Solidarität mit den armen Schluckern da unten gewissermaßen. Bleibt eigentlich nur noch N&H, wenn man vernünftig slacken will. H&N hätte mir zwar als Name noch einen Deut besser gefallen, aber das ist nur eine Kleinigkeit.

Wichtig für den echten Slacker ist, daß er zu dem N&H in der Großen Bergstraße geht und nicht etwa zu der Filiale Max-Brauer-Allee/Ecke Holstenstraße, da wollen die nämlich auch szenig sein, es gibt da diese ganze überflüssige Szene-Scheiße wie Schweizer Armeejacken, Markenjeans und Pyjama-Oberteile aus Satin, Sachen eben, die man anzieht, wenn man glaubt, daß man nicht genug eigene Ausstrahlung besitzt und irgendwie auszusehen versucht wie ein Siebziger-Jahre-Rockstar. Der Laden ist übersichtlich, sauber und teuer. Hier kauft der Möchtegern-Slacker. Ganz anders N&H Neue Große Bergstraße. Das ganze Ding (es liegt übrigens im ersten Stock über einer Bank und einer Bäckerei) wirkt wie ein Second-Hand-Woolworth, unübersichtlich, dicht an dicht stehen die Ständer, alles wirkt extrem unmodisch und geradezu häßlich, man mag nicht so recht zu suchen anfangen. Zu empfehlen ist deshalb erst mal der Gang zum Jeans-Ständer (es gibt ein gutes halbes Dutzend davon), Jeans sehen auf den ersten Blick immer gleich aus, da wird man nicht so vom Farb- und Stilmischmasch geschockt. Bei den N&H-Jeans sind zwar des öfteren größere Löcher zu entdecken (die kauft man natürlich nicht, Löcher produziert ein Slacker im Laufe der Jahre selbst, wer sich vorsätzlich Jeans mit Löchern kauft, ist ein Idiot, besonders wenn er es bei N&H tut, weil die nämlich nicht absichtlich da reingerissen wurden und deshalb im Laufe der nächsten Tage überdimensionale Maße annehmen), aber einige unbeschädigte Paare sind für gewöhnlich auch zu finden. Da mir von zehn anprobierten Jeans normalerweise allerhöchstens eine paßt, muß ich hin und wieder auch welche mit leichten Beschädigungen nehmen (Loch ist ja auch nicht gleich Loch, obwohl der männliche Volksmund dies behauptet, bei einigen sieht man einfach, daß die nicht weiter aufreißen), da gibt es dann aber einen Trost, es ist bei N&H nämlich eine Selbstverständlichkeit, daß die Verkäufer die Ware nach Gefühl runtersetzen, wenn sie beschädigt ist, eine Jeans, die normalerweise neunzehn Mark kostet, bekommt man dann für vielleicht zwölf. Man kann auch erleben, daß Hausfrauen von sich aus an der Kasse zu handeln beginnen, es wird hin und her gefeilscht bei Preisen, die selbst mir lächerlich niedrig erscheinen. Das ist Altona-Ost pur, mmh, da liegt das Flair von Sozialhilfe in der Luft. Bei N&H kosten zum Beispiel alle Hemden sieben Mark, die meisten sind nicht gerade der letzte Schrei, doch auch hier findet man das eine oder andere makellose Schmuckstück, man muß nur den Blick dafür bekommen und sich eine andere Umgebung als die deprimierenden, im Takt von Alsterradio rotierenden Kleiderständer vorstellen. Selbstverständlich gibt es auch hier einen Sommer- und Winterschlußverkauf, die machen es ganz simpel: Alles wird zum halben Preis verkauft. Neulich war ich da und habe mir eine Hose für neun, ein Hemd für dreifünfzig und ‹aus Spaß› einen Schlips (goldenes Paisley-Muster auf königsblauer Seide oder so) für einsfünfzig gekauft. Macht zusammen vierzehn Mark und alles sitzt wie angegossen. Meine Winterjacke, die ich seit nunmehr vier Jahren von September bis Mai nahezu täglich trage, habe ich damals für einen Fünfer am Schnäppchenständer ergattert. Niemand muß sich also ein Flugticket in die USA besorgen, nur um billige Klamotten zu kaufen, ein Ausflug in die Neue Große Bergstraße reicht vollkommen aus. (Inzwischen hat etwas weiter unten noch ein kleiner Türke aufgemacht, der ebenfalls Second-Hand-Sachen verkauft – jedes Hemd 5.–!) Aber vermutlich findet ihr das eh alle wieder nur sehr amüsant und rennt dann doch wieder in die Mönckebergstraße zu H&M, weil ihr nämlich nur der Schatten des großen Werner Enke seid, der sich im Grabe umdrehen würde, wenn er

(3) Zweiflerischer Hooligan

Arne trägt:
Trikot: Geschenkt (Freund seiner Schwester)
Jacke: Geschenkt (Mitbewohner)
Hose: Viel Ärger, 49,-
Schuhe: Deichmann, NGB, 19,-
Frisur: Freundin

(2) Wasserspiele –

Dirk trägt:
Pullover: Marc O'Polo, Flohmarkt, 1,-
Hose: Viel Ärger, 15,- (Vorzugspreis)
Schuhe: Thomas-I-Punkt, 150,- (!!)
Frisur: Freundin

dort schon Quartier bezogen hätte. Die wahren lässigen Rumhänger treffe ich zwischen drei und vier (nach dem Aufstehen und vor Arbeitsende der Yuppie-Säcke) bei N&H, NGB.

no hesitation no repetition no deviation

Die Strategie, an vorhandene Codes anzurasten, diese aufzunehmen und umzukehren, kommt in der Disziplin zur höchsten Verfeinerung, um die es hier geht: es ist ein Spiel, das von einer Menge Leute gespielt wird – die Mode. Uns interessiert nicht die Ebene, wo sie entworfen wird, sondern die Ebene, wo sie gekauft, getragen, kombiniert, verändert, liegengelassen, weiterverkauft und weggeworfen wird. Bei der Mode geht es nicht um Besitz, sondern um einen Prozeß des Enteignens und Aneignens.

Wir Puppen sind hier aus sehr modischen Gründen: Unsere Aufgabe ist es, die Festschreibungen und die «Natürlichkeiten» als konstruiert vorzuführen. Wir tragen die Kleidungsstücke, die Cathy und Christoph gerne hätten, nämlich:

Christoph hat Reservoir Dogs gesehen und möchte jetzt so ein Outfit haben. Das ist eigentlich ein ganz normales 50er-Jahrebeziehungsweise New-Wave-1982-Outfit: Schwarzer Anzug, Sonnenbrille, weißes Hemd.

Cathy Skene &
Christoph Schäfer,
geboren 1968 in Hongkong bzw. Essen. Leben in Hamburg und arbeiten seit 1989 zusammen. Der Text entstand für die

Christophs Outfit ist männlich. Das heißt seit der Französischen Revolution: natürlich, vernünftig, funktional, neutral. Ist Ihnen eigentlich klar, daß bei diesem Standardkleidungsstück des europäischen Mannes die Geschlechtsorgane und der Arsch als einzige Körperteile doppelt bedeckt werden?

Einzig seine schwarzen Lackleder-Gucci-Slipper bilden als offensichtlich unvernünftiger Luxus eine Ausnahme.

Dem Weiblichen wird seitdem bekanntlich das Degenerierte, das Unvernünftige, das dem Schein mehr als der Wirklichkeit Verhaftete zugeschrieben.

Cathy trägt einen schwarzen Nylontrench von Dolce e Gabanna, darunter, als kleine Österreich-Reverenz, ein blaues Latexkleid von Helmut Lang, fleischfarbene Strumpfhosen von Wolford und dünnriemige Sandaletten von Jimmy Choo.

In Modezeitschriften gibt es keine Verzögerung im ununterbrochenen Fluß der Mode, Wiederholungen sind tabu, genauso wie Abweichungen vom gängigen Schönheitsideal und von konformen Rollenbildern. Die Mode beschreibt sich selbst als herkunftslos, als außerhalb menschlicher Mächte stehend. Sie läßt ihre Bewegungen als unvorhersehbar und eigenen Gesetzen folgend erscheinen.

Das Blindfeld der Modezeitschrift ist das Gebrauchte, Benutzte und vor allem die Mode vom letzten Jahr.

Der Platz, an dem man als normale, nicht-prominente Person für abdruckenswürdig erachtet wird, ist diskriminierend gerahmt: Als vorher/nachher-Foto wird der eigenen, gebrauchten Kleidung, Haarschnitt, Stilentscheidung eben gerade kein Auftritt auf der Bühne eingeräumt, sondern eine durch den paternalisierenden Zugriff der Geschmacksprofis bestimmte Zurschaustellung zur öffentlichen Beurteilung freigegeben.

Frauenzeitschriften haben die Funktion, die vom Kapitalismus freigesetzten Begierden und Wünsche einzufangen und zu kanalisieren. Frauen wird in besonderem Maße die Partizipation im, unter anderen, Politischen und im Arbeitsbereich verweigert. Die Zeitschrift «Petra» fährt ein militantes monatliches Mitmachprogramm, das diesen Ausschluß im Privat- und Körper-Sektor kompensiert.

Wie komme ich mit 3 Stunden weniger Schlaf täglich aus Trainingsprogramm
Wie bringt man Vielredner auf Parties zum Aufhören Anweisung
Ist Ihr Partner Ihnen gewachsen Test
Wie schalte ich meine Konkurrentinnen aus Wegweiser

Petraismus

Ausstellung «no hesitation no repetition no deviation» im Kunstverein München 1995 als Faltblatt und Video.

Der Titel des Textes bezieht sich auf die Grundregeln des Fernsehspiels «Just a Minute», das seit Jahren auf BBC läuft. Einer der vier Mitspieler muß eine Minute zu einem Stichwort reden, und zwar **ohne Zögern, ohne Wiederholung, ohne Abweichung**. Sobald der Redner einen Fehler macht, wird sein Redefluß von einem Mitspieler unterbrochen.

1   ②   3   4   5   6   ⑦   8   9   0

Welchen Lover in welchem Monat anbaggern Horoskop
*Welche Stellungen sich ihm beim Sex am tiefsten ins Unterbe-
wußtsein eingraben* Empfehlung
und natürlich: *Ihre letzte Diät!*

In dieser Zeitschrift werden die unerfüllten, ja nicht einmal am
Horizont aufgetauchten Wünsche umgekehrt und gegen die
Leserin selbst gewendet.

Weil ich mein Interesse an der Mode behalten wollte, konnte
ich nur noch Vogue lesen, mit den bewährten, getesteten, per-
sönlichkeitskontrollierten Models. Dieses regelrechte Bombar-
dement von höchstens zehn vertrauten Gesichtern, die die
Kontinuität unterhalb der modischen Veränderungen sichern.
Daß Linda Evangelista in drei Jahren bloß ein Jahr älter wird –
ist ein Merkmal der Modeindustrie: daß man mit etwas ver-
traut ist, aber sich überraschen läßt, aber nur von dem Label,
Designer, Model oder der Zeitschrift, der man sowieso schon
das Vertrauen schenkt.

Je seltener sie sind, desto besser denke ich sie zu kennen, ich
träume von Amber Valetta genauso wie von meiner Schwester.
Natürlich lese ich nur die englische Vogue, nicht die deutsche
Vogue, die mich für blöd verkauft und mich für reich, aber mo-
derat hält; die mir nur den gemäßigten Teil einer Kollektion
zeigt, das was in Braun, Braun oder Braun gemacht ist, was ich
als Deutsche am wahrscheinlichsten kaufe. Die Werbung drin
sagt schon alles – voll von Nicht-Designer-Designern wie Bog-
ner. Die englische Vogue dagegen zeigt das, was geil ist, aber
auch die Kopie zum Selbermachen. More Dash than Cash is the
bottom line, wem anzusehen ist, daß er Geld ausgeben muß,
um hip auszusehen, ist arm dran.

Synchronoptisches Diagramm des modischen Bewußtseins.

Eine Person geht durch die Zeit. Die weißen Zonen stellen das
Bewußte dar, die schwarzen Zonen das Unbewußte oder Ver-
drängte.

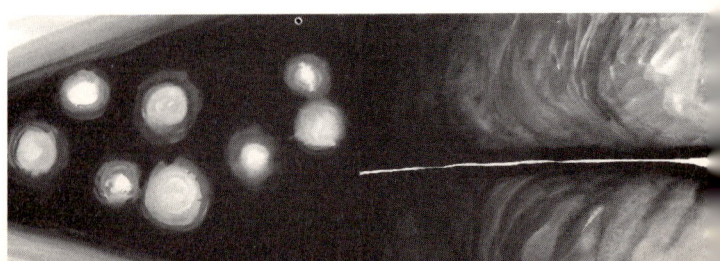

Das Blatt mit der Person symbolisiert den Status Quo, das Jetzt, die Gegenwart, die hier so gemalt wurde, daß sie im hellen Lichte des Bewußtseins leuchtet, schließlich sind die Dinge, die es jetzt zu kaufen gibt und die jetzt getragen werden, zu sehen.

Der Person und ihrer Gegenwart voraus, ist ein schnell enger werdender Trichter gemalt, der das Bewußtsein über die Zukunft darstellt, ein Scheinwerfer, der auf das Kommando gerichtet ist. Naturgemäß nimmt dieses Wissen mit der zeitlichen Entfernung ab, nichts desto trotz ist es dieser Bereich, für den die Mode sich fast ausschließlich interessiert.

Was hingegen ein Modetabu darstellt, ist die links auf die Gegenwart folgende jüngste Vergangenheit. Diese ist immer auch die jeweils verdrängte Vergangenheit: zu Anfang erinnert man sich noch einer gerade zu Ende gehenden Epoche und ihrer Ideen, Hoffnungen, Wünsche, Moden, Hits, Versprechungen und Gegenstände, doch all diese Sachen repräsentieren das Benutzte, sozial Belastete, das Festgelegte, und haben den Geruch des Scheiterns oder der Eltern an sich. In dieser Phase setzt die Verdrängung ein, die Kulturindustrie entläßt ihre Produkte ins Sonderangebot und bald fallen sie dem Schwarz des Vergessens anheim.

Auf der letzten Tafel ganz links schließlich ist die Vergangenheit zu sehen. Die weißen Flecken stellen romantische Inseln dar, verdauliche Produkte der Erinnerung im Schwarz des Verdrängten und des Vergessens.

Erzähl doch mal, wo du dein Hemd gekauft hast.

Dieses Hemd habe ich 1991 bei *Bitch* gekauft. Es gab dieses eine längsgestreifte Hemd und ein weiteres quergestreiftes aus dem gleichen Stoff. Das quergestreifte paßte etwas besser, sah aber nicht so gut aus. Das längsgestreifte machte einerseits eine schmale Figur, und andererseits spannte es leicht an meinem frisch erworbenen Bauch, auf eine Art, die mir gut gefällt. Das

Folgender Report befaßt sich mit den psychologischen Auswirkungen des Alterungsprozesses eines Kleidungsstücks.

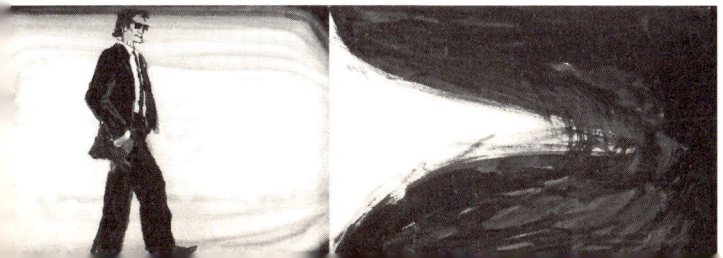

Hemd hat den Charakter eines 60er-Jahre-Kinder-Strandspiel-hemdes. Es war über circa 2 Jahre mein Lieblingshemd, ich habe nie ein Kleidungsstück intensiver geliebt als dieses, und ich fühlte mich damit immer gut gekleidet.

Es wurde 1992 noch mehr zu meinem Lieblingshemd, als ich beim Urlaub an der Ostseeküste einen Strandkorb fand, dessen Bezug dasselbe Muster hatte.

Was für Überlegungen hatten denn dazu geführt, daß du es überhaupt gekauft hast?

Schon beim Kauf waren mir einige offensichtliche Vorteile klar. Erstens: Seltenheit. Wie die Designerin mit Bedauern feststellte, kriegt sie den Stoff nicht mehr.

Ein objektives, klassisches Sammlerkriterium.

Ja. Zweitens kenne ich die Designerin und finde sie attraktiv.

Ein sozusagen an vorkapitalistische Produktionsweisen erinnernder, konservativer Kaufgrund, tendenziell allerdings einer in Richtung Erlebnisshopping. Beziehungsweise: du erhofftest dir einen Hersteller-Gegenstand-Eigenschaften-Transfer...

Hm. Der dritte Grund: Schaff dir eine falsche Vergangenheit! Die Sixties – Assoziationen oder angebliche Kindheitserinnerungen, von denen ich eben geredet habe –, das sind Erinnerungen an ein Leben, das man so nie hatte, Erinnerungen an verblichene frühe Farbfotos oder Segelbötchen ohne Fernbedienung. Also mehr eine Bezugnahme auf eine nostalgiefähige Vergangenheit, eine zur Romantisierungsfähigkeit bereinigte Vergangenheit. Die Tatsache, daß das Hemd nicht *echt alt*, sondern neu gemacht ist, löst eine Empfindung aus, daß man die Vergangenheit neu schaffen kann, daß man die Vergangenheit unter Kontrolle hat.

Was für einen Charakter hat das Hemd? Ist es ernst oder eher verspielt? Welchem gesellschaftlichen Sektor würdest du das Hemd zuordnen – hat es eher einen Freizeitcharakter oder macht es einen professionellen Eindruck?

Es ist eindeutig ein Freizeithemd. Die Spiel- und Freizeitassoziationen des Hemdes heften sich als Versprechen an den Gegenstand, versprechen ein Leben kindlich unschuldigen Spiels, befreit von der Arbeit. Dieses Versprechen wird zur Forderung, zur Arbeitsunwilligkeitserklärung, wenn man das Hemd zur Arbeit im Büro trägt, als würde man nur mal kurz bei der Arbeit vorbeischauen – auf dem Weg in den Urlaub.

Wie modisch war das Hemd, als du es gekauft hast?

Das Hemd war damals knapp ein Jahr dem Mainstream voraus. Es wird über die Hose getragen, hat aber trotzdem was Formelles, Gestaltetes – man ist lässig angezogen und doch besser als der mittlere Angestellte im Anzug. Jetzt gibt es häufig so ähnliche Hemden. Die sind aber an den Schultern breiter geschnitten, meist quergestreift, um einen breiten Eindruck und damit eine männliche Figur zu machen, und um – im Gegensatz zu meinem schmalgeschnittenen Hemd – das Männliche, Athletische, Kantige, Unelegante zu betonen. Das Hemd bezieht seine sexyness aus der Tatsache, daß es vorne durch einen Reißverschluß leicht aufzumachen ist, was viele Mädchen auch gerne machen.

Gab es einen Punkt, an dem sich deine Gefühle zu dem Hemd verändert haben?

O ja. Das Hemd war etwa 2 Jahre lang mein ungeschlagenes Lieblingshemd. Doch es gab zwei Momente, die es mir madig machten: Erstens fiel mir auf, daß ich es immer bei allen Eröffnungen anhatte, was Scheiße war, es bekam plötzlich eine langweilige Geschichte, als: das-Hemd-das-ich-bei-Eröffnungen-anhabe, die die eben erwähnten phantasmagorischen Eigenschaften komplett zu überdecken begann. Es wurde schal. Ich mochte es überhaupt nicht mehr, als ich es 1993 beim *Utopische Kunst / künstliche Utopie-Symposium* angehabt hatte, weil dort A) alle Ex-Friedrichshofler gestreift trugen, und B) waren an diesem Ort plötzlich alle «lockeren», «natürlichen» Eigenschaften ekelig, und ich freute mich über jede Neurose und Entfremdung, die als Verkrampfung ihren Weg in meinen Körper gefunden hatte ...

Ich trage das Hemd seitdem nur noch selten, es riecht seitdem auch irgendwie komisch.

Gibt es ein Kleidungsstück, das nach diesem Hemd zu deinem Lieblingshemd wurde?

Da muß ich nachdenken ... Ja, abgelöst wurde es durch ein Tennishemd mit rotem Streifen auf der Brust – kein neues

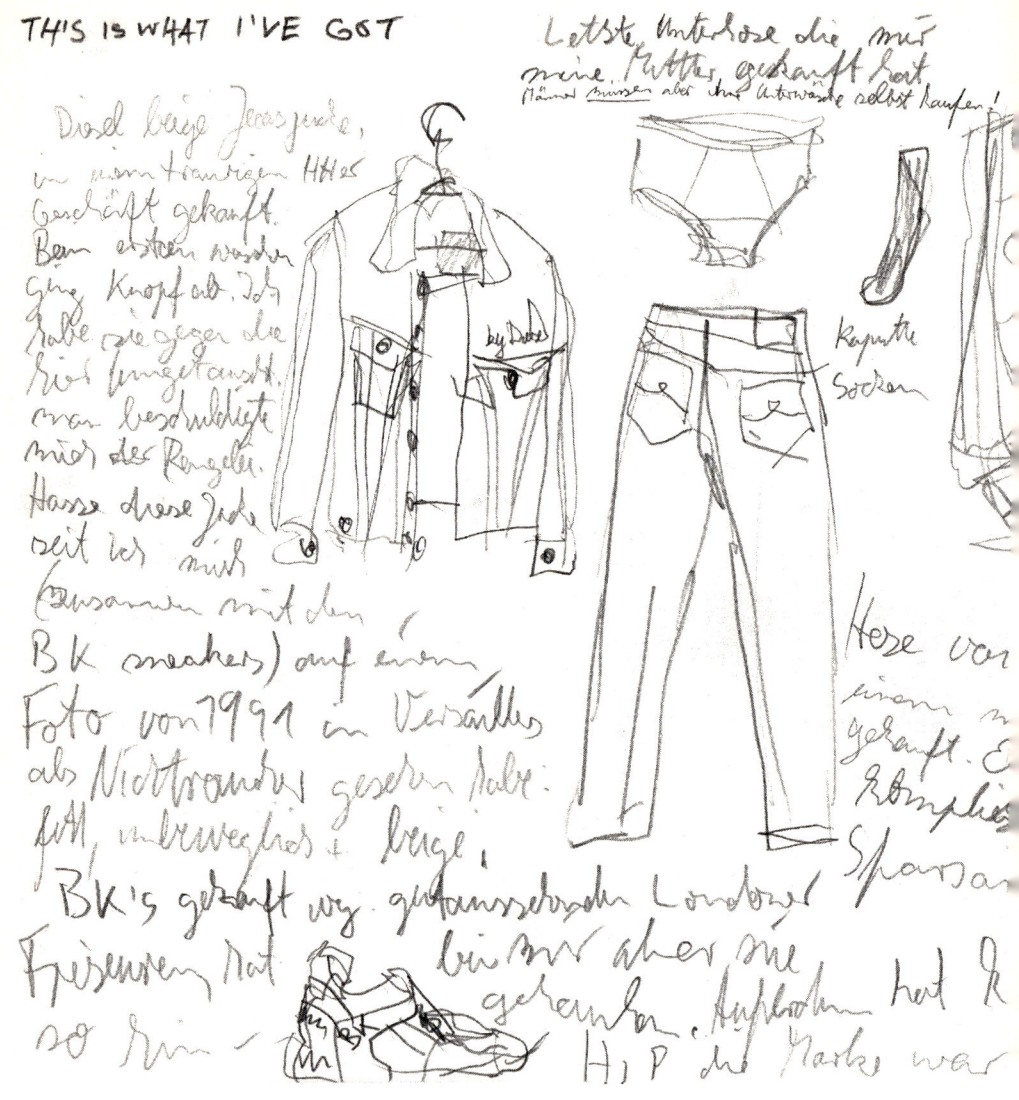

Hemd, ein geerbtes. Ich hatte es immer für ein Billighemd ge-
halten und gedacht, daß das «T» auf der Brust für «Tennis»
stehen soll – in der Art, wie man bei Hertie T-Shirts kaufen
kann, auf denen «Baseball» steht, die aber nie von echten
Baseball-Spielern gekauft werden – diese Art von kulturindu-

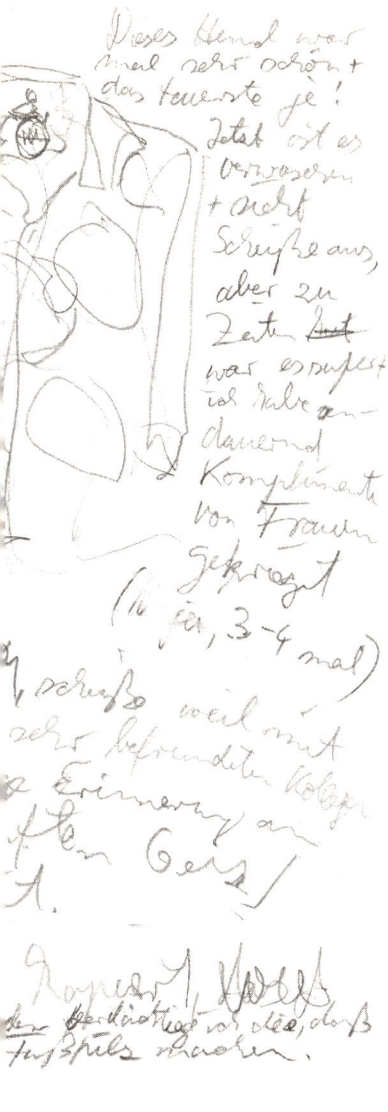

striellem Fehlgriff oder Mißverständnis hatte ich hinter dem «T» auf meinem Hemd vermutet, bis mich jemand darauf hinwies, daß es das «T» von Sergio Tacchini ist, dem Agassi-Ausstatter, und sehr teuer.

Dadurch ist dieses Hemd auf der einen Seite natürlich wertmäßig abgesicherter, aber andererseits ist es auch langweiliger und berechenbarer und irgendwie zur falschen Seite hin abgesichert.

In Vorfreude auf den Sommer entdeckte ich neulich bei Linette einen schwarzen Nylontrench von Dolce e Gabanna. Ich dachte, daß er von Prada wäre, und wollte ihn deshalb sofort. Ich stellte mir aus irgendeinem Grund vor, daß ich auch im Sommer schwarzes Nylon tragen würde, am Strand zum Beispiel im August, in Cornwall, wo ich ihn ausbreiten würde, er wäre schwarz, und die Schwärze würde die Sonne in sich aufnehmen.

Jetzt folgt ein Text, der sich mit dem Modischen, dem Kommenden, das sich in einem sozial klassenmäßig unbestimmten Bereich aufhält, mit dem unerfüllten Wunsch nach Besitz eines Kleidungs-stücks beschäftigt.

Aber wir haben erst Januar, warum willst du jetzt schon einen Sommermantel kaufen?

Hast du jemals versucht, einen Wintermantel im November zu kaufen – oder einen Badeanzug im Juli? Die guten Teile sind schon ein halbes Jahr vorher weggekauft. Vermittels dieser

Sommerteile will man sich der Tatsache versichern, daß der Sommer kommt, ihn sozusagen voodoomäßig herbeizaubern. Außerdem: die Mode ist eine Möglichkeit, die Jahreszeiten zu feiern – also die kalte Saison dadurch zu mildern, daß man schicke Mäntel und Handschuhe trägt. Die Mode verwandelt die Tatsache, daß man den natürlichen Abläufen ausgeliefert ist, in ein ästhetisches Spiel, sie flirtet höchstens mit Natürlichkeiten.

Du wolltest doch schon für letzten Winter einen Prada-Mantel kaufen.

Stimmt. In der Augustausgabe der englischen Vogue war er abgebildet gewesen... es war einfach *der* Mantel des Jahres – ein doppelreihiger Automantel aus weißem Leder, mit großem Kragen und breitem Revers.

Ich wollte ihn sofort, ich *mußte* ihn einfach haben und sprach mit meinen Freunden darüber: «Aber nur für eine Saison» – meinte Reinhild, wegen der weißen Farbe.

«Sauteuer» – meintest du.

Ich schlug mir den Gedanken jedenfalls aus dem Kopf und begann mich nach einem vernünftigen Wintermantel umzusehen, fand aber keinen. Der Schnitt dieses Prada-Mantels war offensichtlich der Hit der Saison. Gucci hatte auch einen rausgebracht, aber ausgefallener, mit goldenen Knöpfen und Ärmelaufschlägen. Sogar Marks and Spencer hatten eine Version und ließen sie von Linda Evangelista im Evening Standard vorführen. (Nebenbei, eine extrem schnelle Zeitung: während ich noch von den neuen schwarzen Gucci-Stilettos träumte und dachte, die wären extra für mich gemacht, mir sie hochaufgelöst und dreidimensional in meinem Besitz vorstellte, fiel mir ein ganzseitiger Artikel in die Hände, von einer Journalistin, die sie bereits gekauft, getragen und ausführlich ihre Vor- und Nachteile, ihre Gehversuche und ihren durch die Schuhe bewirkten sozialen Aufstieg beschrieben hatte. Es war sogar eine Karikatur genau dieser Schuhe abgedruckt!)

Ich versuchte einen solchen Mantel zu finden, und verbrachte *zwei Tage* damit, Düsseldorf anzurufen, London, ja ich bin bis zur Prada-Pressesprecherin in Mailand vorgedrungen.

Ich verliebte mich mehr und mehr in den Mantel ... Schwarz,

fiel es mir plötzlich wie Schuppen von den Augen, war die Farbe, die mein Leben ruinierte, war die Ursache meiner sechs Monate des Jahres während Winterdepression. *Weiß* dagegen! Weiß war die Antwort, Weiß wurde zum Licht am Ende des Tunnels. Ich könnte *Farben* dazu tragen! Pastellfarben, silberne Schuhe! Ja, sogar Schwarz.

Das Wissen um die Tatsache, daß Weiß eine regelrechte Trendfarbe in diesem Winter ist – ein Trend übrigens, den Vogue einem alle fünf Jahre einzureden versucht –, konnte mein Verlangen nicht mildern, im Gegenteil: Es machte es stärker! Der Mantel würde eine Zeitmaschine sein! Er würde zum Geschichtsbuch werden, zur wandelnden Aufzeichnung meiner Erlebnisse, meiner Mahlzeiten, des Zustandes der Stühle, auf denen ich saß. Mein Arsch würde sich einprägen, der Kragen würde von Tag zu Tag schwärzer – der Mantel wäre ein Tagebuch.

Unnötig zu sagen, daß ich den Mantel nie bekommen habe. Ich habe bemerkt, daß die schwächere Gucci-Version immer noch im Fenster hängt, jetzt zum Dumpingpreis.

Im Schatten der Versprechungen der als Mode in Erscheinung tretenden Ware findet eine Aktivität statt, die Eltern ganz besonders schmerzt: das rituelle Zerstören der von Teenagern hart erbettelten Waren, diesen Initiationsgeschenken, die einen anfixen sollen für die Wunschkanalisation der Erwachsenenwelt. Das Aufschlitzen und Bekritzeln der Jeans zum Beispiel, mit dem Jugendliche auf die perfide Tatsache reagieren, nämlich: daß die Waren künstlich knapp gehalten werden – wie das Glück und die Wohnungen, erstens, und zweitens: daß die Ware einem immer wieder das Glück verspricht, man dann, wenn man sie gekauft hat, nicht glücklich wird und deshalb wieder was anderes will und immer und ewig so weiter, daß diesem Zirkel also die Zerstörung der Ware schon eingebaut ist, und daß man diesen Zirkel nur durchbrechen kann, indem man die Zerstörung vorwegnimmt und damit wenigstens einen Rest Handlungsfähigkeit gegenüber dem Gegenstand behält.

Willkommen in der Deutschen Pornographischen Republik

Root Beat, 27, freie Autorin, Cosmic Nun, Berlin. 1988 Beat-Exerzitien in Brüssel mit «Street Mess», 1989 «Space Kadetten Geisha goes B-Town-Flavor», 1991 Stiftsgründung «Lighthouse Disaster», Irland, 1993/94 «Alaska» (Kurzfilm), Song-Texte für «The Great Potato Fair».

Sinister Sister, Mrs. Super-Sushi & Myself
Wir stehn so Allee der Kosmonauten
Völlig Am Arsch
Urban & reizarm
Auf der Suche nach Fundamental-Fun

Wir sind die Mega-Perls
Eins A Tunten Lesben
Oversexed & underfucked
Dressed for Booogaloo
Non Stop Sex-Targets
& so weiter

Plaudern über Silikon-Titten
Körperkompatibel
Fantastisch Plastisch Elastisch
& bombastisch
Der Bus kommt
Wir speisen uns ein
Zum Running Power Slam

Meine Glamour-Bang-Cousine

In fünfzehn Jahren baumelt mir
ja doch
der Arsch in den Kniekehlen
sagt meine Glamour-Bang-Cousine
und das Silikon verrutscht
wer weiß wohin

nach dem Konzert
treffen wir einen
im Aufzug
Sieht aus wie Tappert
Harry, hol schon mal den Wagen
Ist das nicht Tappert
fragt meine Glamour-Bang-Cousine
der Peinsack
der öffentlich-rechtliche Ballaststoff

meine Cousine hat
früher Derrick geguckt
und sichs dann
mit Barbie-Füßen besorgt
da muß man erstmal drauf kommen

Keine Vaseline da

Rachid sagt, was gäb ich drum
Wenn du noch Jungfrau wärst
Wir ficken bis es hell wird
In der Wohnung von Eddie
Der schönsten Tunte von ganz Brüssel

20. Stock
Neubau am Bahnhof
Schwarze Tulpen
Die leuchten auf dem Nachttisch
Nicht mal Vaseline fürn Arschfick da
Fleckiger Bettüberwurf
Aus so nem Zeugs
Das kratzt wie verrückt
Sieht aus wie ein Frisierumhang
Unterm Stangenbett sabbert McCoy, der Pit Bull
Rachid tut, als könnte er arabisch

1   2   ③   4   5   6   ⑦   8   9   0

Ich nehms ihm ab

Am Mittag treffen wir Farid bei Burger King
Er vertickt Shit an Touristen
Eddie muß zur Arbeit ins Hospital
Wo er Prominente mit offenen Beinen wäscht
Im OP kommen die Leute aufs Fließband, sagt er
Viele kotzen

Nächste Nacht
Macht Eddie nicht auf
Lass uns zum Bahnhof, sagt Rachid

Definitiv zu wenig

Heiner Link, geboren 1960 in München, wurde 1965 in der Aubingerstraße von einem hellblauen Opel Rekord angefahren. (Das Fahrzeug wurde erheblich beschädigt.) Trotzdem in München aufgewachsen.

In Leipzig scheint die Sonne, wie ich telefonisch erfuhr. Der Satz kroch mir durch die Plastikmuschel ans Trommelfell. In mir stinkt alles wie Rindfleisch. Ich frage mich nicht, warum um mich herum alles dunkel ist. Das in Leipzig wird ja doch nur ein kurzes Aufflackern sein. In der Schwärze des Kaffees liegt die Kraft der Büroarbeiter. Mein Lineal ist transparent, mein Herz ist auch schwer, mein Kopf hallt, meine Finger eilen und meine Imagination pulsiert, aber wohin? Bewege ich mich doch insgesamt zu wenig. Zu wenig. Es gab Momente, da wußte ich, warum mir das Klavierspiel gefällt. Ich spreche nicht von Virtuosität, es ist mehr so, daß eine große Schwere mit flackernden Blitzen harmoniert. Ich zwinge mich zu allem. Ich bin mir für nichts zu schade. Ich bin sogar zu freundlich. Ich muß zum Frisör. Ein neuer Haarschnitt ist wie ein neues Leben. Die Frauen lieben mich nicht, denn ich bin so kantig. Warum nur? Es ist die Mischung, wie bei einem schlechten Reifen. Ein Stein ist mir im Weg, er ist zu schwer, um ihn ohne Gerätschaft zu bewegen. Kürzlich wurde ich gefragt, ob ich Schwarzgeld hätte, als ob man mir ansähe, daß ich alles, aber auch alles, nur kein Schwarzgeld habe. Ich bin die Reinkarnation eines Haufen Schwarzgeldes. Wenn meine Frau ein Päckchen, ein Geschenkpäckchen öffnet, muß ich in den Keller gehen. Das kann ich nicht aushalten. Da wird jeder Klebestreifen einzeln und mit monumentaler Sorgfalt vom Geschenkpapier gelöst, jedes noch so kleine Fitzelchen Klebestreifen abgepellt, das Geschenkpapier mit Liebe aufgeschlagen und glattgestrichen, nochmals umgeschlagen und so weiter, da muß ich in den Keller gehen. Wahnsinn. Der Wahnsinn ist auf meiner Seite. Ich habe Brüderschaft mit ihm getrunken und ihn ermahnt! Mir ein bißchen Distanz auserbeten. In Ankara soll auch die Sonne scheinen. Diese ganzen Städte. Meine Triebhaftigkeit scheint für die nächste Zeit kontrollierbar zu sein. Aber ich bin des Schimpfens müde, nicht daß ich gleich zum Schmuser werde. Ich habe einen ganz einfachen Gedanken, den man sich wie eine Farbe vorstellen muß, so weit war ich schon! Ein paarmal potenziert, und schon hängt dieses Gebilde in meinem Hirn und hat sich festgekreischt wie ein Sägblatt in Holz. Anstatt den Gedanken noch weiter einzudampfen. Das Einparken halt. Sind wir kurz vor dem Ziel, beginne ich nach einer Lücke Ausschau zu halten. Meine Frau fährt, und ich halte Ausschau. Irgendwie gelingt es ihr nie, das Tempo zu drosseln, irgendwie kann sie das nicht. Machen Sie mal bei Tempo sechzig in München eine Parklücke ausfindig. Weibi, sage ich dann, Weibi, du mußt schon ein bisserl langsamer fahren, so schnell kann ich gar nicht schauen. Geht nicht, sagt sie, die hinter mir sind so schnell. Sachte ziehe ich die Handbremse, bei vierzig merkt sie es. Was ist los in Leipzig? Hallo Leipzig! Ein Gewitter zieht auf, ich kenne das. Aus meiner Jugend bin ich herausgewachsen und doch bin ich noch ein Kind. Das Kind in mir sagt mir: NEIN. Immer dieses NEIN. Das NEIN, das mir nur allzu entgegen kommt, das NEIN, das ich noch nie zurückwies. Das NEIN, das zu oft zu passend ist. Richtet meine Frau ein Geschnetzeltes her, geht das ruckizucki, das Fett in die Pfanne, das Geschnetzelte hinein, ein bisserl mit dem Holzlöffel herumge-

Akademische Anläufe erfolgreich abgebrochen. Bis 1989 promiskuitiv, danach weniger. Münchener Vorortliterat und Maler (wild und bunt). Hat nach eigener Aussage bei seinem großen Vorbild Herbert Achternbusch «verschissen».

1   2   ③   4   5   6   7   8   ⑨   0

stochert, und schon ist sie im Keller bei der Waschmaschine. Zehn Minuten später zieht mir der Rauch um die Augen. Ach Gottele. Irgendwie scheinen wir unterschiedliche Tempi zu haben, irgendwie.

Na ja.

Jetzt blüht wieder alles auf, die Pflanzen scheinen in Buntheit zu zerbersten, kontrollierter Anbau läßt erahnen, bis zu welchem Grad der Mensch zur Dämlichkeit fähig ist. Mir ist das Unkraut heilig. Nein, heilig ist es mir nicht, aber ich sympathisiere mit dem Unkraut. Deshalb habe ich schlechte Karten, und das, obwohl ich ja immer will, daß mir eine Anerkennung zuteil wird, über die ich nie richtig nachgedacht habe. Mir gelingt das Verhalten nicht. Ich verhalte mich grundverkehrt. Nicht, daß ich gegen den Strom schwämme, ich schwimme immer von einem Ufer zum anderen und zurück, und wenn ich Pech habe, komme ich gegen die Strömung nicht an. Wenn meine Arme erlahmen, treibt es mich ein Stück ab zu neuen Ufern, und deshalb kann ich die alten nie richtig ergründen.

Aus diesem Fenster (Linie) stürzte Fußballfan Harry T. im Begeisterungstaumel in den Vorgarten.

Ich lechze nach einer Erle, die am Ufer im Wasser steht und die mir Halt bietet. Zwölf Weißbier und der ein oder andere Kurze, der Taxifahrer erzählt ein paar ausgesprochen dreckige Witze, eine Mordsgaudi, und das mit dem Schloß haut noch ganz gut hin, ich schleiche die Treppe hinauf in unser Schlafgemach und werfe mich auf meine Frau, vergrabe mein Gesicht in ihrem güldenen Haar und drücke meinen Schatz und stinke fürchterlich. Wo ich bin, spielt keine Rolle, ich könnte auch in Leipzig sein, aber das würde dieser Stadt auch keine Sonne bescheren. Es gab eine Zeit, in der ich ganz in mich hineingekrochen bin, alles lag da wie auf einem Präsentierteller. Aber ich habe nicht zugegriffen. Ich habe dem Druck nachgegeben. Ich habe diesem Druck nachgegeben. Spazierengehen, ja, lange. Jetzt ist mein Weibi eine zierliche Person, und ihre Schrittlänge dürfte nicht mehr als die Hälfte der meinigen ausmachen. Sie würden das nicht glauben, die zieht ab wie ein Schnellzug. Es sind dann stetig Zurufe nötig, und ich mag diese Schreierei beim Gehen nicht, gibt Seitenstechen. Angenehm, sehr angenehm, so ein heißes Bad. Und die Glieder ausstrecken und ein bißchen pfeifen, vergnügt pfeifen. Ich liebe meine Kinder. Ich liebe meine Frau. In der Wirtschaft bestellt sie sich mit stoischer Gelassenheit ein Pils, das bekanntlich sieben bis acht Minuten dauert, und ich schnaufe in diesen sieben oder acht Minuten die letzte schwache Feuchtigkeit aus meinen Schleimhäuten heraus. Es ist so ein Bollern. Ich bollere so vorwärts, instinktiv, als ob der Frieden vorne wäre. Und ein Bier stellt sie auch nie in den Kühlschrank hinein. Und außerdem trinkt sie immer aus meinem Glas. Und wenn nicht das, dann schenkt sie sich von meiner Flasche ein, und ich denke mir, ich kann doch um halb sieben noch keine sechs Halbe haben. So was ist doch ungut. Die Virtuosität lenkt mich ab, ich will gar nicht virtuos sein, ich will nur in mich zusammensacken. Eindampfen. Vielleicht vier Grad Celsius auf unserer Toilette, weil sie das Fenster offenließ! Und dann muß ich mein Zeug hinausschlottern und durch das ganze Gezittere wird mir beim Lesen des Sportteils ganz schlecht. Fenster auf, wegen Zigarettenrauch. Auch Vögel, Raben und so, sind schon hereingeflogen, und ich holte mir beim Verscheuchen eine Leistenzerrung. Sex. Orale Vergessenheit. Quicki. Verkehrt herum. Sitzend geschachtelt. Variabel. Holländisch: van hinten. Hi, hi! Hi, hi! Kein Mitspracherecht bei der Auswahl des Fernsehprogrammes. Oh, wie primitiv! Als ob das eine Rolle spielte, das ist doch keine Dialektik. Boxen, ein höchst interessanter Mittelgewichtskampf zwischen einem glatzköpfigen Schwarzen aus der Bronx und einem ganz giftigen Mexikaner, also der Mexikaner ist ein Rechtsausleger und hat sich den Schwarzen drei Runden lang hergerichtet, mit vielen Körpertreffern hat er die finale Linke zum Kinn erstklassig vorbereitet, da, der Schwarze hält die Deckung schon zu tief, zwei Leberhaken haben nun mal – auch wenn sie nicht sauber getroffen haben – Wirkung, der Mexikaner macht einen Sidestep und setzt die Linke an… flop… eine weitere Offensive der Serben, in der UNO wird die Vorgehensweise abgestimmt, die russische Seite scheint nun auch endlich auf seiten… MONITOR oder sonst was. FRONTAL oder sonst was, die Spannung ist beinahe unerträglich, ich bin ein Arschloch. Aber das hilft niemandem. Es deprimiert

Die Virtuosität lenkt mich ab, ich will gar nicht virtuos sein, ich will nur in mich zusammensacken. Eindampfen.

mich unsäglich, daß ich nicht in mich hineinschauen kann. Ich kann nur alles um mich herum betrachten und daraus meine Schlüsse ziehen, aber das ist mir zu wenig. Definitiv zu wenig.

Der Lenz ist da

Christian Krampe
studierte 41 Semester lang Rechtswissenschaften, Kunstgeschichte, Völkerkunde, Anglistik, Germanistik, Philosophie, Psychologie, Pädagogische Psychologie, Linguistik, Soziologie und Angloamerikanische Geschichte. Daneben fuhr er als Taxifahrer zusammengerechnet sechsmal um unseren Heimatplaneten.

«Nee hömma, mich nerv das total: zehn Stundn fast ohne Sitzn, für acht Maak die Stunde, zwanzisch Minutn Pause un dann die Wichser: ‹Wann hasse Feierahmt? Wommer nich auch mahn Sandwich machn?› Ich kann diese Hamburger nich mehr RIECHN! Acht Maak, Mann, ich glaup ich spinne. Kucks den Leutn beim Fressn zu un die andern Weiber sinn nur am Keifn: mich KOTZT das an.» – «Warum hörße nich eimfach auf da? Mach doch was andres.» – «Was andres, was andres! Fint ersma was andres! Hier sinn dreißigtausnd Studenten nur auf Jobsuche. Was andres...!» – «Ich wüßt was, is zwa nich jedermanz Sache, bringt aber richtich Geld.» – «Rück raus, was isses?» – «Tja, Pornos.» – «Wie Pornos?» – «Ja, Filme un so. Die zahln glaupich 400 am Tach.» – «Scheiße, 400? Was mussichn da machn?» – «Keine Ahnunk. Das Übliche. Ich kannte ma eine, der hat das Spaß gemacht.» – «Un wie kommich da dran?» – «Ja, da issn Büro auffe Bolzenstraße, wenne auße U-Bahn komms links, dann kommt sohn Türkengrill un dann sohn Kramladn un dann das Büro.» – «Woher weißtn das?» – «Hat mir die Bekannte gesacht, die dat ma gemacht hat.»

Birgit überlegte zwei Tage lang und machte sich am dritten auf den Weg zur Bolzenstraße. Nach Türkengrill und Kramladen tauchte ein kleines Ladenlokal auf, dessen Fenster und Eingangstür vollständig mit dunkelblauen Vorhängen verhängt waren. An der Tür klebte ein Schild mit der Aufschrift ‹Langesteiff Film Produktion›. Birgit konnte keine Klingel entdecken

und klopfte. Der Vorhang bewegte sich, eine Hand mit einem
Schlüssel wurde sichtbar und es wurde geöffnet. Ein junger
Mann erschien, Mitte Zwanzig, mit blonden Locken, in jedem
Ohrläppchen etwas Glitzerndes, das seidig schimmernde Hemd
bis zum Bauchnabel offen. «Ja?» – «Gun Tach, ich wollte…
äh… fragn… ich hab gehört sie suchn Schauspielerinnn.» –
«Nich derekt.» Der junge Mann sah an Birgit hinunter. «Aber
komma rein.» Birgit trat ein, hinter ihr schloß der junge Mann
die Tür wieder ab. Ein kleiner Raum, kaum 15 Quadratmeter,
mit einem metallenen Schreibtisch, auf dem ein Telefon stand,
als einzigem Mobiliar. Gelblicher Teppichboden und grauge-
strichene Rauhfaser an den Wänden, gegenüber dem Eingang
eine Tür, Neonlicht. «Wie alt bisse denn?» – «24.» – «Un hasse
schomma wat fürm Film jemacht?» – «Bisher noch nich.» –
«Ja, wir müssn da ersma pa Probefottos machn, entscheidn tut
nemmich der Regisseur un der is nich da.» – «Was mussichn da
machn?» – «Bei den Fottos?» – «Nee, bei dem Film.» – «Dat
entscheidt der Regisseur. Aber nix schweres. Du weiß ja wat
wir hier für Filme machn?» – «Ja, ich glaub. Mein Bekannter
hat gesacht, dassich hier 400 Maak am Tach verdienn kann.» –
«Dat kommt drauf an watte machn muss. Aber 400 könnn dat
schonn werdn.» – «Wo wern denn die Fottos gemacht?» – «De-
rekt hier.» Der junge Mann zeigte auf die Tür gegenüber dem
Eingang. «Siehß juht aus. Sommer ma?» – «Jezzofocht?» –
«Klah, inne halm Stunde binnich wech.» Sie betraten den an-
grenzenden Raum. Schwarzer Teppichboden, vor der Wand mit
Seychellenposter ein Stuhl, ein Stativ mit einer Fotokamera,
ein Scheinwerfer. «So, dann zieh ma die Sachn aus. Da sinn pa
Hakn anne Want.» – «Die Sachn ausziehn? Reicht das nich,
wenn sie ersma npa Aufnahmn von meim Gesicht machn?» –
«Hömma, wir machn hier keinn Quellekattalooch. Wenn wir
drehn bisse nakknt, Mehtchn, un der Regisseur will vorher
wissn oppe wat tauchs. Also wat is?» Birgit zog die Schuhe aus,
das T-Shirt, die Jeans, und da sie keinen BH trug, war sie bis auf
den Slip und die Strümpfe nackt. «Hast Superquahktaschn, da
steht der Regisseur drauf, da kanze von ausgehn. Die Sockn
noch un den Slip.» Zögernd folgte Birgit der Aufforderung.
«Komm schon, kuckt ja keiner.» – «Un jez?» – «Setz dich dama

aufn Stuhl.» Der junge Mann justierte den Scheinwerfer, stellte Blende und Belichtung ein und sah durch den Sucher. «Ja, so is juht, hass ne Spitzenfijuhr. Jez tu mahn bischn die Beine breit machn, ja, so is juht... un jez lehchße die Hant auffe Brust un tuhß lecheln als wenne einn anmachn würz.» Der Auslöser klickte sechsmal. «OK, jez steh ma auf un dreh dich um un zeich ma dein Hintern. Beuch dich aber nach vorne... ja, so is juht.» Der Auslöser klickte. «Un jez mach ma die Bakkn außnander.» – «Die Bakkn?» – «Ja, mitte Hende die Bakkn außnander, un tu ma über die Schulter kukkn un lechln.» Klick, klick. «So, dat wahs. Kanz dich wieder anziehn.» Birgit zog sich an und folgte dem jungen Mann ins Büro. «OK; dat dauert jezn pa Tage bis die Fottos entwicklt sinn, wir rufn dich dann an.» – «Kannich nich bei Ihnen anrufn, ich wohn nemmich noch zuhause.» – «OK, aber nich vor nehstn Mittwoch. Hier is unser Kertchn.»

Am folgenden Mittwoch rief Birgit an. «Ja?... ach du, ja. Kanz vorbeikommn, die Fottos wahn OK. Wir drehn Freitach-nammittach auffe Klarenbachstraße 14, obere Schelle. Bis dann.» Der Freitagnachmittag kam und Birgit fuhr mit der Straßenbahn zur Klarenbachstraße. Die Wohnung lag im dritten Stock. Der junge Mann, den sie schon kannte, machte auf und bat sie herein. «Wilze wat trinkn? Ich mach grat Campari.» – «Ja, Campari wär ganz gut.» – «Wasser oder Osaft?» – «Wasser, wenz geht.» – «Der Regisseur kommt gleich, kanz ja schomma reingehn. Der eine Tühp da drin, das is dein Pahtner, der heiß Udo. Der andre is der Kameramann, der heiß Norbert.» Birgit betrat das Zimmer, in dem gedreht werden sollte. Es roch nach feuchten Sportstrümpfen. Am Fenster stand auf einem Flokatiteppich ein rotes Doppelbett, in der Ecke zwei Sessel und ein Beistelltisch. Vor dem Bett war eine Filmkamera aufgebaut worden, zwei Scheinwerfer strahlten. Birgit nahm mit ihrem Campari auf einem der Sessel Platz. Ihr Partner saß auf der Bettkante und rauchte. «Fiddlstunde noch, dann gehz los.» Sagte Norbert und stellte seine Kamera ein. Der Regisseur kam, betrat das Zimmer und stellte sich vor. «Ich bin der Harry, un du bis Bigitt, wa?» Birgit war es mulmig geworden, denn was sie gar nicht bedacht hatte, war die Tatsache, daß hier ohne

Der eine Tühp da drin, das is dein Pahtner, der heiß Udo. Der andre is der Kameramann, der heiß Norbert.

Präservative agiert werden würde. Daneben war sie überhaupt nicht scharf auf Udo, der mindestens 50 war, dazu korpulent. «So, dann wommer ma», sagte Harry, «blasn, von hintn, un widder blasn schlagich vor, fürm Amfank. Bisse soweit, Mehtchn?» Birgit schlug das Herz, aber sie war tapfer. «Also mit dem Mund kommt überhaupt nich in Frage un Verkehr nur mit Gummi.» – «Wie? Wat is?» entfuhr es Harry. «Hömma, wir sinn hier nich im Puff! Hier wirt jeahbeitet, also wat is?» – «Ich mach hier gahnix», sagte Birgit, stellte das Glas ab und schickte sich an zu gehen. Harry war fertig. «Ja scheiß mich einer an, hömma, wat bilze dir ein? Wir rückn hier an un machn alles klah un du stehß auf un wilz abhaun! Hömma, wenn wir uns einich wern, dann hasse echte Schangßn bei uns, dat sachich dir.» Birgit stand in der Tür. «Leckt mich am Arsch mit eurer Scheiße!» sagte sie, was Harry überforderte. Er marschierte auf Birgit zu, packte sie bei den Schultern und schrie: «Bisse nonnich wech, Fotze, hau bloß ab du!», und er warf sie gegen die Wohnungstür. Birgit brachte das Treppenhaus im Eilschritt hinter sich, lief auf die Straße und hatte Glück, daß ein freies Taxi vorbeikam. Vom dritten Stock hinunter hatte Harry ihr die Campariflasche hinterhergeworfen.

Im Deutschen lügt man, wenn man höflich ist.
Baccalaureus

Perlinger legt die Dosis fest

«Scheißpaprika! Ich sach Schampinjonks und Zwie Beln!» Perlinger sprang auf und stieß den Kellner mit beiden Händen vor die Brust und der Kellner ging samt der Pizza über das Gelän-

1   2   3   ④   ⑤   6   7   8   9   0

der und knallte drei Meter tiefer auf den Flügel. Die junge Musikstudentin, die für ein Taschengeld Chopin zum besten gab, mußte sehr schreien und der Flügel war hin. Perlinger schmiß 8000 Mark auf den Tisch, riß seine Schickse an sich und brüllte: «Jez binnich am Ende hier! Taxi, los!»

Ein Taxi kam, der Fahrer war ein Schwarzer. «Wo ist Krauses Haar?» fragte ihn Perlinger, als er im Wagen saß, und seine Schickse pfiff er an: «Du biss schtill!» Der Fahrer sagte auf ibo: «Du hast Scheiße im Kopf», worauf Perlinger schrie: «Quatsch, die Neger haben krauses Haar!»

Die Schickse mußte dringend aufs Klo und sagte immer wieder: «Hömma Bimbo, fah schnella!» – «Der schwahze Aasch kann doch kein Deutsch, laß laufen.» Auf ibo sagte der Fahrer: «Deine Mutter wird grade von einem Schwein gefickt», aber die Schickse ließ laufen, pillerte den ganzen Cocktail von Martini, Côte du Rhône, Malteser, Kaffee und stillem Wasser in den Fußraum. Perlinger klatschte in die Hände und rief: «Jau, kricht der Kaffer ma wat zu tun, hömma hier scheiß Taxi: ap im Kraal!!» Der Fahrer machte eine Vollbremsung und Perlinger fuhr weiter, denn er war nicht angeschnallt, genau wie seine Schickse. Er prallte mit dem Schädel vor die Windschutzscheibe und sank bewußtlos zurück, die Schickse brach sich den Unterkiefer an der Kopfstütze.

Ndugu, wie der Fahrer hieß, zeigte ihr, die nun jaulte, perlweiße Zahnreihen und sagte in akzentfreiem Deutsch, denn er studierte das Recht der Nummer Drei der Welt: «Herzchen, eine Willenserklärung ist nicht deshalb nichtig, weil sich der Erklärende insgeheim vorbehält, das Erklärte nicht zu wollen. Abgesehen von den zivilrechtlichen Aspekten, rede ich hier noch lange nicht von Vorsatz oder Fahrlässigkeit, Maus, denn die Frage nach der Strafbarkeit grob abweichenden Verhaltens beantwortet man dadurch, daß man die Frage poena nach stultitia? dadurch beantwortet, daß man bei Rechtsgeschäften unter Lebenden stets den Gegenwert parat hat, um wieder zivil zu werden. Compris, chérie? Da platzt das Knötchen, was?» «Uuuh!!» machte die Schickse, die Hannelore Brimmerlorch hieß, und Ndugu tätschelte ihr die Wange, drückte die Funktaste und sagte: «Zentrale, bitte schicken sie mir die Polizei und

Der schwahze Aasch kann doch kein Deutsch, laß laufen.

1   2   3   ④   5   ⑥   7   8   9   0

einen Krankenwagen zur Erasmus Ecke Himmelgeister, ich habe hier zwei Verletzte.» Ndugu erzählte den Beamten, wie der streunende Hund urplötzlich auf die Straße gelaufen war, deswegen die Vollbremsung, daher der Schaden.

Frolln Brimmerlorch ging es lange mies, dann nicht mehr so, aber Perlinger hatte nach dem Aufprall den Geschmack verloren. Ja, er wachte auf nach einer guten Stunde und konnte nie wieder schmecken, kaute nach wie vor jegliche Nahrung zu Brei, schmeckte aber nicht mehr die Spur.

Ap na Tino

«Naain, du biss wahnsinnich, hömma wat koss...» – «Für dish do ish alles, Mehtchn.» – «Wie für mish alles?» – «Naja, schmeijn, biss donne Leckere...» – «Ach ja, ne Leckere! Un wat wa vorjestern im Troppikahna, wat wa da mit Helga!» – «Ach dat bischen, da wa jahnix. Jefälder dir?» – «Hömma leck mich, der iss ja... wie hehß der nomma: Lappeslau?» – «Lappeslahzoli.» – «Ejal, un die Fassunk Jold. Hömma wat koss...» – «Ejal, tumer heut ahmt bei Tino...» – «Nene nene ne, nix heut ahmt Tino. Ish jeh jez na mein Mutter und heut ahmt kucken wir beide hier Kramer jejen Kramer.» – «Wat iss dat Kramer?» – «Aum Widdeo, irnkwat mipm Ahzt oder mipm Rechtsamwald, un der tut sich scheidn lassn.» – «Wilze dich scheidn lassn, hömma scheiß Rechtsamwald! Der Allex iss heut ahmt bei Tino, un...» – «Ja kacke Allex: beide dä Aasch voll un du widder im Taxi kotzn! Glaups ich hap dat verjessen? Hömma, hundertfuffzich Maak fürde Reinijunk, bis inne Ritzn mußtn die wejen deine Kotze!» – «Ish kri JELT von dem, hömma. Der tut mir sovill schuldn, da kannich sechsma für im Taxi kotzn.» – «Mach watte wilz, ich glaup sowwiso daddich heut bei Elke schlaaf.» – «Au ja Elke: Weibertraatsch die janze Nacht, un wir widder die Aaschlöcher: ‹Ish ma jahnix, jeh na Meck Donnels.› Na Tino jeh ish, dat dat klah is!» – «Ja tschö hau ap!»

– Mach watte wilz, ich glaup sowwiso daddich heut bei Elke schlaaf.

1   2   3   ④   5   6   ⑦   8   9   0

Weißer als weiß

«Leech noch einn auf!» – «Wilzn Aufleger rauchn?» – «Aufleger! Ich sach roll noch einn! Wat is mit Enno?» – «Wat soll sein? Kommt nehße Woche raus.» – «Scheiße, sechzehn Monate. Ich happen ja besucht, du, da hamse eim ne Waschmaschine aum Rückn tettowiert.» – «Wie Waschmaschine?» – «Ja, der hat einn abjezogen, da hamse dem die Wasch... ich sach dir: DA is wat los! Der Enno hat auf Essit die janze Zelle anjemalt, mit Filzstifte.» – «Wie Essit?» – «Birgit hattem Pejpers im Hemtkragen jeneht.» – «Und?» – «Konner streichn.» – «Echt?» – «Jau, hamsem Pinsl un Fahbe jejeben, konner streichn.» – «Die sinn ja drauf!» Dahfße einklich Pornos hahm im Knast?» – «Keine Ahnunk, abber Enno macht viel Hantahbeit, sachter.» – «Jau, mitte Biltzeitunk übberm Waschbeckn.» – «Wat is mit der Tüte?» – «Kri morjn ne Platte Jelben.» – «Lecker lecker lecker.» – «Klah. Leroy bringt Opa mit un dann kommt hier der Bong an den Start, bisses im Sender richtich klingelt. Un du machß den Bongwart.» – «Allzeit breit.»

Schleudertrauma
Schleudertrauma

Ach, ich hätte auch gerne mal so ein Schleudertrauma, sagte Hermann, als auf einer unserer üblichen Todesfahrten der Wagen beim Überrasen einer roten Ampel auf der regennassen Straße ins Schlingern geriet.

Draußen rauschte der unwirklich ekelhafte Morgen an uns vorbei, doch S. hielt das Steuer mit der ihm eigenen heiteren Entschlossenheit. Die mühsam angelegten Rauschkulturen der Nacht hatten sich noch nicht verflüchtigt, alles war gut und herrlich, wir waren zurückgelehnte Unberührte, Heilige Drei Könige in eigener Mission.

Vielleicht jetzt noch ein langgezogenes Reiben von Blech auf Blech, eine Drehung – Zentripetalkraft, ein Schlag, dann die gelähmte Stille nach dem Aufprall.

Ach, ich hätte sterben können für die Poesie eines Autounfalls.

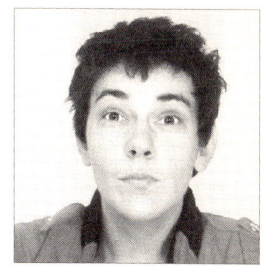

Cristiane Hügelsheim, geb. 1961 in Rastatt / Baden, Buchhändlerlehre abgebrochen, Kind gekriegt, Abendgymnasium, nach Berlin gezogen, studiert, Fischbüro, Lassie Singers, Ex 'n' Pop, Tourneen, drei Platten mit L.S., Zweitband Britta («Kuschelrock beim Metzger» aus dem Repertoire von Britta).

Kuschelrock beim Metzger

Es war ein Superabend und ich wollte nicht nach Haus
Wir hatten uns was zu sagen, du hattest Drogen und
sahst gut aus
und jetzt sind wir hier in deinem Zimmer
Pappkartons, ein Bett, erlesene Musik wie immer

Ich will noch was mit dir erleben
ich will nichts mehr reden und nichts mehr nehmen
ich will nur bleiben und mich dehnen
ich träum von Knochen und vom Sehnen.

1   2   3   ④   5   6   7   8   ⑨   0

Gib mir ein Bein
einen Arm und ein Stück Schulter
Gib mir für 50 Pfennig mehr
Mach nicht die Augen zu und werd nicht komisch
bleib nur so sitzen und alles ist ok
Es ist ok ich bin ok du bist ok wir sind ok
alles ist ok und wird immer okayer

Wir werden morgen nicht wegen heute Freunde sein
Und wie du sicher weißt, ist jeder sowieso allein
Und doch lieben wir uns jetzt schon fast
denn wir sind Stützen der Ausgehgesellschaft

Gib mir ein Bein
einen Arm und ein Stück Schulter
Gib mir für 50 Pfennig mehr
mach nicht die Augen zu und werd nicht komisch
bleib nur so sitzen und alles ist ok
es ist ok ich bin ok du bist ok wir sind ok alles ist ok
und wird immer okayer, ich bin ok du bist ok wir sind ok
alles ist ok und wird immer okayer...

Eingeweicht

Jeder ist Steve McQueen und hat gerade den letzten Greyhound nach Albuquerque verpaßt. Man sitzt auf Holzbänken, liest, raucht, hört Walkman, wippt mit der Schuhspitze, glotzt stupide vor sich hin, ißt Schokoriegel oder guckt einfach dem Umwälzen der Trommeln zu. Das hat durchaus etwas Faszinierendes, um nicht zu sagen Hypnotisches, jedenfalls mich beruhigt's: Sauberwelt der summenden Automaten – umstellt von Waschmaschinen, Trockenschleudern, Heißlufttrocknern. Alles dreht sich, rotiert ununterbrochen, ein abstraktes Programm mit richtigen Höhepunkten: bunt Geknäueltes irrwichtelt hinter Bullaugen-Sichtfenster im Trockner, hier schummelt sich ein gelber Slip, dort ein schwarzrot karierter Socken vorwitzig nach vorn, flattert für kurze Weile direkt hinterm Bullauge, malt bizarre geometrische Muster aufs Fenster, zuckt, pulst, pogt, flickflackt, Kaostheorie goes Kasatschok, um sofort wieder in den Orkus der Trommel zurückgewirbelt zu werden, verdrängt von einem kernigen Muskelshirt in Pink. (Ich gucke besonders gern der Wäsche der anderen zu; zum Teil irre Mischungen!) Ein ununterbrochenes Rotieren; dreht und dreht sich schnell und schneller, klasse Geräusche à la Kirmes inklusive: plötzliches Aufheulen, panische Beschleunigung, Nerven wie Drahtseile auf der Todesschleuder, besorgniserregendes Bolzenrappeln, jaulend wieder abbremsend – schnaubender Stillstand. Eine junge Frau, die mir auf Anhieb gefällt, liest in einem weißen Paperback, ganz am anderen Ende des schlauchartigen, vollständig mit weißen, leicht angeschmuddelten Kacheln ausgelegten Selbstbedienungs-Centers mit dem sinnigen Namen Wasch-O-Center (eigentlich nur Wasch-Center, das O ist eine stilisierte Sonne). Ich sitze ganz hinten, wo ich Rückendeckung und den besten Überblick habe. Ich könnte jetzt einfach nach vorne schlendern, mich vor den Eingang stellen, eine Zigarette

Ulrich Hölzer, geb. 1959 in Leichlingen/Rhld. Lebt in Köln. Veröffentlichungen: «E zählung» (1993, Connewitzer Verlagsbuchhandlung, Leipzig); Artikel, Rezensionen, Stories in Spex, taz, Symptome u.a.

①   2   3   4   ⑤   6   7   8   9   0

rauchen und ganz lässig an ihr vorbei und einen Blick en passant. Sie einfach ansprechen, das geht ganz leicht, man muß nur einen guten Spruch parat haben, ganz lässig, keine Panik, alles andere ergibt sich dann wie von selbst. Nerven wie Drahtseile. Man muß nur schlagfertig sein, und charmant, nicht so direkt, nicht platt und plump, als hätte man nur das Eine im Sinn. Aber charmant bin ich doch. Ich wollte, ich wäre ein anderer, ein anderer spränge mir zur Seite und erledigte das, die Grobarbeit, den Flirtakkord, ich übernähme dann später. Wer bin ich, sie von ihrem Paperback abzulenken… Sie will in Ruhe weiterlesen, wünscht keine Störung, keine noch so charmante Unterbrechung… Was ist das überhaupt für ein Paperback, in dem sie liest? Ich erkenne von hier hinten nur einen weißen Einband mit ein paar schwarzen Klecksen drauf, eventuell ein schwarzes Scherenschnittmuster auf aprilweißem Grund. Ich schlendere jetzt vielleicht doch mal bei ihr vorbei (muß sie ja nicht unbedingt ansprechen), dann weiß ich wenigstens, was sie da liest, das ist immerhin schon mal ein Anhaltspunkt. Über gemeinsame literarische Vorlieben kommen wir dann ganz locker-lässig ins Gespräch. Irgendwie ins Gespräch kommen, ganz locker-lässig en passant, aller Anfang muß sein, muß sein, muß das sein – meutert's mir in zwanghafter Repetition durch den Hintersinn, ein Krampf das… Schon verschleudert jeder Sinn. O Fleck, ein Schreck. Da weiß man, was man hat. Dato ist da? Zwingt den Grauschleier raus, nimmt Flecken den Schrecken, zieht am Schmutz wie ein Magnet. Überall herum wuselt schon die ganze Zeit so ein junger schwarzweiß gefleckter Hund, eine schlappohrige Promenadenmischung, der überall herumschnüffelt und alle, die mit irgendwas rascheln, egal ob mit Zigarettenpäckchen oder Kaugummipapier, anbetteln muß und mit seinen tolpatschigen flauschigen Pfoten auf den glatten Fliesen dauernd hin und her rutscht, was ihn offensichtlich permanent aus dem Konzept bringt. Kann's einfach nicht kapieren, daß er trotz optimaler Bodenhaftung als Vierbeiner seine Fortbewegung nicht mehr richtig koordinieren kann, sozusagen

1 ② 3 4 ⑤ 6 7 8 9 0

von der tückischen Glätte des Kachelbodens ununterbrochen von seiner ursprünglichen Schnüffelrichtung ab- und in eine andere umgelenkt wird. Plötzlich steht sie vor mir, sie: die tolle Frau! Sie füllt das ganze Blickfeld aus. Überlebensgroß. Rast auf mich zu wie ein Mondabsturz. In Zeitlupe. Unaufhaltsam, unabänderlich. Ertappt! Erwischt! Eiskalter Konter! 0:1! Ihre Lippen riesengroß wie blutige Horizonte. Ein Kuß – aus heiterem Firmament; zermalmt!, nein!, biegt unmittelbar vor mir links ab Richtung Trockenschleudern. Sie kommt mit einem dieser rollbaren Wäschekörbe ganz nach hinten gerollt, denn hier hinten steht ja eine Batterie Trockenschleudern. Riesige klobige Maschinen, die Geräusche produzieren, die vage an den Sound einlaufender Untergrundbahnen erinnern. (London Underground, Northern Line, Tottenham Court Rd., ein unverwechselbarer Sound!) Sie stopft eine der Trockenschleudern voll. Und sie sieht selber irgendwie englisch aus, eine vage Ähnlichkeit mit Cindy Lauper möchte ich hier mal attestieren. Tatsächlich hat sie lauter schwarze Wäsche, das reinste Klischee, aber ich sehe wirklich nur Schwarzgeknäueltes. Sie selber trägt auch alles schwarz, bis auf die Haare, fuchsrot, und die Lederjacke, rostrot. Ich schlendere nach vorne, um vor der Tür eine Zigarette zu rauchen, draußen Dämmerung, Nieselregen, Gelenkbuseinerlei. Schlendere an ihrem verwaisten Platz vorbei, um einen Blick auf das Paperback zu werfen. Sie hat es in der schwarzen abgewetzten Ledertasche verstaut, die ihren Platz reserviert. Warum hat sie das getan? Hat sie eventuell mitgekriegt, daß ich... die ganze Zeit über schon; dabei hatte ich felsenfest geglaubt, es absolut unauffällig... und spielt ein Spiel mit mir? Meine Wäsche ist soeben fertig geworden. 40° pflegeleicht (aber viel mehr Buntes). So, jetzt stopfen wir direkt nebeneinander je eine Trockenschleuder voll. Jetzt ist die Gelegenheit natürlich äußerst günstig. Ellbogenkontakt. Jetzt spreche ich sie einfach an. Eine Schleuderpolette für ihre Gedanken. Der erste Satz geht mir ganz locker über die Lippen, ganz lässig, nicht uncharmant, kommt kurzum gut an, kein Wunder, be-

1   2   ③   4   ⑤   6   7   8   9   0

sitze ich doch einen Grundvorrat Charme. Ich bin nicht plump. Nicht so zielgerichtet-platt-direkt und nur auf das Eine aus. Außerdem spielen wir ja ein Spiel, es ist ausgemacht, es kommt in Gang. Jetzt Schlag auf Schlag. Ich bin witzig, spritzig, eine charmante Bemerkung jagt die andere, wie im Lustfilm. Ich komme richtig gut auf Touren, ich bin richtig gut aufgekratzt, ich gehe aufs Ganze, alles oder nichts!, ich hab den Bogen raus, ich überdrehe es nicht. Ich sage dann doch nichts. Wie wir jetzt Ellbogen an Ellbogen direkt nebeneinander über die Schleudern gebeugt sind: keinen Muckser. Stummfilm. Auch ist sie kurz zuvor von einem anderen Typen – exakt dem, dem der junge Hund gehört – angequatscht worden, und zwar auf die miese Tour, absolut dummdreiste Anmache, kein bißchen charmant. Das heißt, er versuchte sie in irgendeine komplizierte Kleingeldwechselaktion zu verstricken, was ich natürlich sofort durchschaute, so'n lockerer, lässiger Typ mit schulterlangem Blondhaar und verwegenem Schnäuzer. Und der nicht zu unterschätzende Hundehalter-Bonus natürlich; man hetzt die gebündelte Drolligkeit einfach auf das begehrte Objekt, und der Rest ergibt sich ganz von selbst. Der Macker behauptete kackdreist, daß der Automat, aus dem man die Poletten zieht, keine Fünfzigpfennigstücke annähme. Poletten heißen sie laut der Bedienungsanleitung über den Waschmaschinen: kleine silberne Metallmünzen mit der Aufschrift «Wasch-O-Center», alle mit einem Loch in der Mitte. (Das Loch ist zugleich das O in Wasch-O-Center, das ja nicht wirklich ein O ist, sondern nur ein runder Klecks.) Eine total uncoole Anmache, auf die sie sich auch nicht weiter einläßt. Trotzdem ist sie, Paulette (ein Name der jedenfalls sehr gut zu ihr passen würde), doch noch auf den Hund gekommen, beim Rausgehen sehe ich sie, über den Hund gebeugt, dem sie die Schlappohren krault. Der Schmalzgockel hat sie also tatsächlich rumgekriegt – wenigstens so gut wie; ich wollt' ich wär' der Hund, eine schwarzweiß gescheckte Promenadenmischung mit Namen Dato oder Dash, und alle kraulten mich hinterm Schlappohr… Auf der Bank liegt das aufgeklappte Paperback. Ich entziffere leider nur ein Wortfragment auf dem Einband: «Grab» (oder so ähnlich), entweder Fragment des Autornamens oder des Titels – macht das irgendeinen Sinn? – Grabbe? Grabinski? Garp und wie er die Welt sah? Julien Gracq, Davis Grubb («The Night of the Hunter»)?, Gargantua und Pantagruel, ein Buch über Greta Garbo, Robbe-Grillet, Grimms Märchen, Grass gar?... Ich finde neben der Trockenschleuder, halb unter die Maschine gerutscht, die ist nämlich ein paar Zentimeter hoch über dem Fliesenboden aufgebockt, einen tizianroten Lippenstift. Den steck ich natürlich gleich mal ein. Da sie direkt neben mir steht, muß ich darauf achten, daß sie nicht merkt, wie ich das jetzt bewerkstellige. Sie würde mich sonst für verrückt, spleenig oder einen bizarren Fetischisten halten, der sich in Waschsalons herumtreibt und auf erotischen Abfall lauert. Ich stupse den Lippenstift vorsichtig mit der Schuhspitze in günstige Zugreifposition und lasse dann wie zufällig einen schaudergrünen Strickpulli drüberfallen. Jetzt muß ich nur noch beim Aufheben das begehrte Utensil mitgreifen und es falschspielermäßig in den Ärmel meines mitternachtsblauen Jacketts verschwinden lassen; netterweise darf ich parallel zu dieser Aktion einen winzigen wundervollen Seitenblick auf ihr Knie werfen, über das sich schwarzer Strumpf mit lauter hauchfein eingewirkten, ineinander verschlungenen Serpentinen spannt... Da möchte ich gern mal als Däumling mit meiner Seifenkiste runterbügeln! Aber es wird noch verwickelter, womit ich nicht im geringsten rechnen konnte: Mir kommt der junge schlappohrige Hund in die Quere, der, neugierig wie er ist, gleich wieder ein neben die Schleuder gefallenes Leckerchen wittert und sich wieselflink meinen schaudergrünen Strickpulli schnappt, und ab durch die Mitte mit der Beute; wie man sich denken kann, kann so was leicht wie ein lächerlicher, kleiner, absurder, widerwärtiger Slapstick aussehen. Man kennt das aus den Werbespots: Hinterher gehen er und sie auf einen Kaffee in das Café um die Ecke, und dann müssen die Zuschauer bei der 24-Stunden-Hotline anrufen, wie die Story weitergehen soll, ob sie sich kriegen oder nicht (51.–999. Preis: je 1 Glas Instantkaffee). Alle lachen sich krumm und tot. Niemand lacht Tony Camonte (das bin ich!) offen ins Gesicht. Ich steige auf die Trockenschleuder mit einer Pumpgun im Arm und schreie:

Ich steige auf die Trockenschleuder mit Pumpgun im Arm und schreie: «Hast du das gehört, Ma?»

«Hast du das gehört, Ma? Der Bulle sagt, ich soll mich ergeben! Lebend kriegt ihr mich nie!» Rumms fliegt die Trockenschleuder in die Luft. «Ja, jetzt wo er endlich ganz oben ist, zerreißt es ihn in tausend Stücke», sagt einer der herumstehenden Cops. (In der Ferne blinkt eine Leuchtreklame von Cook's Travel Agency: «The World Is Yours!») Abspann, Spätnachrichten, Flugzeugabsturz, Tarifkonflikt, Ministerrücktritt. Selbst der ungemütliche Dicke, der die ganze Zeit Erdnußflips in sich reinstopft und geisteskrank auf einen Wasserfleck an der Wand über Maschine Nr. 17 (außer Betrieb) starrt (und vermutlich gerade seine Hinkelsteine einweicht), wird aufmerksam und kriegt einen Kicherkrampf. Nix zu machen, hat eh 'nen Persilschein! Als wäre meine Niederlage noch nicht komplett genug, bin ich infolge irritierenden Dazwischenfunkens des Hündchens auch noch an den ersehnten tizianroten Lippenstift gestoßen, der infolgedessen natürlich unerreichbar unter die Trockenschleuder gekullert ist. Liegt vermutlich noch heute da. Jeder, der will, kann ihn sich holen, muß nur mit einem Stöckchen ein bißchen unter der Schleuder stochern. Er oder sie möchte ihn dann, bitte schön, an die Fördergesellschaft für wissenschaftliche Neuvorhaben, Projektgruppe Kultursemiotik, Forschungsschwerpunkt Literotik, Prenzlauer Promenade 149/152, 13189 Berlin faxen. Zu Händen Herrn Dr. W. Ernst; der wird sich freuen. Die sammeln nämlich solchen Krimskrams, der aus dem Kontext gefallen ist. Hauptsache signifikant. Durch die witzige Interruption der vierbeinigen Landplage, über die sie und ich herzhaft lachen mußten, sind wir also ins Gespräch gekommen. Wer beklagt sich denn? Den schaudergrünen Strickpulli erhielt ich vollständig zerfetzt zurück; der Hundehalter-Schnauz kam ganz aufgeregt angewetzt und wollte ihn mir sogar bezahlen, mit lauter Fünfzigpfennigstücken vermutlich. Aber ich sagte, ach, was soll's, war eh schon ganz löchrig und am Bündchen ausgeleiert – kein Verlust, Schwamm drüber! Es stellt sich heraus, bei Kaffee und Nußecken in dem Café über

die Straße (sehr lecker!), daß gar kein Grab auf dem Buchdeckel
stand, auch nichts Ähnliches, es handelte sich vielmehr um
einen Robert-Walser-Band, betitelt «Aus dem Bleistiftge-
biet», einer Edition von dessen legendären «Mikrogrammen»
(526 Blätter randlos gefüllt mit einer nur millimetergroßen,
fast unentzifferbaren Sütterlin-Bleistiftschrift; beinhaltend
eine schier endlose Folge von Prosaminiaturen, Romankapi-
teln, Gedichten, dramatischen Szenen, die Walser auf Papiere
unterschiedlichsten Formats und sogar Kalenderblätter, For-
mulare, Zeitschriftenränder, Briefcouverts notierte, sozusagen
getrieben von nichts als der Lust am Immer-Weiter…). –
Könnte in dem Buch, das sie gerade liest, nicht etwas stehen,
das mir jetzt weiterhelfen würde? Eine Liebesgeschichte, stelle
ich mir vor, die in einem Waschsalon spielt, er sie beobach-
tend – nichts als Blicke, nichts ergibt sich außer Blicken, völlig
unentzifferbaren, mikrogrammatischen Blicken? *Ich grüße zur
Zeit ein Mädchen, das ich täglich sehe, sehr eigentümlich, in-
dem ich den Kopf nicht neige, sondern in die Höhe werfe, wie
Soldaten es tun beim Anblick von Vorgesetzten. Das Mädchen
wurde bereits ziemlich stutzig…* Jetzt hat sie tatsächlich zu mir
rübergeschielt, ganz eindeutig, das heißt, ich irre mich be-
stimmt nicht, sie meint bestimmt mich. Das wäre einfach toll,
sie liest einen Satz, und zwischen den Zeilen die unmiß-
verständliche Aufforderung GUCKGUCK! HIER HINTEN!
JA, DU BIST GEMEINT! GIB MIR EIN ZEI-
CHEN… Ach nee, das könnte mir so passen.
So schnell kann Literatur nicht reagieren.
Jeder Satz wie aus der Pistole geschos-
sen? Wer das liest, ist schon verwun-
det? – Aber wahrscheinlich interessiert
sie sich nur für den Heißlufttrockner,
fragt sich, ob der noch läuft oder ob sie
eine Polette nachwerfen muß. Ich gucke
zur Seite: ein ununterbrochenes Rotieren.

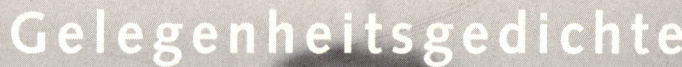

Die, die so aussehen

Die anderen Gedanken,
die so anders sind, so weg,
so an der Haut herbeigezogen,
aus der Braut der Lautschaft,
sehen so eigen aus, so gern.

Gelegenheitsgedichte

Kleines Bonanza

angenommen daß ich leide steil bergab
Hügel voller Eiter schreie reiten Schmerzen
meine Nacht oder daß ich Wendeltreppen falle
mich als Bolzen einer Schraube winde
walzen mich die Kummer platt oder
tiefer oder anders bloß angenommen in der Art
daß Panzer meinen Kopf durchqueren
Masken an mir reißen, etwa Zehennägel
Drähte sich entladen, Sehnen reißen
etwas stirbt und abgeht etwas bäuli
und dann aus
angekommen in die Sprache ist das Thema
exiliert, ausgereist und futsch

Perlensäue

Aus dieser Sicht ist
ein Gedicht das spricht
schnell gesagt und gut
gesprochen, schade nur,
daß es nichts bedeutet,
dem Leser keine Beute ist,
oder umständlich gedacht,
die Gelegenheit vernützt
und daraus Sprache macht.

Franzobel,
geb. 1967 in Vöcklabruck,
lebt als freischaffender
Autor in Wien und Pichl-
wang. Bis 1991 bildender
Künstler mit gelegentlichen
Ausstellungen, seit 1991
ausschließlich Autor.
Ingeborg-Bachmann-Preis
1995. Letzte Publikationen:
«Ranken». Ein Buch für
dick und dünn. (Gemein-
sam mit Carla Degenhardt)
Klagenfurt: Selene 1994;
«Die Musenpresse».
Klagenfurt: Ritter-Verlag
1994; «Thesaurus». Ein
Gleiches. 24 konzeptionelle
Gedichte. Siegen: Universi-
tätspresse 1995. «Hunds-
hirn». Linz: Blattwerk 1995;
«Die Krautflut», Erzählung.
Frankfurt a.M.: Suhrkamp
1995.

Gelegenheitsgedichte

Das aufgerollte R

Auf, hing sich der Vorhang raus zum Habern
denn wer sich tüchtig vollhaut, scheißt er weiter, kann gut
   brunzen
also ließ er Sprache laufen in das längsgetretene Breit
wozu dann noch dichten, mit Sprache malochen und barabern
wenn alles dicht ist, zu vom Quatschen und Grunzen
so macht die Mache auch nichts her, vergeht bloß Zeit

Schmalz

Die Nacht ist mir mein liebstes Utensil.
Der Tag bedeutet mir nicht viel.
Also steck ich mich in dunkle Pose,
und rühre um im Topf der Rose,
auf, daß es nicht flacher geht,
nichts platzt, nur als Wasserlatte steht.
Und ab.

Gelegenheitsgedichte

Allez allez!

Alle. Alle sagen alle. Alle sagen, daß alle alle sagen. Alle sagen,
daß alle alle sagten, weil es alle sagen. Das Allesagen, das
sagen alle. Und alle sagen, daß der Kanzler wird. Alle sagen,
daß alle sagen, daß der Kanzler wird. Alle sagen, daß alle alle
sagten, daß der Kanzler wird, weil alle sagen, daß alle sagten,
daß er es wird. Das sagen alle. Und alle sagen alle alle bis alle
sagen, daß alle sagen, daß er es wird, weil es schon alle sagen
und alle alle sind. Alleluja.

Finlale

Still. Kein Wort mehr, keine Nennung
ausgezählt das Lager, ab jetzt
die Stufen hinab und weg
kein daß mehr und kein wie
ein letztes also noch, aber dann
ist also Schluß, ausgezogen/schnurstracks
meinetwegen mit Lineal
der letzte Strich so
gerade eben noch ins Aus
in den lauten Schluß:
hat nicht viel gebracht
alles

Turngedichte

Laufen

Der Schritt nimmt seinen Hut,
und wie geschmiert den Lauf,
ferner liefen Gänsehaut,
dahinter vor die Füße
wie der Hase, Staffel, Sturm,
den Burschen fortbewegen,
zu und über Hindernisse,
Horn, larifari aus Gewehren,
lassen, oder gegen etwas Sturm,
gleich heißt es Amok,
Schritte nur, laszives Rennen,
wie am Schnürchen aber,
von Pontius mit Laune,
mit Suada zu Pilatus,
anzutanzen um gestanden,
auf dem laufenden zu sein.

Gerätschaft. Ein Lied

Stell dir einmal vor, du bist ein Fußballtor,
so maschig, breit und dick, das wäre nicht sehr schick,
denke dir jetzt nur, du wärst eine Springschnur,
so ach wie lang und dünn, auch das ist nicht so schön,
jetzt glaube erst einmal, du bist so ein Turnsaal,
hölzern, groß und mit Geruch, das wäre doch ein Huch,
da lobe ich mir doch, das Holz aus dem ich Stoff,
gerne bin ich also weiter, die Latte einer Sprossenleiter.

Turngedichte

Liegestütz

Ich, mit mir in mich und meiner Bärenhaut,
strecke mich soweit es reicht nach meiner hehren Braut,
April sie zu liebkosen, mit einer Litanei von Ding,
ich meine Mai und alles was bisher nicht ging,
alles raus vom Herzen auf die Zunge schaut,
an mir soll es nicht liegen, nicht verpuffen laut,
Lüttich auf dem Diwan, was ich da mir fing,
auf der Tasche Krebs, gut im Rennen heißt gering,
und sie hat sich noch nicht viel, nichts getraut,
nicht nein zu sagen, ja, nur zugeschaut,
darauf ich und immer wieder wie ein Hering,
aus und ein gegangen mit dem Däumling,
endlich hat es leicht gepiepst, Gestöhn zerkaut,
hör jetzt nicht auf, mach mich versaut,
ich, mit mir in mich und meiner Bärenhaut,
streckte mich so lang es ging, es hat fast hingehaut,
über den Limes brach der Zug und hing,
sich raus, hinunter, daß nichts und niemand ihn noch fing,
beinahe ja, kurz davor und fast ganz aufgestaut,
im Stich gelassen, Mädchen das, und als Gedicht verpatzt.

Turngedichte

Kreisflanke

Einen Kren reißen, sagst du, und krepieren
ist dem Hinschmeißen sein Reden, Motiv-Krempel
oder Kreide fressen in der Sorge, Angst, rund
und die Stocksteifen kreißen wie Sägeblätter,
fangen einen Krebs, du sagst es, geometrische Figur,
das Kapieren dreht sich, Opfer-Quadratur,
die ganze Sippschaft, Alibi-Oberschicht, Krevetten,
Täter, wie du sagst, Natur, mitten hinein,
mit Zirkeln wälzen auf Verdacht, was du sagst,
die Krise, das ist das nicht eckig kriegen,
das Versagen sich versagen – eine Kriminalgeschichte.

neurosen und leuchtspurgeschosse

Katja Diefenbach ist
27 Jahre alt und lebt in
München.

habe nicht viel zeit. muß es kurz machen. es sind
die stimmen. muß weiter deshalb. sind zu laut ge-
worden in letzter zeit. durcheinander von innerem
krach. hirnstimmenecho. draußen hingegen ist es zu
still. tut sich nicht viel. autos und leuchtre-
klamen wie immer. sonst nichts los. oder unbe-
kannt. oder noch schlimmer. REVOLTEN SIND FEU-
ERWERKE, GESCHOSSEN IN DAS DUNKEL DER MACHT.
SOWIE SIE ERLEUCHTEN, SIND SIE AM VERLÖSCHEN.

1   2   3   ④   5   ⑥   7   8   9   0

ein schönes bild, nicht wahr. sehr erhaben in sei-
ner vergänglichkeit. wie früher in kirche und kin-
derzimmer. asche zu asche. licht an. licht aus.
ähnliches wurde schon einmal geäußert. zum bei-
spiel. WIR SOLLTEN AKZEPTIEREN, DASS DIEJENI-
GEN, DIE IHR TERRORISTEN NENNT, VON SICH AUS
UND OHNE DASS MAN SIE DARÜBER AUFKLÄRT, ER-
KENNEN, DASS IHR PHYSISCHES DASEIN UND IHRE
IDEEN NUR KURZE BLITZE SEIN WERDEN IN EINER
WELT UNDURCHDRINGLICHER PRACHTENTFALTUNG.
FULMINANT - SAINT JUST WUSSTE UM SEINE FUL-
MINANZ, DIE BLACK PANTHERS WUSSTEN UM IHRE
BRILLANZ UND UM IHR VERLÖSCHEN, BAADER UND
SEINE GEFÄHRTEN SAGTEN DEN TOD DES SCHAHS VON
PERSIEN VORAUS, AUCH DIE FEDAJIN SIND LEUCHT-
SPURGESCHOSSE, DIE WISSEN, DASS IHRE FLUGBAHN
AUGENBLICKLICH ERLÖSCHEN WIRD. sehr großartig.
obwohl sehr verdächtig. der kalte traum der ver-
achtung, der souveränität, der überschreitung und
der selbstverbrennung. flieger grüß mir die sonne.
könnte sein, daß hier ein täuschungsmanöver vor-
liegt. neue parole lautet: bukowski tot, männ-
lichkeit scheiße, minoritär werden, kleine aktio-
nen, kleine träume, sofort leben, kein glaube an
die totale lösung. bitte weitergeben. habe vor
kurzem gehört, daß selbst die hedonisten-fraktion
schlappgemacht hat. guter witz. auch hier schwie-
rigkeiten in der genußkonstruktion. DENN WIR LE-
BEN IN DIESER WELT NICHT ZUM VERGNÜGEN, WEIL
SIE UNS UM ALLE VERGNÜGEN BRINGT. UND ES KANN
UNS FOLGLICH AUCH NUR DARUM GEHEN, DAS ZU BE-
SEITIGEN, WAS UNS DARAN HINDERT, DIESE GANZ
ZU ERLEBEN. wissen noch nicht, welche wendung das
nimmt. aus zk-kreisen gibt es kritik, ist mir zu-
getragen worden. ästhetisierung der krise. wider-
stand als lifestyle. vor allem die rede vom kom-
men und gehen der bewegung ist in mißkredit
geraten. verstehen sie? naturalisierung der nie-

1   2   3   4   ⑤   ⑥   7   8   9   0

derlage. wie beim zauberer. bewegung da. bewegung fort. EINE BEWEGUNG HAT EINEN ANFANG UND EIN ENDE. AM ANFANG WAR DAS EREIGNIS. DIE BEWEGUNG IST DIE ERINNERUNG AN DAS EREIGNIS. SIE TAUCHT AUF EINEM SCHMALEN GRAT AUF. AUF DER EINEN SEITE GIBT ES EINE WELT ZU GEWINNEN, DIE MIT KEINEM ENDE DER BEWEGUNG JE UNTERGEHT. AUF DER ANDEREN SEITE LAUERN ABGRÜNDE, DIE NUR JENE LEUGNEN, DIE SICH BEREITS AUF DEM BODEN IDEOLOGISCHER EIGENHEIME EINGERICHTET HABEN. lassen sie uns ein paar schritte gehen. muß ein bißchen wind spüren. geräusche atmen. das gehen ist ja gänzlich ungefährlich geworden. hauptsächlich zebras unterwegs. keine wegelagerer. haben sich in die kaufhäuser zurückgezogen. hören sie, ich habe probleme mit den inneren stimmen. ausgleichsprobleme. osmoseprobleme. will nicht biologisch werden. sie wissen schon, das verdächtige ist zu meiden. aber bin gleichgewichtstier, muß gestehen, in gewisser weise, harmoniesüchtig. habe inputprobleme zu verzeichnen. vakuum und schwerelosigkeit werden zunehmend unangenehm. kaugummi im display. was die genossInnen unbedingt diskutieren müssen, ist die frage des weitermachgedankens. können sie sich das merken? weitermachen nicht aufgrund von heilserwartungen. hier bitte das mit den ideologischen eigenheimen bedenken. nieder mit kirche und partei. doch der kampf muß weitergehen. ist das klar? JEDER MENSCH STIRBT TÄGLICH UM 24 STUNDEN AB. hören sie zu, das ist noch nicht alles. vordringlich gehts nicht ums subjektive. LIRE ALTHUSSER. die sorge, ob die hälfte des urlaubs schon rum ist und pubertäre träume sich selbst aufgegessen haben, ist egal. alle müssen wissen, daß die widersprüche zugeklebt, aber vorhanden sind. NIEDER MIT EINER WELT, IN DER DIE GARANTIE, DASS WIR NICHT HUNGERS STERBEN, MIT DER GARANTIE ER-

KAUFT WURDE, DASS WIR AN LANGEWEILE STERBEN.
also merken sie sich, die losung an die bürgerkids
lautet, sie sollen sich nicht um sich selbst sor-
gen. sollen nicht zur therapie gehen. sollen ihre
augen aufreißen und versuchen, trotz schlußver-
kauf, ihr selbstmitleid umzutauschen. gebe ihnen
ein beispiel. wichtiges beispiel aus der zeit vor
dem postmodernen spektakel. das beispiel mit den
kirschen. genosse andré gorz hat ein lehrreiches
buch geschrieben. «der verräter». ein unglaubli-
ches buch. gorz ist österreicher. zur zeit des
anschlusses mußte er österreich verlassen. gorz
diktiert ein furchtbares protokoll: der faschis-
mus. die lust der subjekte, sich zu unterwerfen
und andere zu vernichten. ordnung, sauberkeit, ka-
pitalismus und tod. und GLEICHZEITIG das schei-
tern der sowjetunion. ohne gleichsetzung erzählt
er das. zählt nur auf, wie die dinge sich ent-
wickeln. in selbstquälerischer genauigkeit wägt
er intellektuelle entscheidungen ab. was ist rich-
tig? die psychoanalytische oder die historisch-
materialistische sicht der verhältnisse? und
dann, in diesen bericht unerträglicher geschicht-
licher abläufe und intellektueller zweifel,
flicht er die geschichte seines eigenen schei-
terns. wissen sie, die unerhörte eindringlichkeit
dieses buchs... ein sich-selbst-sezieren ohne
gnade. millimeter um millimeter werden neurosen
vermessen. innere kapitulationen notiert. kurz,
in dem buch stellt gorz über sich selbst fest, ICH
HABE ZU LEBEN VERSUCHT, UND ICH HABE VERLO-
REN. ICH WEISS JETZT, DASS ICH VERLIEREN
MUSSTE, UND DASS ICH IM ÜBRIGEN DAZU ENT-
SCHLOSSEN WAR. das ist der punkt. er kommt sich
auf die spur. verstehen sie? eine frage, die wei-
ter verhandelt werden muß. wo liegt die fulminante
tragik der selbstinspektion? wer ist entschlossen
zu scheitern? hören sie, jetzt kommt das beispiel

mit den kirschen. gorz protokolliert alles, sein
gesamtes psychisches feld, selbstverdächtigungen,
kreuzverhöre. seinen geiz, seine feigheit (und –
natürlich – seine schüchternheit). schon als kind
hatte er eine neigung, lebensmittel zu horten.
träumte davon, soviel zu besitzen, daß er sich ein
jahr davon ernähren könnte. seine mutter stellte
ihm eines morgens einen teller mit kirschen hin,
die in rosa saft schwammen. und er, da es nur we-
nige waren, bedauerte, noch bevor er anfing, sie
zu essen, daß der augenblick kommen würde, wo
keine kirschen mehr da sein würden. deshalb hat er
sehr langsam gegessen. hat an seinem löffel ge-
leckt. und da seine mutter in eile war, hat sie
gefragt: schmeckt's dir nicht? doch, hat er ge-
sagt. dann beeil dich. und er: laß mich doch ge-
nießen. ist ihnen klar, was der genosse uns sagt?
genuß und kalkulation schließen sich aus. WERDET
KEINE UNGLÜCKLICHEN RECHENMASCHINEN. SPART
NICHT. KALKULIERT NICHT. DAS GLÜCK WIRD SUB-
VERSIV, WENN ES KOLLEKTIV IST. hören sie, ich
muß jetzt wirklich weiter. fortgehen. weg. denke,
ich bin krank. die stimmen. muß ihnen sagen, daß
ich kranksein inzwischen als normal im positiven
sinne empfinde. bevor wir uns trennen, kurz noch
die tagesordnungspunkte, die ich ihnen zu über-
mitteln habe:
keine langeweile aufkommen lassen
angreifen, wo sich eine möglichkeit bietet
keine angst vor marginalen aktionen
kein symbolisches kapital
kein fetischismus
bildet banden & kollektive
archiviert das historische wissen:
der kapitalismus ist ein kluges system
er bewaffnet sich mit minoritärem wissen
er verwaltet widersprüche
lernt aus den fehlern der sowjetunion

lernt aus den fehlern der 68er
alle erscheinungen dieser zeit zeigen, daß be-
friedigung im alten leben sich nicht findet
du brauchst nicht traurig sein, um militant sein
zu können

peace to
michel foucault, jean genet, subrealisten, zk,
r. adi. ator/bilwet, karl marx, hélène und louis
althusser, situationistische internationale, andré
gorz, radio alice/félix guattari, gwf hegel und
alle anderen

Arschloch '96

Ich, das Arschloch des Jahres 1996,
das ist schon mein Traum.
Ich war es, der die Welt verkaufte.
God bless America, sagte ich.
Schon bin ich das Arschloch des Jahres.
Dann die Hit-CD:
Ihr Arschlöcher seid doch alle geklont!
Jetzt im Handel erhältlich!
Schon bin ich eine TV-Personality.
Schon hab ich eine eigene TV-Show:
Das Arschloch des Jahres präsentiert
live und exclusiv:
Freßt mehr Scheiße und macht mich reich.
Hallo Kleiner,
du kannst zu mir ruhig Arschloch sagen,
das macht mir nichts aus!
Aber Kleine:

Wolfgang Hogekamp,
geboren 1955 in Kleve.
Beschäftigt sich seit 1980
mit Film und Literatur.
In der Zwischenzeit vier
Jahre als Radio-DJ.
Arbeitet seit 1992 als
Autor für das TV-Musik-
magazin «Lost In Music».
Lebt in Berlin.

Du kannst niemals zu mir sagen:
Darling, du bist fünf Minuten zu spät zum Essen!
Schon geh ich mir als Arschloch des Jahres
auf die Nerven.
Schon nehme ich rauhe Mengen Kokain,
schon geht mir das Arschloch des Jahres
kalt am Arsch vorbei.
Mit meinem rauschgiftsüchtigen Arsch
fliege ich auf die Straße!
Die Regierung brüllt:
Hitsingles und Fernsehshows: Ab sofort nur noch
von geklonten Arschlöchern!
Wen interessiert dieser Mist? Es bleibt, wie es ist.
Und wen geht schon was an?
Und was dann?
Und wann?
All 4 nothing
Zuhören kann keiner
und Bars schließen.
Irgend jemand spielt eine Melodie,
in einer anderen Stadt,
eine Queenie, die keinen König hat.
Vielleicht so:
Niemand liebt mich, das ist wahr,
aber you don't get something 4 nothing
I don't wanna loose this time,
will she save me?
From what or whom?
I do not know,
but I am easy.
Schon sitze ich in dunklen Nächten,
schwarze Nächte für immer?
. . . nichts erinnert mich, du Melodie.

In meinem Arschlochterminkalender,
da steht doch immer nur Arschlochapokalypse.
Ihr kommt rum im Leben,
und das Leben ist nicht trostlos . . .

Die Melodie:
Give me a reason to love you

This is the forgiving of forever!
Los, du alte Fotze, zieh die Schamlippen auseinander
und knie dich hin!
Da ahne ich was, von dem, was kommen könnte;
Sweetness
Aber nobody loves me
I cannot see inside
Darkness forever.
Ich bin nicht verliebt.
Ich kann das sagen, niemand weiß es.
Ich will kein Verlierer sein.
Ich kann es nicht, ich kann es nicht.
Ich bin nicht verliebt.
Warum hilft mir niemand?
Weil man in Stunden der Angst allein ist,
und von herunterfallenden Flugzeugen träumt
und
ich träumte, ich sei aus meinem Traum aufgewacht:
Es war wie verhext,
einen Augenblick erhellte mein Horizont
schon wieder sinnentleertes Geschwafel,
schon regnet es wieder Ketchup.
Everybody shut up and leave me alone

I am not beauty
I am not perfume
I am just a sucker in my dream
I am the rookie in sabotage
That's why
Ich bin der größte Arsch
That's why: I am easy –
I'm easy like sunday morning.

Willkommen im Schnittstellenarschlochwunderland,
der Raum im Internet ist leider abgebrannt.

① 2 3 4 5 6 ⑦ 8 9 0

Netzwerk, ick hör dir krachen,
'ne gute Info gibt es nicht.
Wenn du 'ne Botschaft hast,
dann schick mir ein Telegramm.

Schon kann man alles nicht mehr so ernst nehmen,
und schon fällt ein leuchtender Polizist,
als Ketchup getarnt, vom Himmel,
direkt vor die laufenden Fernsehkameras.

Ich bin der größte Arsch
that's why I am easy,
I'm easy like sunday morning
like a long forgotten bizarre dream –
go and try a little bit harder – it could be sweet

Vielleicht war das gar nicht von mir?
Ich hab nämlich bloß abgeschrieben, vielleicht?
Ich hoffe, das stört niemanden!
Arschloch ist eben Arschloch.
Andere nennen das «Sampeln»!
Dein Master.

Willi wird verrückt

Willi war früher mal bei der Post, gegen Ende seiner Dienstzeit jedoch meistens krankgeschrieben wegen einer immer öfter auftretenden Epilepsie, die ihm letztlich zur absoluten Arbeitsunfähigkeit verhalf.

Nun, Willi war gerade achtundzwanzig Jahre alt und hatte jetzt viel Zeit. Aber trotz der zur Unterdrückung seiner Anfälle starken Medikamente war da etwas in ihm, was raus wollte und mußte, etwas, das so stark war, daß auch keine Medizin dagegen ankam.

Willi stand nach wie vor – wie er es gewohnt war – früh auf, machte morgens einen Spaziergang hinüber zum Hauptbahnhof, um Brötchen und Käse oder eine Scheibe Sülzwurst, die er besonders mochte, zu kaufen, auf jeden Fall aber die Tageszeitung. Dann spazierte er zurück in seine kleine Wohnung und schaute die meiste Zeit nach dem Frühstück aus dem Fenster, wo die Damen der Gegend, in der er lebte, ihrem Gewerbe nachgingen.

Mittags saß Willi gewöhnlich in der Gaststätte «Nagel» und trank Bier. Er redete dabei selten mit jemandem. Er lebte sowieso mehr für sich, in seiner eigenen Welt, die ihm viel zu unwichtig und bedeutungslos vorkam, um irgendwen daran teilhaben zu lassen.

Manchmal aber, da fühlte er sich plötzlich hingezogen zu den Menschen, und eine seltsame Traurigkeit stieg in ihm auf, die seinen Magen wie ein Vakuum zusammenzog und ihm das Blut aus dem Hirn sog, daß er daran dachte, sich die Oberlippe mit der Gartenschere einschneiden zu müssen, um wieder anzukommen in seiner

Ben Becker
Rote Haare, blaue Augen,
173 cm.

1   2   ③   4   5   6   ⑦   8   9   0

Theaterengagements in Hamburg, D'dorf, Stuttgart, Berlin.
Filme und Fernsehen.
Seit 1993 Autor von Kurzgeschichten, Songs, Gedichten und eines Theaterstücks mit Namen «Sid und Nancy»; erschienen im Rowohlt Theater Verlag.
Erste Regiearbeit im August '95: «Sid und Nancy» im Ex 'n' Pop; Berlin. Es folgen weitere Bühnenauftritte, eine CD und jede Menge Merchandising!

Wirklichkeit und diesen grausamen Schmerz unter Kontrolle zu bekommen. Willi las die Zeitung, und Willi guckte die Tagesschau, und manchmal ging es ihm ganz elend, wenn er all den Dreck sah: Menschen, die irgendwo im Krieg starben, oder schwarze Kinder, die an Hunger krepierten; und kaum daß er auf ein anderes Programm umschaltete, gab es da eine Oma, die ausflippte, weil sie irgendein bescheuertes Auto gewonnen hatte oder nicht.

Willi hatte keinen Führerschein. Dafür hatte man ihn erst vor drei Tagen beinahe über den Haufen gefahren, und vor lauter Schreck paßte er einen Moment lang nicht auf und rutschte in Hundekacke aus. Es gab viel zu viele Hunde in der Stadt, und eine Hure lachte über ihn, wie er fast der Länge nach hingeschlagen wäre, und er stand wieder vollends aufrecht und blickte sich um, und da waren überall Hunde, und einige waren wirklich zu groß für eine von Menschen dicht besiedelte Stadt, und ganz besonders hier in der Gegend, wo er zu Hause war, gab es schon genug Dreck auf den Straßen, und überall war Blut, und der Hausflur stank nach Urin bis hinauf in den zweiten Stock.

Willi haßte auch die Drogenabhängigen, die ihn bei seinen nächtlichen Streifzügen durch den Hauptbahnhof anbettelten oder auf dem Treppenabsatz mit blutendem Unterarm und strapaziös an der Vene hängender Spritze empfingen.

Willi bekam 1900 DM von der Post, 650 zahlte er für die Miete seiner kleinen Wohnung gegenüber vom Hauptbahnhof und eines kleinen Kinos, wo er sich des öfteren merkwürdige Filme anschaute, in denen ein einzelner um das Wohl der Menschheit kämpfte. Vorzugsweise mit dem Messer oder der Hilfe asiatischer Kampfkünste, die man angeblich in der Karateschule um die Ecke erlernen konnte.

Nach dem Film stand Willi oft in der Vorhalle des Kinos und betrachtete Plakate oder lauschte den Gesprächen anderer Besucher. Aber er mischte sich nie ein, außer einmal. Da stand er vor dem Plakat eines Films, den er kürzlich erst gesehen hatte, und neben ihm stand ein Mann seines Alters und betrachtete es ebenfalls. Schüchtern fragte Willi den jungen Mann, ob dieser den Film schon gesehen hätte, und nachdem der verneinte, sagte Willi, das würde sich aber lohnen, er sei wirklich spannend, und da kam plötzlich ein anderer Mann und mischte sich in Willis gerade begonnene Unterhaltung und fragte: «Ist der auch mit Schneiden?»

Das optimistische «hoffentlich» im Unterton der Frage beunruhigte Willi. Seine einzige Chance war, überhaupt nicht darauf einzugehen, und so beteuerte er dem anderen nochmals, daß der Film sich anzuschauen lohne, und verließ mit dem Kälteschauer, etwas für ihn noch nie Dagewesenes erlebt zu haben, die Vorhalle des Kinos.

Er ging die Straße hinunter, in seinen Gedanken wiederholten sich immer die gleichen Worte: «Ist der auch mit Schneiden – auch mit Schneiden – mit Schneiden.»

Unvermittelt blieb er stehen. Er blickte in die Auslage eines dieser Billigheimer-Türkenläden, die bis spät in die Nacht geöffnet haben. Da lag es, silbern glänzend, ca. 30 Zentimeter lang, mit Zacken auf der stumpfen Seite. Das mußte es sein. Wieder schossen ihm die zuvor gehörten Worte durch den Kopf: «Ist der auch mit Schneiden?»

Schneiden, ja, das konnte er auch. Schnitte wollte man von ihm, also würde er schneiden.

Zielstrebig, aber wie ferngesteuert, betrat Willi den Laden und kaufte das Messer. Dann lief er zügigen Schrittes zurück zum Kino. Die beiden Männer waren nicht mehr da.

Willi ging hinüber zum Hauptbahnhof. Suchend bewegte er sich durch die riesige Bahnhofshalle, beobachtete die Leute: Junkies, Penner oder einfach irgendwelche Reisende. Besonders schienen ihn die uniformierten Sheriffs zu interessieren.

Willi ging zum öffentlichen Fernsprecher im ersten Stock der Halle und wählte irgendeine Nummer. Es meldete sich eine Stimme, und Willi hängte den Hörer wieder ein.

Er trank ein Bier bei Nagel. Nagel, dachte Willi, was für ein komischer Name – Nagel. Er knipste mit den Fingernägeln des Daumens und Zeigefingers. Zigarettenqualm umnebelte sein Gesicht. Er hatte noch nie geraucht und haßte den Gestank von Tabak. Das Messer drückte sich durch seine Innentasche an die Brust.

Schneiden, dachte Willi wieder. Schweißperlen bildeten sich auf seiner Stirn.

Irgendein Betrunkener knallte mit dem Gesicht an die Scheibe draußen auf der Straße und schlug sich die Nase auf. Ich hasse diese Scheiße, dachte Willi und machte dem Kellner ein Zeichen und zahlte.

Willi steht zu Hause im Badezimmer. Er hat nur noch seine Hose an. Das Messer liegt vor ihm auf der Rasierablage, aus dem Radio kommt orientalische Musik, der Fernseher läuft ebenfalls. Willi schluckt Tabletten, er schwitzt stark. Dann plötzlich schneidet er sich die Ohren ab. Erst das eine, dann das andere. Seine Ohren bluten, doch blitzschnell klebt er die Wunden mit Pflaster ab, das er rund um den Kopf wickelt. Willi hat starke Schmerzen.

«Matthias» BAADER Holst, geboren 1962 in Halle. Zunächst Bauarbeiter und Bibliothekar. Ab 1984 Aktionen mit Peter Winzer und Heiko Beige. Ab 1988 Aktionen mit Peter Wawerzinek. Sänger und Texter bei «Die letzten Recken»

notiz:

christoph kolumbus sohn eines tankwarts und einer flüsterpropaGANDHIlysistrata-lesbin (vom schlage kleopatra kautskys renegattin baskischer kortschagins) entdeckte im alter von 3 tagen während eines stubenarrests amerika was ihn so berühmt machte daß er 5 monate später freiberuflich genug war unter dem künstlernamen penderecki seine freizeit in katakomben zu verbringen carl einstein zu lesen und karl may heavy metal postpunk funk music roter kapellen im bayreuther original zu hören und in sein lambarene-tagebuch zu schreiben: «die geschichte siebt gnadenlos» sagten die sklavenhalter zum galeerenliebling als dieser um ein frisches hemd bat» dieser p. also pflanzte einen baum... und streichholz für streichholz brannte brannte für DEIN blockadetagebuch ecke dimitroffstraße: der frankfurter schule

die toten des wohnungsbaus werden nicht mehr gezählt oder «der droste würde ich gern wasser reichen» / noch manche buche mit ihr fälln

in der nacht vom montag zum dienstag in der nacht vom dienstag zum mittwoch in der nacht vom mittwoch zum donnerstag und in der nacht vom sonnabend zum sonntag hundeführer am tisch deren pudel oder pekinesen «sandokan» «göring» und «gatsby» heißen und deren persönlichste begeisterung für rügener fischpastete auf genialen rembrandt-fälschungen in bunkernähe zunimmt einer der seit 6 wochen das licht der welt: das brennende pommern als eine postmoderne kohlenkarte: EMPFINDET der kaum ahnt daß seine frau sich seit 6 wochen in der hand eines taubstummen frettchenzüchters befindet der sie jede nacht mit einem anderen nerz erdrosselt bis «IHRE TAGE» die heimat verwüsten die heimat für die er sekunde für sekunde minute für minute stunde für stunde einen foxterrier

und «Frigitte Hodenhorst Mundschenk». Buch-veröffentlichungen: «traurig wie hans moser im sperma weinholds», Produzenten-Verlag, Berlin 1990; «koitus-bonzen rotzen», Maas Verlag, Berlin 1992; «.../henke mich nir-wana-lamm!!!!» Katalog, Galerie Alter Markt, Halle 1994; im Selbstverlag u. a.: «zwischen bunt und bestialisch: all die toten albanier meines surfbretts», «james

bond eine mappe», «old shatterhand ein ghetto voll petersilie», «todesschweiß wirft hanteln süßlich», «kiss me kate/säuberungen». «Matthias» BAADER Holst starb im Juni 1990 nach der Kollision mit einer Straßenbahn in Ostberlin. Porträts: Standfotos aus dem Video «Briefe an die Jugend des Jahres 2017».

nach dem anderen über die sturmbahn jagt die heimat in der er die atemschutzmaske «lucy in the sky with diamonds» die intensivstation «stephane mallarme» grußlos verläßt ein ort also zum träumen der offene augen und ohren verlangt eine berufsausbildung als waisenhauszögling oder zentralarchivar im raketendepot «berta von suttner» «seit der letzten reaktorfete kunstschmied anfragen dringend erwünscht» finden wir auch im anzeigenteil und schämen uns nicht dafür nicht dabeigewesen nicht dabei zu sein wenn... die enthauptete thelma stuart aus houston (texas) darwin zwei deutsche schäferhunde als briefbeschwerer zum geschenk macht um die kontinentalsperre aufrechtzuerhalten

mir geht es so schlecht, daß ich mich kaum halten kann vor lachen

ihre mösen waren sich schwestern ihre schwänze sich brüder: blochsche bestien wie im arrest deines schoßes also die mauser die träne das tier körper in seelen die hinterm hollerbusch flehen um die gnade der leere: die falle: heimat: eine ENT/EIGnung aus den nächten ihr zorniges fleisch in die wüsten und weiten stoßend von raps und menstruation in die eine zukunft die einzelkind war und nekrophiler als beate – «ich hab angst hans / du erregst mich»

schlag mich wenn der mond platzt

auflasch beglückendes: im venedig glanzloser hysterien einer bitterfelder ghettoisierung einer sonnengöttin einer panzerfaust eines auffanglagers in den psychopharMAO phallentino träumen der hausfrau aus knebel im abendli-

chen allahgeleucht lynchender katholiken in blauhemd
tobst dupp-checkst: PENCK it black während der aus-
gangssperre das geräusch einer schönbergschen schlag-
bohrmaschine die stimme ingeborg bachmanns miss
europes hang zu canossa zeitgeist: alpenveilchen:
bullenschaukel einer hetäre weisheitszähne ziehn miete
zahln strom abstellen das wasser einlaufen lassen lee
cooper lex barker barkas balkanzicke knut ham sun and
eggs:
punk stirbt bis akte einmarsch sexuelle minderheiten zum
porno erhebt d. h. 2millionen samenfäden auf der flucht
erschossen da ihr karma versiegelt so kommt eins zum
andern grauschleier: e-schocks/frauentagsfeiern einsauen
aber er schleift dich und schraubt dich fest am lendli kyo-
tos der chrysantheme eines grizzlys dessen cornflakes nur
grenztruppen schwängern das gesicht verlieren heißt am
ufer inquisition lust auf faustan und fellini
er saß an seinem abgang den niemand ihm nehmen wollte
er rief s an er griff sich zwischen die beine er spürte ein
stück hans ein stück gretel schwarzwald und schwurhand
knochenmühle und achteltakt er dieser junge wirre dichter
asoziale der stirn auf dem weg zum poem in richtung
regime unfähig schritt zu halten trotz der einführung des
leichenbitters im vorderen orient des hinterhalts einer
begründeten unterwerfung trotz seiner nichtsahnenden
fähigkeit in sachen askese und hirnschwund die uns fort-
schickt vom nabel ins delir und ida
idiotisch in fjodor und fridtjof die geborgne trotz ausge-
schlagener zähne immer auf dem weg zum milchmann...
/// neurosen: traumschutt: frühtau (du hund! ich kind! wir
besitz! nix erwarten von heideggers highlife)

UBISHI VIDEO PRINTER CP100E   YIDEO VOX   18-02-9

**die barrikade der butterkeks oder zwei
turmhohe nymphomaninnen die einem
kasernierten volkspolizisten himbeereis
versprechen oder warum das trinken von
tonic unter ideologieverdacht gerät**

herr schmidt steht auf einer barrikade und sieht herrn
schmidt der auf einer barrikade stehend herrn schmidt
sieht der auf einer barrikade stehend herrn schmidt sieht
der herrn lehmann sieht der herrn schulze auf einer barri-
kade stehend herrn meier grüßend herrn schmidt der am
käsestand dieser vergessensfabrik madagaskar den satz
pogo ist gott zu neuem leben erweckt d. h. verbittert resi-
gniert hoffnungslos verweltlicht verweichlicht verwahrhei-
tet auch weiß: ich pfeife auf mich und in 100 Jahren wirst
auch du ins weltall entlassen diesmal ohne 48er. vielleicht

der mond unbewohnbar wie die erde sucht seinen pyjama
bei tai-wan oder tai-ski eh auch dich «striptease unter
wölfen» zum gut-sein zwingt. der satz: ich fürchte mich im
dunkeln. ich träume salzburg hitler und arturo toscanini.
ich bin melker. ich habe zeugen. ich schieße auf monika um
mich einzubringen. ich spiele flöte. ich bin anarchist. um
nicht zu sagen: roots sind schrutz

anmerkung tai-ski: form der barbarei: gymnastik
(s. a.: kulturrevolution s. a.: sankt moritz)

nicht für die zukunft für den ernstfall zeugen wir oder jehovas leberschaden

die vielfalt des daseins hat mit einer monatskarte für ein im
reaktorunglück befindliches yoga-zentrum eins
gemeinsam: beide sind realisten beide bis zum äußersten
bis zum exzeß weltanschauung aphorismus fluch erwählte
erkenntnis leiden beide schuldig aus der sicht samantha
fox's eines menschlichen wracks am rande des tröstlichen
einer biegehalle eines frierenden der in ein abendmahl gerät
und von der mutter des küchenchefs sehr angetan ist die
als bdm brunnen (allerdings jungfrau) in sich ruht und
ähnliches. eines zumindest läßt hoffen. angesichts der
katastrophe angesichts des gleichgewichts angesichts des
unerträglichen angesichts der stunde des verbrechens
angesichts der taten beweise und werke angesichts der
heiligen angesichts der abwesenheit von begierde ange-
sichts des zyankalis der melancholie angesichts des abso-
luten des unabänderlichen des satzes esau mag erbsen
klammer auf! es genügt nicht keine eigene meinung zu
haben man muß auch unfähig sein sie auszudrücken wolf-
gang neuss s. a. christa wolf klammer zu

miss marple: erinnerungen aus der
einzelhaft unter dem einfluß von heilerde

es war unglaublich es war unfaßbar es war ein skandal!
miss marple! miss marple!!! miss marple in einzelhaft, miss
marple in einzelhaft der städtischen kurdirektion bad
lauchstädt es war unglaublich miss marple die nie täter volk
woodie guthrie pete seeger heiner goebbels fan war miss
marple stand wie phil ochs vor nashville tennessees toren
wie ein william carlos williams spuckender spatz in der
montagsvertonung von stockhausen (if i had a muschi /
no woman no die) warum? warum das alles? nur weil sie
ribbentrop ribbchen mitgab nach jalta? wegen dieser fla-
sche johannesbeersirup aus johannesburg? nur weil so-
moza ihren inte GRAL helm anbetete? verjährt denn gar
nix? sie war doch wahrlich keine wolgadeutsche sie fuhr
wartburg seit worms leidenschaftlich wartburg nie an
keiner stelle glich ihre bibelübertragung jiddisch huttens
swahili (s. a. peace or hutten: ... die züricher krawalle von
zoltan zwingli) mozarts gürtelrose kein judoverband dieser
welt konnte sie zwingen tai seng zu schlucken oder tschou
en lai zu lesen sie trank täglich gegen fünf ihren indischen!
tee selten grusinische mischung also ein mißverständnis?
eine mißwahl aus anlaß der überfremdung? ihr letztes
petting stand in paraguay sogar auf der schwarzen liste
– wirklich! sie hört selten «daily terror» oder las den «mor-
ning star» was veranlaßte also die behörden zu diesem
schritt? wahrscheinlich blieb alles beim alten kai urmuz von
ufa (besitz: 30 000 baschkierer blau wie mauritius 14 rot
wie rosa) wollte ihren letzten gemeinsamen ihren letzten
freiwilligen knutschfleck an gertrude stein an gottfried
unterdörfer aus der gomulkagasse verkaufen oder ihre
aufbaustunden an s. fischer lütten-klein

mit der zeit

nach dem superbowl-großleinwand-ereignis marschieren wir
die 8. avenue hinunter und diskutieren, ob dick nun erst ein
paar millionen machen soll, oder doch erst sein zweites buch
schreiben. wir finden kein ende. genausowenig wie er selbst.
eins ist so ungewiß wie das andere: buch und millionen. ich
will nach hollywood. ich komme nach hollywood. mindestens
500 000 beim ersten. ja, und nur produzent. besser als hun-
gern. erst geld und dann schreiben. seine kreatur führt uns
weiter. ein vortrag über kunst, maler und behinderte. über
unsere galaxis aus der sicht des physikers, schamanistische
reisen, die relativität der wissenschaft und der künstler als
besondere gattung innerhalb der spezies mensch. zwischen
brasilien und afrika sehen wir plötzlich nur noch geschlossene
läden, schwarze und müllberge. wir sind zu weit. sagt mona.
das ist schon die 123. straße. mach schnell, wir müssen
zurück. im eilschritt geht es ein paar blocks downtown. wir
winken einem cab. bevor mona einsteigt, klopft sie mir auf die
schulter und sagt: sieh, es ist vollmond. dann steigt sie ein. ich
rutsche nach und schließe die tür.

im buick zur zweiten saturdaynight. ich habe die falsche
einladungskarte dabei und muß 17 Dollar blechen. kann mir
nur noch ein bier leisten, was ziemlich langweilig ist. ich
quatsche mit zwei mädchen über chers arsch, der etwas hilflos
vor unseren augen hin und her hoppelt. wir stimmen überein:
in video besser als in wirklichkeit. wir lachen. aber keins von
den mädels zahlt mir ein bier.

um diese jahreszeit ist es immer sehr kalt. manche tragen
masken wegen dem wind. die bettler frieren natürlich. sie
treten kräftig auf der stelle. any change man? der typ neben
dem u-bahn-eingang sagt garnichts. hebt nur sein schild vor
sich hin: homeless veteran. er hat seine hosenbeine aufgerollt

Alfred Hackensberger,
geb. 22. 8. 59 in München,
lebt in Hamburg. Veröf-
fentlichungen: «59to1 –
Kulturmagazin», Mither-
ausgeber 1989;
«mord:lust», Eine Heilsge-
schichte, Edition Isele
1994; «Tanger, die
Legende einer Stadt»,
Drehbuch zu einem
dokumentarischen Spiel-
film, 1995; «Musik ist
Trumpf, Über die Gewalt
des Zusammenhangs»,
Buch und Regie,
zusammen mit Thomas
Röschner, zu einer Doku-
mentation über deutsche
Popmusik der 90er Jahre,
35 mm, 1995

1 2 ③ 4 5 6 7 ⑧ 9 0

und zeigt seine kniestrümpfe. sie wirken schon ein wenig blau vor kälte. trägt immer noch die grüne armeejacke und starrt in den boden. ich beschließe, ein bißchen mit der u-bahn spazieren zu fahren. uptown am besten, wo sie nicht mehr unterirdisch ist. sightseeing und es ist warm.

am nächsten tag unterhalte ich mich ein wenig mit tim butler, also NUR mit dem bruder von... er sieht schlecht aus. der einzige, der von den bandmitgliedern aus dem bett gekommen ist. es ist 3.30 p.m. der mann von der record company ist ein schleimiges arschloch, obwohl er mir ein bier bestellt. es wird kein richtiges interview, vielmehr ein belangloses gespräch. amüsantes gespräch im schwarzen ledersessel einer lobby eines teuren hotels in n.y. irgendeine philosophie? etwas wichtiges zu sagen? nein, nein, nicht so früh am morgen. wir stoßen an. seine nase ist dick, seine augen total verquollen. ich rieche den unverwechselbaren geruch von verdünnungsmittel. meine nase juckt. placebo. meine nase läuft. placebo. ich gehe an die bar und hole mir ein kleenex. als ich zurückkomme, lacht tim butler und ich sage, thank you, nice to meet you. ich gehe zu fuß und nehme kein cab. mir ist kalt und schlecht. 2 blocks weiter gehe ich japanisch essen.

1.30 a.m. ich liege verpennt im bett vor der röhre. draußen lautes gebrüll. ich öffne das fenster. unten auf der straße kämpfen dreißig oder vierzig leute. weiß gegen schwarz und schwarz gegen weiß. es geht ziemlich schnell. viel schneller als im kino. keine fünf minuten und die ersten bewußtlosen liegen auf der straße. von hier oben kann ich das blut aus ihrem mund, ihre zerschlagene fresse sehen. doch die bewußtlosen bekommen keine ruhe. die kids unter den gangs, nicht älter als 14/15, bearbeiten weiter die regungslosen gestalten. mit stiefel ins gesicht und in die eier, einige nehmen bierflaschen zuhilfe.

ich bin nichts besonderes, sagt sabrina, nicht wirklich interessant. doch bin ich ganz anders, wie all die anderen. meistens bin ich nett, manchmal auch bitchy. ich liebe cracker jack und

coca-cola. ich trinke nicht, rauche nicht, keine drogen. tags-
über arbeite ich in einer lebensversicherungsgesellschaft,
abends sitze ich mit meinem arsch auf dem sofa und schaue
fern. ich kenne viele tv-serien und commercials. ich liebe
meine mutter, habe einen stiefvater, der nett ist, und einen
richtigen vater, der ein arschloch ist. ich besitze einen briti-
schen und einen jamaikanischen paß. ich werde beide behal-
ten. beim sex bin ich richtig kinky. ich spreche deutsch, italie-
nisch und englisch. zur zeit lerne ich japanisch. nein, sonst
gibt es eigentlich nichts mehr zu sagen. das ist alles.

die leberflecken haben sich drastisch vermehrt. kleine dunkle
schwarze sprenkel am oberkörper. john wayne hatte krebs in
einem seiner letzten movies. der alternde revolverheld, nur
noch ein paar wochen zu leben. aber es mußten noch zwei
kopfgeldjäger dran glauben. herzdurchschuß und einmal
mitten in die stirn. seine vermieterin sagte nur: und das im
zeitalter von telefon und eisenbahn, unglaublich.

marlisa ging mit 17 zur army, um frei zu sein. nach dem
ersten ausbildungsjahr ging sie nach korea. dann usa rund-
reise. dann physik- und mathematikstudium. arbeit in der
schweiz und brd. heute tätig als physikerin. experimente und
analyse. sie liebt klassische musik und jim jarmusch. während
der army-zeit nahm sie allerlei drogen. hing in bars herum,
hörte nur schwarze musik und sah leidenschaftlich fern. ihr
bester freund damals war zwei meter groß, schwarz, dumm
und ein frei herumlaufender mörder. marlisa's brustkorb ist
ein wenig verstümmelt. ihr bruder brach ihr die rippen und
keiner wollte dies glauben. als kleines kind, sagt sie, wie unter
einen zug geworfen und überlebt. so sieht das aus.

im greenstreetstudio ist alles ganz locker. ich sitze mit chuck
d. und weiteren muslims vor der glotze und verfolge ein spiel
der n.y. knicks. mit der zeit werden es immer mehr leute. tür
auf tür zu. alle tragen sie diese grünrotschwarze afrikaland-
karte in leder um den hals. das spiel gefällt ihnen aber gar-
nicht. terminator x und professor griffin machen nebenan

herzdurchschuß und
einmal mitten in die
stirn. seine vermie-
terin sagte nur: und
das im zeitalter von
telefon und eisen-
bahn, unglaublich.

1   2   3   4   ⑤   6   7   ⑧   9   0

eine session. chuck schaut während der commercials immer
wieder vorbei. keiner raucht. im automaten gibt es nur soda
und der studiomanager schenkt kaffee ein. es ist halbelfuhr-
abends und die knicks haben verloren. jetzt gibt es wieder stau
auf der madison avenue.

anke sagte, sie träumt immer wieder von diesem kleinen
mädchen im weißen rüschenkleid, das mitten im regen nachts
auf der straße steht. ringsum sind scheinwerfer in den boden
eingelassen, die gegen den himmel strahlen. das mädchen hat
lange blonde haare. ihre mutter spricht sie nur in deutsch an
und antwortet auf englisch. irgendwann einmal wollen sie
nach spanien gehen, dann wird sich das ändern.

nur ein paar tage zurück und schon wäre es ein kiechle gewor-
den. sicherlich ohne jegliche bedeutung, auswirkung, aber die
sondersendungen, extraseiten, sonderberichterstattungen
vermißt man schon. frühstück vor dem fernseher bis mittag.
alle tatereignisse quasi live, ermittlungsergebnisse und alle
stunden die fahndungserfolge via radio. abends hätte der bar-
keeper in der stammkneipe wieder den einen oder anderen
schnaps spendiert. eine nacht am tresen und betrunken, ach
all die kondolenzerweisungen: das lokal singt und lacht. vor
ein paar monaten war das noch interessanter gewesen. da
hatten wir was zu diskutieren. meine arbeitslosen und ich, die
wir uns (in beiden fällen notgedrungen) die zeit von drei wo-
chen zu vertreiben hatten. deutschkurs, grammatik, rechnen,
logisch denken, finden sie einen arbeitsplatz: bildungserpro-
bung. zwanzig leute mit grossen augen und hoffnungen, daß
jetzt alles ganz anders wird. 70 % schwerbehinderte, die hälfte
ausländer, altersdurchschnitt 42. kaum einer kann noch heben,
lange stehen, zupacken, was sie sich alle so gerne wünschen.
reintegration. die sache ist aussichtslos. jeder weiß es, doch
keiner will es wahrhaben. in den pausen reichlich bier. mittags
zum essen schnaps. einer von ihnen war in der fremdenlegion.
ein anderer auf dem polytechnicum. magenoperationen, lahme
beine, kaputtes kreuz, ein (industrie-)feldlazarett. ich kann es
verstehen. hieß es bezüglich herrn herrhausen. mir ist es egal.

sollen sie da oben doch alle verrecken. aber der staat und die wirtschaft müssen doch weiter funktionieren. wie soll es denn sonst weitergehen. abknallen, abknallen, murmelt einer ergriffen. aber ein arbeitsplatz ist doch frei geworden, sagt ein anderer. alle lachen. was meinen sie dazu?

Menschen**fresser**menschen

*«You put in my hand a loaded gun
and then told me not to fire it.»*
(Liz Phair)

*« Menschenfressermenschen stehen neben dir am Tresen
Menschenfressermenschen sind es immer nicht gewesen
Menschenfressermenschen zeigen selten ihr Gesicht
Menschenfressermenschen wissen alles über dich. »*
(Rio Reiser)

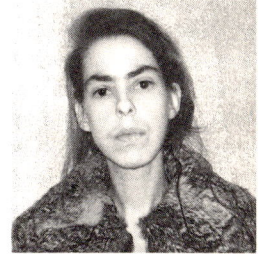

Was für eine Welle! Er übt sich in der schönen Sicherheit des Besitzens! Er tritt ins Wasser. Das Wasser ist unsicher. Es weiß nicht, wohin mit sich. Er ist unsicher, weil er heute abend alleine diese Show spielen muß. Und D. Boon ist tot. Aber mit dem Baß hält er das System weiter am Laufen.
«Ganz Mensch, der ich bin, bringe ich jeden Abend den Selbstvollzug mit meinem Baß, auch allein. Erst in der totalen Ganzheit steht in mir das Leben auf, und ich stehe im Leben. Spüre den Raum zergleiten in kalte Unendlichkeit. Dann, im Spiel mit dem Baß, geht's ganz unmittelbar in den Ring zu all diesen Typen, denen ich eine Hymne schenke, großzügig. Oder ich schmeiße ihnen extraseltsame Musik vor die Füße: mein Ermessen, alles mein Ermessen, ich bin der Ermesser, du mußt dich in andere hineindenken können, du bist Bassist! Beweis,

Sandra Grether, Jahrgang 71, lebt und arbeitet als freie Autorin meistens in Köln. Sie machte von 86 bis 90 das Musikfanzine «Straight», schreibt seit Ende der Achtziger regelmäßig für «Spex»; hier und da für «Heaven Sent», «Texte zur Kunst» und «Junge Welt». Arbeitet z. Z. an diversen literarischen Projekten.

Gegenbeweis, Argument, Gegenargument, ich bin im absoluten Recht mit meinem Baß, weil ich die möglichen Einwände mitkalkuliere. In meinen Baß ist bereits ein Loch hineingeschnitten. Wo Mauern statt Haut herrschen, erübrigten sich im Prinzip Fusionen, die sind mir zu masturbatorisch, anyway. Ich komm auf den Punkt, Mann, laß mögliche Improvisationen lieber außen vor: was ein Gemetzel! Müßte eigentlich unser neuer Krieg werden, aber auf dem Schlachtfeld bist du immer der Angeschmierte. Manchmal muß ich mich aber auch selbst fragen, ob die Kids nicht mal langsam anfangen könnten, den Gestank zu riechen.»

Nur war es in Wirklichkeit viel chaotischer: Mike hatte keine Ahnung, was Michelle sagen würde. Er wußte, daß es aggressiv werden würde, bösartig, weil er ihre Haltung kannte: Dann war es ihr wieder nur um die Erschütterung des Gruppenkonsens gegangen, nichts Ernstes also. Kein Wunder, daß sie von der Love eine gescheuert kriegte, derweil sich Kim, wie gewohnt, vom Hinterhalt aus fein heraushielt und Moore an den Essenstisch vorschickte. Diese Situationen kamen Michelle stets zu teuer – zumal das neue Lied noch nicht eingespielt war, denn das Preßwerk für Vinyl machte Probleme, nach all den Jahren, und auf CDs hatte sie keine Lust.

Der Ermessensspielraum wollte sekündlich durchkalkuliert sein. Da wurde nur noch angerechnet, umsortiert, verrechnet und so, da mochte freilich selbst im heitersten Beisammenspiel ein entspannterer Baß nicht so recht zustandekommen. Mußte schon recht anstrengend sein, auf Dauer stets den Wachhund zu stehen. Unterm Strich war also mit erheblichen Souveränitätseinbußen zu rechnen, mit allem, was an Unrichtigkeiten und subtilen Unverschämtheiten dazugehörte.

Es multiplizierte sich leider immer weiter so aus, weil es eben die Stelle war, die keiner mitkalkulieren konnte. War mitnichten ein Problem von Zeit übrigens. Wurden ja sowieso unaufhörlich Takte gezählt und gleichzeitig rumbefohlen: Mach ihn kurz, den Song, schneid ihn ab! Die Ge-

Var mitnichten ein Problem von Zeit übrigens. Wurden ja sowieso unaufhörlich Takte gezählt und gleichzeitig rumbefohlen: Mach ihn kurz, den Song, schneid ihn ab!

500 DM für die Frau in Mitte, die ihrem Begleiter zuhört

ste der Kollektivität ermöglichte, daß man weiter als erster Baß dominieren konnte auf den Saiten; sie erhöhte den Frischestatus. Zudem war man auch mal nett gewesen. So mußte die Kollektivitätsgewinnrechnung auch nicht in den Gesten selbst enthalten sein. Sie konnte sich vielmehr als großzügige Stilvielfalt ausagieren, ohne daß das den autoritären Ton in Mißklang gebracht hätte.

500 DM für den Mann in Potsdam, der es eilig zu haben scheint

Michelle wollte sich nicht mehr an Orten aufhalten, wo billigst pragmatische Rentabilitätskonzepte und angebliche Systemundurchlässigkeitsgrenzen die größte Rolle spielten. Später hatte dann wieder irgendein Fehler eine gut abgepanzerte Struktur erhalten und die Frage danach, wie sich jemand dabei fühlte, wäre als emotionale Katastrophe abgetan worden.

Jeder Einwand ist eine Bestätigung / somit jede von mir als Kritik formulierte Position / entwertet aufgewertet / noch während ich sie formuliere / wenn jeden Moment ein Gesunder Menschenverstand / mit einem vorgeschobenen Einwand schlau daherkommen / und sich beziehen könnte / auf meine Position / die wäre, ausgesprochen / schließlich doch immer / selbst schon als ein Widerspruch in sich / nicht mehr radikal unvereinbar mit der Verschiedenheit / die ich aber schon gerne mit der Kritik / zum Ausdruck gebracht hätte / Nein ich werde die zornige Schulrede nicht halten / am Ende des längsten Winters.

Jede Hoffnung auf Besserung / hatte sich denn auch hier / mehr und mehr / reduziert hinein ins Nichts / reduziert auf eine Art Umgang mit der Welt / der sich zwangsläufig dauernd hätte legitimieren müssen / aus der Ablehnung heraus / Und enthielt so genau / wovor ich geflüchtet war / Rache und Ressentiment / stets anderen was anhaben zu wollen / und für sich selbst nur das Beste / mußte als Antrieb geradewegs in den Größenwahn / und so ins Herrschenmüssen / führen / oder wurde zum Zustand / der das Nichtbeherrschte ignorieren mußte / statt das Nichtbeherrschen zu ignorieren / und war also das genau / was ich ablehnte / an der Ablehnung.

**Jeder Einwand ist eine
Bestätigung**

Mir ist mein Schweigen mulmig gewesen / und doch war es als Unbehagen / in Michelle und den anderen: / als wär man irgend so ein Holterdipolterverein / Vielmehr war unerwägbar / man wäre widerlegbar / als letzter Grund, der man ist / schließlich nicht zu beobachten / im Grund / wäre diabolisch letzten Endes / und wir brauchen hier keine Teufel / wie wir keine Götter haben / Im Moment wie ein Pfeil / unter Handlungszwang stehend / Wir brauchen uns als Zusammenhalt / müssen es aushalten / uns herauszuhalten / es sind ja durchaus / auch Verlockungen / im Spiel / in das wir uns nicht einmischen / wofür wir aber welche brauchen / denen wir Einmischung unterstellen / an unseren heiligen Orten / Von Arbeitsteilung ist in Gesellschaft ganz zu schweigen!

Bappa

Rocko Schamoni, 8.5.66,
Nantes/France,

Marcel Hartges war gegen eine Vater-Sohn-Geschichte. Während ich ihm nickend zustimmte, mußte ich inwendig schmunzeln. Er kannte meinen Vater nicht. So ein verrücktes Huhn. Ich kam ins Träumen. Mir fiel meine Mutter wieder ein, Oma, Onkel Schoffo, meine Brüder – kleine kernige Portugiesen – und immer wieder Bappa, Bappa, Bappa… so hatten wir ihn genannt. Das mit meinem Bappa ist eine ganz besondere Geschichte.

Saleika

Ich wuchs in einem kleinen Dorf an der Donau auf, das Saleika hieß. Es gab fünf Dutzend Häuser, allesamt aus dem Holz eines nahen Rotbuchenwaldes erbaut, eine kleine, alte steinerne Kirche und hin-

1   2   3   4   5   6   7   8   ⑨   ⓪

ter dem Dorf ein riesiges Feld, auf dem sechs Monate des Jahres die größte Kirmes des ganzen Landstriches stand. Das gesamte Dorf arbeitete hier. Meine Mutter wusch tagtäglich die Gondeln des Riesenrades. Mein Vater arbeitete als Schlangenmensch in einem Kuriositätenzelt. Jeden Tag um 12 Uhr hatte er dort seine große Show. Er nannte sich «Bollek, die lebende Schlange» und zog so immer eine große Schar von Zuschauern an. Man muß wissen, mein Vater ist Inder, ein großer, stolzer und ungewöhnlich schöner Mensch. Frauen und Hunde wurden in seiner Gegenwart unwillkürlich nervös, die Frauen wegen dem Mann, die Hunde wegen der Schlange. Er war ein gefährliches Raubtier von tiefer, funkelnder Animalität und hatte den Gang eines prächtigen schwarzen Panthers. Jeden Tag um Punkt 12 Uhr stand unsere gesamte Familie vor dem Zelt und wartete ungeduldig auf den Beginn der Show. Unruhig zappelten wir auf den engen Zeltbänken mit den Beinen, und was war das jedesmal für ein Moment der Erlösung, wenn der Gong erklang und im dunklen Licht, nur spärlich bekleidet, Bappa endlich auf die Bühne kam. Ein leises Quietschen rang sich aus unseren kleinen Mündern, uns stockte der Atem.

Bappa, mit nichts bekleidet als einem großen Turban um den Kopf, schlich katzengleich in die Mitte der Manege, in der ein großes Himmelbett stand, das an Stelle einer Matratze ein Nagelbett als Liegefläche hatte. Mit verführerischen Gesten legte er sich danieder und begann sich zu rekeln. Spätestens jetzt war das Publikum völlig in seinem Bann. Ich und meine spanischen Brüder hielten uns an den Händen. Mein Vater drehte sich langsam auf dem Bett und zeigte alles an seinem wunderschönen Körper nach allen Seiten. Das Publikum war begeistert. Plötzlich, auf einmal, blitzschnell hatte mein Vater eine Schlange in der Hand. Keiner wußte, wo die herkam, ich weiß es heute noch nicht. Langsam führte er ihren Kopf auf seinen Mund zu, wobei er sie geschickt mit seinen zwei Händen hielt. Unter einem Aufschrei des Publikums steckte er sie plötzlich in den Mund, lutschte kurz daran und nahm sie wieder heraus. Die Schlange dampfte vor Animalität. Wieder steckte er sie sich in den Mund und wieder und wieder, jedesmal ein Stückchen tiefer. Meine Brüder und ich waren sehr aufgeregt und hielten

Größe: 190, Auge: stechend braun, Haare: braun hängend. Aufgewachsen in Lütjenburg/Ostsee.

«Ich wuchs im Kleinkriminellenmilieu auf. 1984 startete ich das Schlagerduo «die Amigos» mit meinem Freund Partyschaum in Lütjenburg. 1986 zog ich nach Hamburg, und da Partyschaum sich entschieden hatte, auf dem Land zu bleiben, trat ich fortan alleine auf und trug einen großen schwarzen samtenen Sombrero. 1987 die erste Single: ‹Liebe kann man nicht kaufen›, 1988 die erste LP. Sie hieß ‹Vision›. 1989 bot mir die Polydor einen opulenten Plattenvertrag an. Im selben Jahr erschien die LP ‹Jeans und Elektronik›, ein Jahr später die LP ‹Disco›. Letztere enthielt den Hit ‹Du wählst CDU›. Diese Platte war mir die liebste von den dreien, da sie ziemlich nah an meine Vorstellung von Glattheit bei gleichzeitiger Subversivität herankommt. Nachdem Polydor alle meine Platten hatte einstampfen lassen, gründete ich mit Schorsch Kamerun und Kaiser Walter den Ur-‹Pudels Klub›. Zwar hatte ich eigentlich beschlossen, mich aus der Musik zurückzuziehen, aber mit ‹Motion› (Schorsch Kamerun, Psyco 1/Zitronen, Ale Sexfeind, Jonas Landashier/Naked Navy, Lappen) machte ich trotzdem eine neue LP: ‹Ex Leben›. 1994 startete ich mit Schorsch Kamerun und mit dem Wiener-Norbert den ‹Golden Pudel Klub›. Wir veranstalteten dort Konzerte mit den besten Nachwuchstalenten, die es gibt. In den Bereichen Musik, Kunst und Schreiberei. 1995 startete ich ebenfalls mit Schorsch Kamerun auf 3 Sat die sog. ‹Pudel Overnight›, ein sechsstündiges Nachtprogramm, in dem wir durch nächtliche Großstädte ziehen und auf die verschiedensten Situationen und Menschen stoßen. In diesem Jahr nahm ich

uns eng umschlungen, wir waren schließlich nicht viel älter als achtzehn. Mein Vater hatte die Schlange fast ganz in seinem Schlund, nur das Schwanzende hielt er noch mit den Fingern fest. Wie sinnlich er aussah, seine glänzenden Lippen wild aufgeworfen, der weiche Körper ein Ausdruck der Ekstase. Dann riß er sich mit einem gurgelnden Schrei das Raubtier aus dem Hals und schmiß es in die schreiende Menge. Die Leute stoben auseinander, näherten sich aber sofort wieder: Die Schlange war tot. Tosender Applaus!

Bappa rekelte sich langsam vom Bett, das sofort von vier nubischen Lakaien aus der Manege getragen wurde. Langsam beruhigte sich das Publikum wieder, Stille trat ein. Allein stand Bappa in der Mitte des Zeltes, die Augen konzentriert geschlossen. Warmes Licht umspielte seine schmalen Schultern. Mit einer mysteriösen Geste griff er auf einmal in das Dunkel zwischen seine mächtigen, dicken Beine und hielt, wie aus dem Nichts, ein kleines Säckchen in der Hand. Mit diesem stellte er nun allerlei Schabernack an, redete mit ihm, setzte ihm eine Nase auf und trieb jeden herrlichen Unsinn damit, den man sich vorstellen kann. Besonders wir Kinder waren begeistert, jubelten ausgelassen und machten uns vor Vergnügen fast in die Hosen. So war Bappa.

Nach der Show warteten wir hinter dem Zelt. Wenn Bappa herauskam, bestürmten wir ihn, umarmten und küßten ihn, wir waren wie junge Hunde. Oft roch Bappa unangenehm nach Schweiß und Ausdünstungen, da er sich sehr selten wusch, und ich weiß noch genau, wie ich mit der einen Hand meinen Bappa umarmt hielt und mir mit der anderen die Nase zukniff.

Wir waren im ganzen Dorf sehr angesehen. Wenn wir vorbeigingen, dann zeigten die Leute mit den Fingern auf uns und lachten. Wir fühlten uns immer sehr geschmeichelt und winkten oder zeigten zurück.

Am südlichen Ende des Dorfes, gleich hinter dem letzten schönen Rotbuchenhaus, wohnten wir. Bappa hatte dort ein großes Loch ausgehoben, das mit einer Plastikplane überdeckt war. Um das Loch herum hatten wir unsere alltäglichen Lebensgegenstände verteilt, Mama hatte dort eine Feuerstelle, wir unser Spielzeug. Abends, wenn es kalt wurde, krochen wir alle in das Loch und kuschelten uns eng aneinander. Wir waren eine Kuschelfamilie. Ich mußte immer hinter Bappa schlafen. Dafür haßte ich die anderen, denn nachts furzte er so schrecklich, daß ich jedesmal davon aufwachte.

Einer der schönsten Tage meiner Jugend war der Tag, als Bappa auf mich zukam und sagte: «Komm, Junge, pack deine Sachen, ich will mit dir verreisen.» Als ich ihn fragte wohin, sagte er nur: «Paris.» Ich und Bappa in Paris, der Stadt der Liebe, das war mein liebster Traum. Juchzend packte ich die paar Dinge zusammen, die ich brauchte. Wir hatten einen alten Ochsenkarren, und der wurde hergerichtet. Mamutschka hatte den ganzen Karren mit einer Art Schmiere eingewichst, damit er glänzte und Diebe abschreckte. Ich war so stolz. Bappa hatte sich seinen gewaltigen ungarischen Schnurrbart mit Pferdedung steif geschmiert und trug so einen Heiligenschein aus Fliegen über dem Kopf. Er hatte sich einen braunen Lappen um die Lenden gewickelt und sah sehr majestätisch aus. Vorne auf dem Kutschbock nahmen wir Platz, winkten unseren Lieben zum Abschied, und dann ließ Bappa die Peitsche knallen. Na ja, was soll ich sagen, so ging es die ganze Reise, und ich war froh, als wir wieder zu Hause waren.

ebenfalls eine LP auf. Sie wird verschiedene Titel haben, da ich mit dem genialen Wechselcoverprinzip arbeite. Der Haupttitel ist «Galerie Tolerance». Diese Platte habe ich mit den einfachsten Mitteln selbst eingespielt und hergestellt, und ich bin sehr stolz auf sie. Vielen Dank. Machen Sie es gut. Toi toi toi
 Ihr King Rocko Schamoni»

Die Sache mit dem Koksain

Ein paar Jahre waren vergangen, und wir hatten uns alle sehr verändert.

Wir waren ständig alle vollgepumpt mit irgendwelchen Drogen. Am härtesten war Bappa drauf. Er war oft derart zugeknallt, daß er einfach umkippte und wegsedierte. Das bedeutete für uns, daß wir noch mehr Kohle ranschaffen mußten, um das ganze verdammte Koksain zu besorgen, das wir verballerten. Wir gingen alle auf den Straßenstrich. Gleich hinter Saleika war der längste Ochsenkarrenstrich der Welt. Dort standen wir Tage und Nächte. Ich, meine kleinen stämmigen Brüder und Mamutschka. Der verdammte Bappa lag im Loch. Onkel Schoffo auch. Ab und zu hatten wir das Glück, daß ein Bauer die ganze Familie mitnahm. Dann hielt einer von uns den Arsch hin und die anderen klauten ihm das Haus leer. Wir versetzten den geklauten Krempel auf dem Schwarzmarkt und kauften uns Koksain. Jeder von uns hatte einen Geheimplatz, an dem er seinen Stoff vor den anderen versteckte. Oft passierte es, daß wir, die Kinder, nach Hause kamen, und Bappa hatte das ganze Loch auf den Kopf gestellt, um unser Zeug zu finden. Das gelang ihm auch manchmal. Jedesmal, wenn Bappa also so ein Depot von uns geplündert hatte, lag er total dicht in irgendeiner Ecke rum. Dann schlugen wir ihn brutal zusammen, aber das war ihm auch egal. Er sagte immer: «Du kannst alles machen, laß nur niemals deinen Hut auf einem Bett liegen, das bringt Unglück.» Das hatte er aus irgendeinem bescheuerten Film.

In den Wänden unseres Loches endeten diverse Maulwurfskanäle. In einem davon hatte ich einen kleinen Plastikbeutel mit ca. fünf Gramm feinstem Koksain versteckt. Das war meine Notreserve für schlechte Tage. Ich war echt süchtig. Ich kam so um 2 Uhr nachts nach Hause, die anderen lagen schon im Loch. Ich hatte einen wahnsinnigen Affen. Das quirlige Tierchen hörte auf den Namen «Tuto Fuzzi». Der Affe war mir egal, ich stolperte zu dem Loch und griff rein. Es war leer. Ich bekam einen Schweißausbruch. Mein Hirn rotierte. Ein Wort: BAPPA, ein Gefühl: HASS.

In irgendeiner Ecke entdeckte ich die Ratte. Er war augenscheinlich kollabiert, lag in einer grauen Pfütze. Ich sprang zu ihm hin und riß ihn an den Haaren hoch. Ich schlug ihm die Faust in die Fresse. «Bappa, du mieses Schwein, was hast du mit meinem Stoff gemacht?» Er schielte mich durch seine angeschwollenen Augen an. Er sagte: «Mein Sohn, wir müssen aufhören mit diesem Wahnsinn, wir machen uns ja gegenseitig fertig, laß uns zusammen entziehen…!» Ich fing an zu weinen. Wie recht er hatte! Wo hatte uns dieses Teufelszeug bloß hingebracht? Bappa weinte auch, und wir umarmten uns. Wir sanken auf den Boden. Zufrieden schliefen wir ein.

Der Entzug war schrecklich. Wir hatten uns viele Kästen Al-

kohol und einige Gramm Koksain gekauft, damit die harte
Zeit am Anfang nicht so schwer war. Wir wollten eine ge-
schlagene Woche in dem verdammten Loch bleiben, bis wir
wirklich clean waren. Eigentlich war die Zeit ganz geil. Also,
ich meine, der körperliche Entzug war gar nicht so schwer.
Wir waren ständig auf Bier, und wenn es schlimm wurde,
dann nahmen wir einfach etwas Koksain, das half gegen das
Gröbste. Wir hatten einen Mordsgaudi, um ehrlich zu sein.
So'n Entzug ist 'ne prima Sache. Wenn man's richtig macht.
Nach einer Woche waren wir durch das Schlimmste durch,
wir waren clean. Aber wir wußten, daß uns das Schwierigste
noch bevorstand: Der psychische Entzug. Aber der war ei-
gentlich auch nicht so schlimm. Mit dieser wunderbaren Mi-
schung – Bier, Koksain – konnte man alles überstehen, selbst
einen Drogenentzug. Als wir mit dem psychischen Entzug
fertig waren, fühlte ich mich wunderbar. Unglaublich frisch
und energiegeladen. Auch den anderen ging es blendend.
Mamutschka packte einen Korb mit Essen zusammen und
sagte: «Kommt, meine Söhne, wir wollen wieder anfangen
zu arbeiten.» Gut gelaunt zogen wir raus. Es war ein herrli-
cher Frühlingstag, und wir waren die ersten auf dem Strich.

Es war ein herrlicher Frühlingstag, und wir waren die ersten auf dem Strich.

Klondike

Jahre später. Ich hatte ihn immer bei mir. Er war mein treuer
Begleiter während all der harten Jahre hier in dem kahlen
Land. Wir waren damals zu Tausenden gekommen, als auf
dem ganzen Kontinent ein Wort die Runde machte: Gold. Ich
hatte ihn an der kanadischen Grenze gefunden. Er lag am
Ufer eines Flusses und hatte sich in einer Bärenfalle verfan-
gen, sein Fuß war schwer verletzt. Ich befreite ihn aus dem
mörderischen Eisen. Die nächsten Wochen kümmerte ich
mich um ihn und pflegte ihn in meiner Hütte. Er war sehr
dankbar dafür und zeigte mir das auch. Irgendwie erinnerte
er mich an meinen Vater, und so nannte ich ihn Bappa. Er

war alt und sehnig, aber er strotzte immer noch vor Kraft und hatte nichts von seiner Gefährlichkeit verloren. Er war ein alter Kämpfer. Über die Monate stellte sich eine Vertrautheit zwischen uns ein, wie ich sie nur von früher her kannte. Morgens, wenn die Sonne aufging, weckte er mich zärtlich mit seiner warmen feuchten Nase. Dann stand ich geschwind auf, zog mir die warmen Steppsachen an, die mir meine portugiesischen Brüder vererbt hatten, und wir machten uns auf den Weg hoch in die Claims. Jeden Morgen rannte mir Bappa aufgeregt voraus und pinkelte an den erstbesten Baum, der vor unserer Hütte stand. Er schnüffelte gierig sein Revier ab und markierte es alle paar Meter. Das war halt seine Natur. Sobald er ein Geräusch aus dem Unterholz vernahm, preschte er los, er mußte jagen. Das Holz splitterte, wenn er so davonstob, und es dauerte nie länger als ein paar Minuten, dann kam er mit irgendeinem erlegten Wildstück zurück, das er stolz vor meinen Füßen ablegte. Ich streichelte ihm dann über seine alten, grauen Haare und lobte ihn.

Abends, wenn ich das Wild über dem Feuer zubereitet hatte und mit dem Essen begann, legte er sich immer zu meinen Füßen nieder und starrte mich mit bettelnden Augen an. Ich warf ihm dann einen Knochen oder einen Happen Fett unter den Tisch, den er gierig verschlang. Ich verstand diesen alten Mann nicht, manchmal benahm er sich nahezu hündisch.

An einem warmen Junimorgen machte ich mich fertig, um hoch zum Claim zu ziehen. Bappa war an diesem Morgen besonders unruhig. Ich legte ihm deshalb eine Leine um, ich hatte ein ungutes Gefühl. Es war, als wittere er irgend etwas, aber was konnte das sein, waren vielleicht andere Senioren in der Nähe? Als wir die Hütte verließen, sah ich mich in alle Richtungen um, aber ich konnte nichts entdecken. Bappa warf sich mit aller Kraft in die Leine und zog mich voran. Er japste, da ihm die Luft knapp wurde, Speichel lief seinen grauen Rentnerbart herab.

Irgend etwas Ungutes lag in der Luft. Der Pfad führte durch eine kleine Siedlung, die man im allgemeinen ‹Diggerhole› nannte. Hier gab es drei Hütten, einen Pferdestall und eine Spelunke, die «Nugget» hieß. Wie jeden Morgen machte ich dort Pause, um einen Kaffee zu trinken. Man traf hier immer ein paar ausgemergelte Gestalten, die die neuesten Meldungen von den Claims mit sich herumtrugen: «Habt ihr schon gehört – Sammy hat's geschafft, der kam gestern mit guten 10 Unzen runter.» – «Nein, wo ist er hin? Der Hund schuldet mir noch 50 Dollar...!» Und so weiter.

An diesem Morgen war ein Mordstohuwabohu im «Nugget». Bestimmt fünfzig Digger hatten in der Mitte der Wirtschaft einen großen Kreis gebildet. Wild schrien sie durcheinander. Ich band Bappa vor der Tür fest, er war äußerst gespannt. Die Haare standen ihm von seinem runzligen Schädel ab. Ich bestellte mir meinen Kaffee und gesellte mich in den Kreis, neugierig zu sehen, was dort los sein würde. Ich staunte nicht schlecht. Dort fand einer von diesen Schaukämpfen statt, von denen ich schon lange gehört hatte. Ein paar der zwielichtigen Gestalten hatten ihre scharfgemachten Senioren mitgebracht und ließen sie nun gegen hohe Wettgelder aufeinander los. Zwei von denen hatten sich augenscheinlich ineinander verbissen und lagen knurrend und blutend wie ein zappelndes Knäuel auf dem Boden. Ihre Besitzer schrien auf sie ein, traten sie und erhöhten ihre Wetteinsätze. Es war eine schaurige Szenerie. Den einen der beiden Opas verließen seine letzten Kräfte. Keiner in der Runde hatte Mitleid, im Gegenteil, man spornte den Gewinner an und machte ihn durch Tritte zusätzlich aggressiv. Der arme Kerl war so überdreht, daß er sein Gegenüber, das längst aufgegeben hatte, buchstäblich zerfetzen wollte. Ich trat in den Kreis und riß die beiden Kontrahenten auseinander. Dann schrie ich in die Runde: «Was ist denn mit euch los? Habt ihr kein Herz mehr unter euren eingefallenen Rippen. Hat das Gold euch so gemein gemacht?» Ein paar Sekunden herrschte betretenes Schweigen, nur das erschöpfte Keuchen der Senioren tönte durch den Raum. Dann vernahm ich eine schneidende, dünne, gemeine Stimme: «Das ist doch der Schamoni... der hat doch auch einen Opa. Bappa heißt der – ein harter, alter Knochen. Schamoni, du hast ihn

Ein paar der zwielichtigen Gestalten hatten ihre scharfgemachten Senioren mitgebracht und ließen sie nun gegen hohe Wettgelder aufeinander los.

doch bestimmt dabei, hol ihn rein, er soll kämpfen. Du kannst eine gute Stange Geld dabei verdienen!» Ich schaute mich um, die Stimme kam von der Reling des zweiten Stocks. Dort stand ein langer, dünner, häßlicher Typ, der wie ein Geier aussah. Jack Boston. Um mich herum erhob sich ein großes Geschrei, die Digger drängten zum Ausgang, um Bappa zu holen. Im Nu hatten sie den alten Mann in die Spelunke geholt, ohne daß ich mich wehren konnte. Ich griff zu meinem Holster, als ich etwas Spitzes in meinem Rücken spürte. «Laß die Finger von deinem Ding, entweder du spielst lebend mit, oder der Alte muß den Kampf ohne dich machen!» Das war die ekelhafte Stimme von Boston. Für den Moment war ich unterlegen, keiner wäre mir zur Hilfe gekommen. Also setzte ich alles, was ich hatte, auf Bappa. Man führte einen anderen Rentner in den Kreis. Ein kleiner untersetzter, scharfer Brocken, der etwas von einer Bulldogge hatte. Er war extrem aggressiv und schnappte nach allem, was er sah. Er knurrte und bellte kurz. Was für ein unwürdiges Benehmen für zwei alte Männer, dachte ich. Aber egal. In den jeweiligen Ecken striegelte man die beiden noch einmal, dann wurde beiden ein weißes Pulver hingehalten, das sie anstandslos aufleckten. Was mochte das gewesen sein? Etwa Koksain? Wen kümmert's. Auf ein Zeichen erklang ein Gong. Danach kamen andere schwierige Zeichen und Gongs in unterschiedlichen Tonhöhen. Nach der Sache mit den Gongs ließ man endlich die Kämpfer aufeinander los. Grimmig und haßerfüllt staksten sie umeinander herum. Ihre Haare waren gesträubt, ihre Gebisse gefletscht. Jeder Muskel war angespannt, zum Sprung bereit, aber keiner wollte den ersten Schritt tun. Auf einmal schnellte ein Stiefel aus der Menge und trat der Dogge in den Hintern. Diesen Moment nutzte Bappa eiskalt aus. Er stürzte sich auf seinen Kontrahenten und biß sich direkt an dessen Kehle fest. Der Doggenopa gurgelte und zappelte, kratzte und schlug um sich, aber Bappa ließ keinen Moment locker. Nach einer Minute wurde der andere schwächer, und schließlich hörte er ganz auf, sich zu bewegen. Seine Kleidung war voller Blut. Er sackte zu Boden, aber Bappa ließ nicht los. Er knurrte grimmig und zerrte an der Gurgel des anderen. Jack Boston nahm den Revolver aus meinem Rücken. Ich ging in den Kreis und befahl Bappa loszulassen. Erst nach ein paar kräftigen Schlägen gehorchte er. Er war immer noch sehr aufgeregt. Ich ließ mir mein Wettgeld auszahlen, was eine stattliche Summe ergab. Dann lud ich Jack Boston zu einem Drink ein. Wir waren alte, gute Freunde. Später schlenderte ich mit Bappa durch die Nachmittagssonne nach Hause. Ich nahm mir frei. Heute hatte Bappa das Geld verdient.

Leider war dies einer der letzten schönen Tage, die ich mit ihm verbringen durfte.

500 DM für die Frau in Wannsee, die so fröhlich lacht.

«Das Leben, wie es sein sollte» / Neu überall

«Das Leben, wie es sein sollte» /
Neu überall
«Das Leben, wie es sein sollte» /
Neu überall

Für Jochen und Florian

Katrin Achinger ist Sängerin der Gruppe «Kastrierte Philosophen». Im Winter 1994/95 befanden sich die «Kastrierten Philosophen» in Tanger/Marokko, um an dem Film «Das Leben, wie es sein sollte» von Florian Schneider und Jochen Kraue mitzuarbeiten. Katrin Achinger hat einen Sohn namens Sathya David. 1993 veröffentlichte sie ihr erstes Buch «Icaré» zusammen mit der gleichnamigen CD (Strangeways).

29.12.94 Hamburg

Den ganzen Tag gepackt, sortiert, gedacht. Babybreis in Gläschen, Wasserkocher, Bettzeug; Windeln kann man kaufen. Exodus. Movement of Jah People going… Home nach Afrika. 1. Szene: Katrin und David am Flughafen in Tanger. Ich spreche den Text von «Home»:

«Eshkoon, who are you. They ask from inside the door and I hardly know what to reply. Who am I indeed. Someone I think I must know and who surely knows me has opened the door and stands there with the firelight behind her inviting me in…»

«…Mothers and Grandmothers sit smiling around the fire. Everyone who ever has loved me is there. I am in Africa. Home.»

Hoffentlich kriege ich das hin.

01.01.95 Tanger

Art is…

Umgeben von ach so wichtigen Schriftstellern erscheint es mir eher als ein Spiel, eine Halluzination. Der Künstler halluziniert sich selbst. Mohammed Choukri und Alkohol. Ploog und Marihuanazigaretten. The Shaver of Minds. The Saver.

Vergiß es, Sohn einer Hure.

Man redet hier in gewissen Kreisen immer von denselben

drei Männern Burroughs, Bowles und Brion. Langweilig. Ansonsten liegt Tanger am Rand von Afrika. Der Felsen schließt den Horizont zur Rechten ab. (Der Felsen, der gar nicht ist, wofür ich ihn halte.)

Während man zu den Stichworten kommt, spiele ich Mama im Hotel. Kunst ist... kein Leben zu verschwenden; an das Wissen, das die Jungs unten im Foyer aufklauben, brüllend und später lallend. Ich behalte mein weibliches Schweigen bei. Zum ersten Mal ohne Vorwürfe oder gar Rachegelüste. Ich glaube, ich will gar nicht dabeisein. Ich weiß, wer ich bin.

Das Zitat im Text stammt aus: Brion Gysin, The Process/K.P. Souldier.

02.01.95 Tanger
S. ist krank geworden. Ich fürchte, eher ernsthaft. Alles kommt zusammen. Explodiert. Und er spielt den Helden und will in diesem «Hotel zur guten Nacht» bleiben, bei feuchten Wänden und klammen Betten. Auch das ist Tanger. Armut vorzutäuschen, die man nicht kennt. Diese nicht. Aus Solidarität der romantisch-spießigen Art mit den armen «Marocs».

Alle spielen wir Rollen in diesem Team, unsere Traumrollen zwischen *Casablanca* und *Nova Express* – und doch, die Sache wird gefährlich für den, der nicht durchschaut, daß wahres Erleben möglich ist. Beklaut werden ist nur eine Warnung vor dem Verlorengehen.

Und manche von uns kleben am *Himmel über der Wüste* – very big production, much bigger than this!

Ich glaube, ich will gar nicht dabeisein.
Ich weiß, wer ich bin.

04.01.95 Tanger
Babykamel in einem großen Kamel, das 15 000 Dhs. gekostet hat. Ich reite am Morgen auf diesem Kamel am Strand. Kunst ist, nicht vom Kamelrücken zu fallen, während die Kamera installiert wird.

Warten auf Delphine oder Haie. Water intensity increases. Desease ceases. What's my name? Shanti.

Kunst ist sinnlos.

Muß sie das sein? Zu keinem Zweck? Zu nichts gut?

Nicht gut gegen Verhungern, Umweltzerstörung oder Krieg?

Nicht gut gegen Gewalt, Krankheit, Einsamkeit?

Nicht gut für Fortschritt, Demokratie oder Verkehrssysteme, Krankenversicherung, Erziehung, Emanzipation?

Nicht gut gegen Rassismus, Sexismus... Korruption?

Nur der Gestank einer Rose, ruchbar für alle, an niemanden adressiert. Das ist zumindest basisdemokratisch.

Erst mal.

Kunst ist ein Satellit. Meine Rakete. Mein Raumschiff.

Oder muß Kunst politisch sein?

Übrigens, ich hasse reiten!

Kunst ist mein Schritt zurück in mich.

Darum ist Kunst heute Feigheit und nicht politisch.

Ich bin eine Künstlerin. Laß mich allein!

07.01.95 Tanger

Unser Filmteam hat ein kaltes Hotel gemietet, vollgestopft mit Gerümpel und Erinnerungen an Paul Bowles' Typhus. Schimmel kriecht wie das Böse hinterm Bett hervor. Ich habe ein kleines Kind und flüchte vor pittoresker Schäbigkeit zu einer Heizung, sauberen Betten und James-Bond-Fluren. Man würde keinen Laut hören, wenn man hier jemanden abmurkste. Hier endet Kunst und regiert Geld. Ende des Abenteuers oder Anfang ernsthafter Arbeit oder keins von beidem?

Kunst ist, frei von solchen Gedanken zu sein!

Wo Schuld endet, beginnt betroffenes Wohlverhalten.

Political correctness. Das ist es, wo du jetzt bist.

Ich end-schuldige mich nicht mehr. Wenn Kunst mehr bedeuten soll, als Einsamkeit zwischen der Welt und mir, brauche ich mehr als das. Ich bleibe nicht bei dir in deiner Absteige, um an Haß zu sterben. Bist du nicht weiter als bis hierher gekommen, mein Schatz? Töte die Armen mit Solidarität.

Ich geh dann jetzt.
Ich bin der Feind.
Ich bin Ich.
Ich bin Kompromiß.
Ich bin Schuld.
Ich bin Langeweile und Haß, meist ist es dasselbe.

08.01.95 Tanger
Kunst ist kein Gefühl.

Heute ist Kunst ein Elefant auf Flügeln, der den kleinen König durch die Stadt trägt, um ihn der Menge zu präsentieren, seine Abenteuer zu treffen, seine Illusionen, seinen Tod, seine Welt.

Es ist nicht einfach für mich zu fliegen. Ich ziehe den harten, schweren Elefantenschritt meines Sohnes in der Jetztzeit vor.

Liebe und Kunst werden eins sein, erst wenn der Tod aus unseren Gesprächen verschwunden ist. Aber ich weiß nicht, was meine Kunst ist. Ist sie wichtig? Könnte sie mich erreichen neben dem Abwasch, der Wäsche, dem Schrank? Was werde ich heute tragen, heute nacht? Ich gehe wieder aus, aber auf eine komische ART, nicht fiebrig, unberührt.

Es scheint, daß ich mein Zuhause gefunden habe.

Elephant, elephant, where do you go, if love was not found on distinct shores, but here on the ground?

09.01.95 Tanger
Das Hotel, in das wir umgezogen sind, war im Krieg von Deutschen bewohnt. Heißt das, die Gestapo traf Emigranten an der Bar, wo wir heute das Establishment zu Interviews treffen? (Und noch ein bißchen CASABLANCA.) Laß uns unseren Film machen und hier abhauen.

Tanger stinkt.

Außerdem gehört es Marokko. Nicht uns.

Oder gehört es Paul Bowles? Oder dem Blick aus dem Fenster übers Meer. Tanger berührt Spanien mit Ängsten vor dem Goldenen Land. Kunst ist Diebstahl / Diebstahl ist Kunst.

Mein Kind am Socco Chico, auf dem Arm seines arabischen Babysitters, den Mund voll Datteln und mit Joghurt verschmiert.

Seine Augen. Gehörte Tanger mir, wenn ich sehen könnte wie er?

Wo ich eine Fremde bin, ist für ihn alles nur neu überall.

Jihad Klänge der Heimat

Marcel Beyer, geboren 1965, lebt in Köln. Einzelveröffentlichungen u.a.: «Walkmannin». Gedichte 1988/1989. Neu-Isenburg: Galerie Patio Verlag 1991; «Das Menschenfleisch». Roman. Frankfurt/M.: Suhrkamp 1991; «Brauwolke». Gedichte. Gemeinsam mit Klaus Zylla (Graphiken) und John Gerard (Papier), Berlin: Uwe Warnke Verlag 1994; «HNO-Theater/Im Unterhemd». Zwei Gedichte. Berlin: Uwe Warnke Verlag 1995;

Jihad Klänge der Heimat spielen sie
unten im Hof, im Dunkeln, wie jeden
Abend, der Nachthimmel hält dich wach.

Sie spielen die Kairocassetten, die hat
der Cousin mitgebracht, du bist bei den
Schatten, beim Gestern, beim Schweigen

von letzter Nacht, du denkst an bestimmte
Kekse, an Sofas, du weißt nicht warum,
denkst an ungemachte Betten, und siehst,

wie sich Wolken verlagern, du denkst
an Blaufilm-Attrappen, du bist bei den
schattigen Bildern, bei Seifenflocken und

Schnee, während unten die Klänge
verwildern, da der Cousin mit rauher
Stimme im Hof, vor der Garage, den

❶   2   3   ④   5   6   7   8   9   ⓪

nächsten Durchgang mitsingt, was bis
in die vierte Etage, bis in die Schlafstatt
dringt. Dem Jüngsten steckt es im Rachen,

er beherrscht solche Laute nicht mehr. Was
sollen die Eltern machen, das Flüstern fällt
ihnen schwer. Ich weiß nichts von ihren

Gesprächen, nur von diesem kehligen
Klang. Der Jüngste hat keine Schwestern,
ihm wird die Nacht zu lang. Das Rauhe, das

Kehlige: Gestern war stundenlang Blickangst
und ein taubes Gefühl im Arm. Seitdem ist
die Taubheit geblieben, oder der Halbschlaf

bricht an. Sie spielen bis gegen sieben, zwischen
den Häusern dämmert es schon, das Kind wird
bald weinend erwachen, es kennt keinen anderen

Ton. Sie spielen bis gegen sieben, dann hörst
du nichts mehr vom Hof. Auf der Straße die
ersten Wagen, du fällst in leichten Schlaf.

«Flughunde». Roman.
Frankfurt/M.: Suhrkamp
1995.
Essays, journalistische
Arbeiten, Linernotes, seit
Ende 1991 freier Mitarbei-
ter bei «Spex». Seit 1987
Zusammenarbeit mit
Norbert Hummelt. Ge-
meinschaftstexte, ima-
ginäre Projekte, Sprech-
konzerte. Seit 1995
gelegentlicher Gast
(Stimme, Schlagzeug,
Melodica, Orff-Instru-
mente) des Duos [Laut]
(Christoph Clöser: Saxo-
phone, Schlagzeug,
Stimme/NH: Stimme,
Schlagzeug, Melodica,
Orff-Instrumente).

Was singen heisst

Während ich am Vormittag des 29. September 1994 bei
einem Straßenhändler in der Rue Liberté in Tanger Cas-
setten anhöre, bedient der junge Mann auf lässige, aber
doch zuvorkommende Weise zugleich zwei kaftangeklei-
dete Marokkanerinnen, zieht auf deren Verlangen hin
immer wieder neue Werke von Hasni, dem zwei Jahre zu-

❶ 2 3 4 ⑤ 6 7 8 9 ⓪

vor zum König des Sentimentalen Raï gekürten Star, aus seiner Verkaufsvitrine an der Mauer und schiebt die Cassetten abwechselnd mit den von mir gewünschten Aufnahmen in seinen tragbaren Recorder, um meine jeweilige Reaktion auf seinen Vorschlag abzuwarten, die von seiten der beiden Frauen meist bereits nach wenigen Takten des ersten Liedes erfolgt, wohingegen es mir immer wieder erst nach längerem Anspielen möglich ist, mein Gefallen an der Musik abzuwägen.

Während Hasnis Gesang über die im Hintergrund eingespielte Interpretation von «Für Elise» durch Richard Clayderman beim ersten Höreindruck auf mich trotz der besonderen Note, welche die arabische Stimmführung hinzufügt, kaum mehr als kitschig wirkt, kommt mir nicht in den Sinn, daß solche Elemente zu jenen Anzeichen einer Verwestlichung gehören, welche den Raï-Sängern aus bestimmten Kreisen vorgeworfen wird, daß deren Verwendung also über die willkommene Steigerung der Sentimentalität hinaus auch einen lebensbedrohlichen, möglicherweise sogar bewußt als provozierend riskierten Aspekt haben, welcher der Belanglosigkeit des lustlos dargebotenen Beethoven-Geklimpers völlig unangemessen erscheint.

Während die beiden Frauen sich aus dem unüberschaubaren Angebot an Cassetten von Hasni eine nach der anderen vorspielen lassen, mustern sie mich und beginnen offensichtlich, den Händler auf meine Erscheinung hin anzusprechen, was sich mir trotz fehlender Sprachkenntnisse daraus erschließt, daß mich bald auch der Händler fixiert, während er auf Handzeichen hin weiter routiniert die Cassetten wechselt und mich ebenso aufmunternd anschaut wie die beiden Frauen, wobei sein Gesichtsausdruck zwischen Lächeln und Grinsen wechselt, was in mir den Verdacht weckt, daß es sich bei diesem Straßengespräch um eine Mischung aus neugierigen und vielleicht ebenso auch abfälligen, belustigten Bemerkungen handeln mag, woraufhin sie alle drei Kommentare oder Fragen an mich richten, um dann, aufgrund meines hilflosen Achselzuckens, erst in Kichern, bald in Lachen auszubrechen und weitere Kommentare folgen zu lassen, ohne mich damit allerdings verunsichern oder mir ein unangenehmes Gefühl bereiten zu wollen, so daß das Vorgehen des Händlers, sich, nachdem er sich zuerst durch vorsichtige Fragen abgesichert hat, daß der Tourist keines seiner Worte versteht, mit freundlicher Stimme über mich lustig zu machen, in seiner Diskrepanz eine Parallele darstellt zum Gesang Hasnis, der mit vibrierender, schmachtender Stimme Texte über schnelle Mauernummern in einem verwüsteten Haus singt, die sich an Autofahrten in betrunkenem Zustand anschließen, wobei Sexualität, in dieser Deutlichkeit im Schlager europäischer Breiten undenkbar, ungeachtet aller Verschleierungsfloskeln zur Sprache kommt.

Während wir dort in der angenehmen Morgensonne auf dem engen Gehsteig stehen und Hasnis romantische Schlager hören, deren Reiz ich erst später entdecken werde (ein Reiz, der mir auf Anhieb so schwer nachvollziehbar erscheint wie die Auswahlkriterien für die Abbildungen auf Hasnis Cassetten: Einmal sein Gesicht hineinmontiert in eine Titelseite der Zeitschrift «USA Sports», so daß er unter einer Baseballkappe hervorlugt und einen Baseballschläger wie unbeteiligt in der Hand hält, einmal Hasni vor dem Hintergrund einer bis in Hüfthöhe reichenden Holzverschalung, wie man sie in Partykellern findet, einmal Hasni vor einer Fototapete mit überquellenden, bunten Buketts, oder einmal bei einem Auftritt aufgenommen, vermutlich einem Fest in privatem Kreis, wo er in einem Raum, augenscheinlich einem Wohnzimmer, eingezwängt steht zwischen Keyboard und, hinter seinem Rücken, einem mit Relieftapete beklebten Kamin, den ein gerahmtes, ein Blumengesteck darstellendes Bild schmückt, wie man es hierzulande in der Galerieabteilung jedes Kaufhauses erwerben kann), während also die beiden Frauen ihren vielleicht beim vormittäglichen Einkauf oder einfach beim Flanieren durch die Stadt gefaßten Entschluß, sich

❶ 2 3 4 5 6 ⑦ 8 9 ⓪

vor der Mittagshitze noch mit einer neuen Cassette zu versorgen, in die Tat umsetzen, damit sie über Tag, wenn das Verlassen des Hauses eine kaum erträgliche Überwindung kostete, nicht in die Verlegenheit kämen, eine bereits vorhandene, schon bis zum Überdruß gehörte Hasni-Cassette noch einmal einlegen zu müssen, zu diesem Zeitpunkt also ahnt keiner von uns vieren, daß der Sänger zur selben Zeit auf einer Straße in Oran im Gedränge von einem bewaffneten Mitglied einer Gruppierung angegriffen wird, welche die Gelegenheit eines erst nach längerem Zögern und der Befragung von Freunden hinsichtlich ihrer Beurteilung der Sicherheit angetretenen Besuches Hasnis aus dem französischen Exil in seinem Heimatland dazu nutzt, diesen ihrer Überzeugung nach die Grundfeste ihres Glaubens und Weltentwurfes erschütternden Künstler durch zwei gezielte, aus nächster Nähe abgegebene Kopfschüsse ermorden zu lassen.

① 2 3 4 5 6 7 ⑧ 9 ⓪

Paar Takte Musik

Ja, sagt der KdF-Sänger (du bist hier
aufgewachsen, doch du weißt nicht, wo
Serviettenringe sind, wo Sicherheitsnadeln,
wie das Besteck sortiert ist). Du siehst die
Afrikamontur, die große Burenkrieg-Landschaft
mit abgewetzten Tressen, und, immer noch, das
aufgezogene Oberdeck-Lichtbild im Flur, darauf
ein Finger zeigt, nein, heute eine ganze Hand.

Ja, sagt der KdF-Tenor (höchstens das Keksversteck
kannst du erraten, immer noch, das weißt du, wandernd,
wie vor zwanzig Jahren), die Liegestühle und ein Mann
mit offenem Mund, du ahnst das Zäpfchen hinten, eine
Dienstpistole, du siehst die Seefrisur. Die Kraft gewiß
– paar Takte Musik – doch nicht die Freude. Die Fledermaus,
die Arien vor Tanger, und statt des Landgangs blieben alle
dort an Bord, dort an der Mole, wahres Morgenland, bis
in die Nacht gelauscht, der Himmel schwarz wie Kohle, bis
in die Nacht geschaut, in lauer Luft, nach dunklen Flecken,
flatternden.

Lauscher

Es ist ein anderer Blick, anderer Mund,
den jene zeigen, die nicht mit Sechzehn,
also niemals, die erste Fête rotohrig
erwartet haben oder Tanzverbot.
Der Handschweiß schmeckt verschieden
und der trockene Mund galt anderem
seinerzeit als Blickverlust, verwüsteter
Stirn oder Glanz auf Nasenflügeln.

So ist das, was dem einen heute
Partymüll, dem anderen Trümmerfeld:
Das Notgeschirr, ein angebackter
Soßenrest genügt, allein das Knirschen
von zertretenen Flips, das kracht wie
Hölle. Andere Ohren zeigen sie,
doch sollten die erglühen…

[klammerblues]

Norbert Hummelt,
geb. 1962 in Neuss, lebt
in Köln. Lyrik und Prosa
in Zeitschriften, Antholo-
gien, Radio, TV. Editio-
nen, Lektorate, Kritiken.
Buchveröffentlichungen,
zuletzt: «knackige
codes». Gedichte (Berlin:
Druckhaus Galrev 1993).
Seit 1985 zahlreiche

das foto, speckig, etwas abgegriffen
ist ohne datum u. es zeigt
den jungen / wie in gedanken mit sich
selbst umschlungen… er hält
am mantelstock u. prüft sein spiegelbild
u. übt geläufigkeit im bange dinge
sagen, die rede formt sich
selber, irgendwas «tanzt du vielleicht
ich wollte dich was fragen.» wenn
so ein junge sich in was verrennt u.
ein paar runden dreht in seinem raum, allein

① 2 3 4 5 6 7 8 9 ⓪

fönt sich die locke wie er's
von travolta kennt u. legt noch einmal
die cassette ein. «das war musik, es
überlief mich fröstelnd» – «es war
das fieber, immer samstag nacht» nur
ist kein zugang zu der welt der
fêten, des alt mit schuß u. erster
augentrips für ihn der fürchtet
auf den fuß zu treten ihr
auf dem foto, mit den klunkerklips.

Lesungen und
Sprechkonzerte, z.T.
gemeinsam mit Marcel
Beyer. Seit 1994
Zusammenarbeit mit
dem Saxophonisten
Christoph Clöser in der
Gruppe [laut]: «Hum-
melt spricht und Clöser
spielt».

die nacht
u. was so dazugehört

auch du vermißt das bewußte lokal
baracke südbahnhof «wegen fixen
geschlossen» die toiletten auch
jetzt unterm ebertplatz hier
wird die nacht, in diesem viertel
kölns, zum streifzug durch
einstmals vertraute akustik: bis
die zum anschlag verzerrte musik
die letzten küssenden oder trinker
rauskehrt, aus ecken
gezischeltes «ey schuß, wie iset?»
hochgezogene augenbrauen.
ungeahntes urinieren. das pissoir kennt
noch keine graffiti: der ort ist anders
u. paßt nicht zum bild, vom wind
getriebenes zeitungspapier «gladbach kommt».
«dialoge am rhein» «u. tschüs»
u. was so dazugehört.
die nacht, natürlich, kennt keine sterne

aber gebündelt elektrisches licht
das still u. rotierend
den himmel durchwandert
der zeichengeber vermutlich disco
irgendwo in der peripherie.
ich hätt' manschetten allein da zu radeln.
ein zweimarkstück, vom pflaster verschluckt
profunder süßigkeiten-turkey
«schlaftablette ist das, morgens um neun
schon express gelesen»

[wilde jugend]

u. früher immer im eigenrauch
wer formuliert ist nicht ganz da. u.
ellbogenchecks zwischen theke u. klo
schwerste beschallung, dazwischen
ein bello. u. still ergeht sich
wer ins glas geschaut, vergib mir
freundin, wenn ich abdriftend bin
kommen will ich, aber fraget mich eins
verdächtiges zucken der finger
im takt («esoteriker, achtmal
verknackt») zu finsterer stund'
da mein geist operiert. / u.
das ist dann etwa die wilde jugend
die brauchten's laut u. der ort
hieß station, terrassenterrain
in der 90er mainacht, arena
von der man den enkeln erzählt
also nur welche hätte. / u. draußen
die siffpunks *(«do you want to die?»)*

① ② 3 4 5 6 7 8 9 0

u. drinnen die youngsters beim
feuchten schulterkuß / u. *was sollen
götter im gasthaus*, fragt sich / u.
wer sich zu wessen stirne geneigt / u. du
aber wild u. wundervoll / u. ich sagte
nur noch «mein lieber scholli» / u.
dann aber «dann verließen sie ihn»

Disco sucks

Wie jeder Texaner, der etwas auf sich hält, trank Echo Shi-
ner-Bier. Sie schaltete den Laptop auf Schlummer und leerte
die Flasche. Echo schaute aus dem Fenster auf die Felswüste,
die in der grellen Nachmittagssonne flimmerte wie ein alter
Schwarzweißfernseher. Die Foothills der Chinati Moun-
tains, Kakteen, Agaven, Yuccas und Sotols. In der Ferne
drehte sich langsam das Windrad der Sirk Ranch.

Echo ignorierte das Telefon und schaltete den Fernseher
an. Auf dem Breitwandbildschirm erschien ein grasgrünes
Testbild. Sie schob eine Kassette in den VCR und lümmelte
sich auf das Eisenbett, das genau in der Mitte der riesigen
Halle stand. Echo lebte in einem ehemaligen Flugzeughan-
gar, der zu einer stillgelegten Air Force Base gehörte. Der
langgestreckte Backsteinbau diente ihr als Küche, Schlafzim-
mer, Badezimmer, Büro und Trainingsraum. Die Bestseller-
autorin hatte das gesamte 100 Hektar große Gelände nach
ihrem Erfolg mit *Geronimo's Granddaughter* gekauft. Der
verlassene Stützpunkt lag 80 Meilen von der nächsten Sied-
lung entfernt. Seit dem schweren Tornado im Jahr 1963 be-
stand Fort Chinati nur noch aus einem Hangar und den acht
Baracken, in denen in den vierziger Jahren deutsche Kriegs-
gefangene interniert worden waren.

Gero Günther, geboren
1966, arbeitet als Journa-
list und Autor in München
und Gleysehove. Sein
erstes veröffentlichtes
Gedicht hieß «Die Liebe in
den Zeiten der Kohl-Ära».
In seiner Magisterarbeit
«Camping Out with the
Counterforce: Pynchon's
Vineland and More
Popular Culture» gelang
es ihm, Pynchon, Agent
Dale B. Cooper, Madonna,

Frank Gehry und Camper Van Beethoven unter einen Hut zu bringen. Das Romandebut «Girl Group» schlummert in den Tiefen seines Macintosh LC.

Travolta umarmte das tote Callgirl.

Von der Universität, Kritikern und Literatursnobs hatte Echo die Nase gründlich voll. Sie zog die Gesellschaft von Armadillos, Kojoten, Taranteln und Klapperschlangen den aufdringlichen Fans und den schnüffelnden Journalisten vor, die ihr Haus in Austin ständig belagert hatten. Hier draußen war Echo Escovedo völlig allein. Eine staubige Piste, die erst nach etlichen Meilen in den Highway 67 mündete, stellte ihre einzige Verbindung zur Außenwelt dar. Einmal in der Woche fuhr sie mit ihrem Comanchero-Geländewagen nach Presidio oder Marfa zum Einkaufen.

Echo lag auf ihrem Bett und sah sich Brian de Palmas *Blow Out* an. Sie verehrte de Palma und liebte John Travolta. Schon zu Zeiten von *Welcome Back Kotter* war sie in den Schauspieler verknallt gewesen. In der High School hatte sie ihr Idol beständig gegen die zahlreichen Verleumder verteidigt, die boshaft behaupteten, der Star aus *Saturday Night Fever* und *Grease* wäre eine «miese, schleimige Spaghetti-Schwuchtel». Wer von ihren aknebepustelten Mitschülern hätte geahnt, was Altman, de Palma und Tarantino aus diesem Mann herauslocken würden? Echo Escovedo war Disco-Fan. Beim Schreiben hörte sie am liebsten Hues Corporation, George McCrae, Betty Wright, The Pointer Sisters oder Ray Bareto.

Travolta umarmte das tote Callgirl. Echo ließ das Video-Tape zurückspulen und machte ein paar Übungen an der zehn Meter hohen Sprossenwand, die an der Seitenmauer des Hangars angebracht war. Aus den Boxen ihrer HiFi-Anlage dröhnte *Upside Down* von Diana Ross. Sie klemmte die Knie unter die oberste Sprosse und hing wie eine Fledermaus verkehrt herum von der Decke. Unter dem tonnenförmigen Aluminiumdach waren die Temperaturen noch unerträglicher als unten am Schreibtisch. Obwohl Echo nur Boxershorts und ein ausgeleiertes Turnhemd trug, lief ihr der Schweiß in Strömen über den Oberkörper. Ihre langen, schwarzen Zöpfe wehten im heißen Wind des Ventilators. Echo hatte breite Backenknochen, volle Lippen, schmale schwarze Augen und einen amarettofarbenen Körper. Sie war in einem schlechten Viertel von El Paso aufgewachsen.

Aus ihrem Fenster hatte sie direkt auf den Rio Grande, Stacheldrahtzäune und den elenden, überbevölkerten Moloch von Ciudad Juarez gesehen. Ihr Vater, ein Mescalero-Indianer, hatte es für angebracht gehalten, Echo in den Kampfeskünsten seines Stammes zu unterweisen. Luis Hawk Escovedo hatte die Familie als Nachtwächter im Western-Playland-Freizeitpark über Wasser gehalten, ehe er mit seinem schrottreifen Eldorado in eine Nachtapotheke gerast war. Alejandra, Echos Mutter, war damals in einer Topless-Bar aufgetreten. Inzwischen hatte sie sich mit Hilfe ihrer Tochter in Miami, Arizona, zur Ruhe gesetzt. Die Mexikanerin war eine begnadete Stripperin gewesen und hatte ihr tänzerisches Talent an Echo weitervererbt.

Echo baumelte unter dem Dach, wippte im Takt zu *Sexual Healing* und betrachtete das überlebensgroße Poster von John Travolta, das an der gegenüberliegenden Mauer klebte. Sie kraxelte die Sprossen herunter, holte noch ein Shiner-Bock aus dem Kühlschrank und setzt sich an die alte Ping-Pong-Platte, die ihr als Schreibtisch diente. Ihr Verleger konnte gar nicht genug von den Indianergeschichten bekommen, die sie am laufenden Band produzierte. Sie verkauften sich gigantisch. Dabei war nichts davon wahr. In Wirklichkeit hatte Echo keine Ahnung vom traditionellen Apachen-Leben. Es kümmerte sie kaum, was ihre Vorfahren angestellt hatten, ehe sie zu einem Volk von Arbeitslosen und Alkoholikern geworden waren. Die Mescalero-Märchen hatten ihr geholfen, aus dem Elend des Armenviertels rauszukommen, nun fühlte sie sich als Gefangene des Etiketts «Native American Woman Writer». Sie klemmte die eiskalte Bierflasche zwischen die Oberschenkel. Echo aktivierte den Fax-Speicher und las die Botschaft ihres New Yorker Verlegers:

Liebe Echo Escovedo,
Mescal-Eaters steht jetzt schon seit vierzehn Wochen auf den Bestsellerlisten. Sie sollten einen Kelch Champagner auf Kevin Costner trinken. Nicht zuletzt ihm ist zu verdanken, daß die Bleichgesichter gar nicht genug von Ihren Stories bekommen können. Wir warten schon voller Ungeduld auf Ihr

neues Werk. Jack möchte eine Party geben, wenn Sie nach New York kommen. Wann dürfen wir dieses Jahr mit Ihnen rechnen?

Herzlichst Ihr Stephen Craik

Dann öffnete sie die rostigen Metalltüren des Hangars und trat in die Wüste hinaus.

«Mieser, kleiner Schleimer», sagte Echo laut und löschte das Fax. Sie starrte auf die Bierflasche zwischen ihren Beinen, nahm einen Schluck und hob den verstaubten Kronkorken mit den Zehen vom Parkett auf. Auf dem Weißblech prangte ein Widder.

Echo legte eine Labelles-CD in den Player. Sie konnte sich noch genau daran erinnern, wie sexy die drei Mädchen in ihren glitzernden Space-Kostümen ausgesehen hatten, damals, 1975, sie war gerade mal neun Jahre alt gewesen. Seit ihre Mutter im Palomino zu *Lady Marmelade* gestrippt hatte, gehörte der Hit zu Echos absoluten Lieblingssongs. Sie sang den Refrain mit: «Voulez vouz couchez avec moi? Ce Soir.»

Echo klickte sich aus dem Menü für ihr neues Buch *Women Warriors* und öffnete eine neue Datei. Sie rieb ihren Kitzler gegen das kühle Braunglas. Echo konnte am besten schreiben, wenn sie sexuell erregt war. Mit der rechten Hand bediente sie die Maus. Ihre linke Hand rutschte unter das Gummiband der Shorts. Echo masturbierte im Takt zum Gospelfunk der Girl Group und tippte mit feuchten Fingern ins Keyboard. Ein Schamhaar klebte an der Enter-Taste. Echos Kopf erschuf einen Körper, den ihre Finger fickten. Sie fütterte den PC mit pikanten Details, die sie immer geiler machten – ein perfekter Regelkreis. Das hatte ihr niemand im Creative Writing Workshop beigebracht: Kontrapunkt, Rhythmus, Synkopierung, Pizzicato, Locked-Hands Style, Legato. Es war eine hohe Kunst, gleichzeitig mit der Kurzgeschichte zum Höhepunkt zu kommen. Zitternd setzte sie den Schlußpunkt unter den Text und speicherte ihn unter *Disco Sucks (My Clit)* ab, führte den Cursorpfeil in das kleine Kästchen links oben. Klick. Save. Echo streckte sich und ging, plötzlich fröstelnd, zu ihrem Spind. Sie zog sich ihr graues University of Texas Sweatshirt und eine Jeans über.

Dann öffnete sie die rostigen Metalltüren des Hangars und trat in die Wüste hinaus.

Ein wilder Truthahn schreckte auf und flatterte aufgeregt davon. Die Kakteen standen wie Antennen in der steinigen Ebene; ein leiser Wind wehte über die ockerbraunen Hügel. Echo kletterte über einen Stacheldrahtzaun und spazierte am Rand des Cormac Canyons entlang. Sie beobachtete einen Hasen, der in wenigen Metern Entfernung in einem dornigen Busch saß und heftig schnaufte. Der spitze Gipfel des Mt. Judd spießte den glühenden Sonnenball auf. Sie wollte lieber auf der Ranch-Road zurückgehen und dann weiter unten über den Zaun steigen, als zu riskieren, in der Nähe der Schlucht in die Dunkelheit zu geraten. Am Horizont nahm der Himmel die knallige Farbe eines reifen Kürbis an. Geier saßen träge auf den Pfosten und flogen erst davon, als Echo direkt an ihnen vorüberging. Das Schlagen ihrer Flügel machte ein Geräusch, als ob man ein großes Zeitungsblatt zusammenknüllte.

Ihre Schritte knirschten im Kies, als sie stockte. An einer Biegung der staubigen Straße lagen ein Motorrad und ein älterer Mann, dessen stahlblaue Augen leer in die Dämmerung starrten. Echo kannte den Mann, der in einer abgewetzten schwarzen Lederjacke in der Pfütze seines eigenen Blutes lag. Es war Donald Sirk, ihr Nachbar, Besitzer einer gigantischen Longhorn Ranch. In seiner Brust klaffte ein walnußgroßes Loch. Die großkalibrige Kugel hatte seine Lunge wie Zuckerwatte zerfetzt. Echo blickte sich angsterfüllt nach allen Seiten um und rannte, so schnell sie konnte, die Straße hinunter. Es waren ungefähr zwei Meilen bis zur Abzweigung und von da aus noch eine halbe bis zum Fort. Keuchend erreichte sie den Hangar, als es bereits dunkel war. Sie schaltete die Halogenlampen an, die im Abstand von vier Metern über den hohen Fenstern angebracht waren. Gleißendes Licht zuckte wie Wetterleuchten durch die Halle. Echo rannte zum Telefon. Es war tot.

«Wir haben uns erlaubt, Ihr Telefon zu deaktivieren», sagte ein großer, gutaussehender Mann, der in seinem eleganten Seidenanzug und den weißen Lederschuhen wie der

«Wir haben uns erlaubt, Ihr Telefon zu deaktivieren.»

Moderator einer Literatursendung im Kulturfernsehen aussah. Er mußte sich hinter der Duschkabine versteckt haben. Sein Gesicht erinnerte Echo an Rock Hudson, nur trug dieser junge Herr eine randlose Silhouette-Brille.

«Gestatten, Hadley, Jasper Hadley. Expropriationen und Eliminierungen. Zu Ihren Diensten.» Ein zweiter Mann trat aus dem Schatten hervor. Er hatte eine Jeansjacke und Nike-Boots an. Auf seinem schwabbeligen Körper saß ein kahlgeschorener Eierkopf, in dessen abstehenden Ohren mehrere Ringe steckten.

«Mein Kollege, Mitch Faithfull.»

«Das Bargeld ist im Spind unter den Shirts. Wenn Sie mehr suchen, müssen sie die Wells Fargo Bank in San Antonio überfallen.»

«Sehr komisch. Ich sehe, Sie haben einen ausgeprägten Sinn für Humor. Was man von Ihrem Herrn Nachbarn nicht gerade behaupten kann. Er ruhe in Frieden.»

«Jasper, ich hab's. Sind nur 800. Aber die Kleine hat supergeile Wäsche und den passenden Arsch dazu. Körbchengröße B. Schau dir diese Titten an!»

«Sie müssen die Kommentare meines Assistenten entschuldigen. Dem guten Mitch mangelt es ein wenig an Anstand und Kultur. Seine Begabungen liegen auf einem ganz anderen Feld. Trotzdem muß ich ihm insofern recht geben, daß Ihre Physis überaus ansprechend ist.»

«Guck mal. Jasper. Da hängt ein Poster von Travolta. Die steht wohl auf Itaker-Tunten?! Oh, Mann, die Biene ist scharf wie eine Peperoni.»

«Mitch, halt die Schnauze. Deine albernen Metaphern sind völlig unangebracht.»

«Okay, Jasper, du bist der Boss.» Er schüttelte den Kopf. «Travolta, ich halt's nicht aus. Disco sucks.»

«Mitch, wir werden jetzt besser nicht deinen zweifelhaften Musikgeschmack diskutieren. Alles, was wir wirklich wollen, Miss Escovedo, ist eine angenehme Nacht in Ihren trauten vier Wänden verbringen. Platz haben Sie ja wirklich genug. Ich muß schon sagen, sehr apart, Ihre Wohnung, exzellenter Geschmack. Sie sind Künstlerin? Musikerin?»

«Schriftstellerin!»

«Ah, wunderbar! ‹Wild Nights – Wild Nights! / Were I with thee / Wild Nights should be / Our luxury.›»

«Bedaure, ich schreibe nur Prosa.»

«Schade, schade, schade. Ich bin ein ausgesprochener Liebhaber der Lyrik, speziell unserer großen amerikanischen Dichterinnen. Emily Dickinson, Marianne Moore, Anne Sexton. Nicht zu vergessen die unvergleichliche Sylvia Plath. ‹The woman is perfected. / Her dead / Body wears the smile of accomplishment.»

«Wollen Sie mir drohen?»

«Formulieren wir es einmal so: Sollte sich herausstellen, daß Ihre Kooperationsbereitschaft zu wünschen übrigläßt, und Sie müssen wissen, ich bin sehr, sehr anspruchsvoll, dann sind Konflikte unbestimmten Ausgangs durchaus nicht auszuschließen.»

«Comprende, chica?»

«Halt die Schnauze, Mitch.»

«Eine Frage, Mr. Hadley. Nur um sicher zu sein. Gehe ich recht in der Annahme, daß diese sogenannte Kooperationsbereitschaft den Geschlechtsverkehr mit Ihnen impliziert?»

«Tsss, Geschlechtsverkehr, ein schreckliches Wort, so gefühllos und kalt. Drücken wir es lieber folgendermaßen aus: Ich würde mich glücklich schätzen, wenn wir im Laufe dieser wunderschönen Herbstnacht ergebenste Diener Ihrer geheimsten Lüste und Leidenschaften sein dürften. Sollten Sie etwas anderes vorhaben, liebe Miss Escovedo, werden wir Ihr Einverständnis auf unsere Weise einholen.»

«Offensichtlich bleibt mir ja nichts anderes übrig, als Ihrer so höflich vorgebrachten Einladung nachzukommen. Bedienen Sie sich, mein schwacher Körper soll ganz zu Ihrer Verfügung stehen.»

«Mann, Jasper, die Braut gefällt mir.»

«Miihiitch?»

«Ich bin ja schon ruhig.»

«Meine Herren, ich muß Sie bitten, zu unser aller Schutz, Kondome anzulegen. Falls Sie erlauben.»

«Ich sehe, Sie packen die Dinge ganz richtig an oder, Sie

«Bedienen Sie sich, mein schwacher Körper soll ganz zu Ihrer Verfügung stehen.»

erlauben das Wortspiel eines Laien, Sie packen die Dinge richtig ein. Kleiner Scherz. Aber mal im Ernst, auch wir sind vehemente Vertreter der Safe-Sex-Bewegung. Ein harmloser Fick ohne Präservativ kann Sie heutzutage ja das Leben kosten.»

«Ich habe immer eine Packung unter der Matratze. Ein Prinzip von mir. Für unvorhergesehene Notfälle.»

Echo zog sich den Pulli über den Kopf und ging zum Bett. Angstschweiß perlte zwischen ihren Brüsten.

«Ihr Körper ist ein Gedicht. Vollendete Schönheit. *Un vrai rêve*, wie der Franzose sagt.»

Mitch zog eine kleine Plastiktüte aus seiner Hosentasche und legte sie auf den Ping-Pong-Tisch. Er schüttelte etwas Kokain auf einen Taschenspiegel. Jasper holte ein silbernes Etui aus seinem Jackett und entnahm ihm ein platinfarbenes Schnupfröhrchen. Er beugte sich über das Pulver und hielt das linke Nasenloch zu. Mitch atmete schwer, er zog sich das Holzfällerhemd aus und knöpfte seine 501 auf.

Inzwischen hatte Echo mit atemberaubender Geschwindigkeit unter die Matratze gegriffen und schoß mit dem dort verborgenen Revolver zwei winzige Löcher in Mitchs Schädel, aus dem nun eine schleimige, weißrote Masse rhythmisch auf das Industrieparkett pulsierte. Blitzschnell schlug sie Jaspers Kopf mit voller Wucht auf die Tischtennisplatte. Hadley schrie wie am Spieß. Echo fesselte ihm mit dem Kabel ihres Tintenstrahldruckers die Hände. Sie drehte den Verletzten um und bemerkte, daß ihm das metallene Schnupfröhrchen die Nasenscheidewand durchbohrt hatte. Blut strömte auf den seidenen Seersucker. Jasper Hadley sah auch in diesem Zustand noch recht passabel aus, fand Echo. Sie strich ihm das Haar aus der Stirn. Mit einer festen Angelschnur band sie Jasper an eine Eisensäule, die in der Mitte der Halle einzementiert war. Er stöhnte und versuchte zu sprechen.

«Mitch ist schon viel ruhiger geworden. Es ist an der Zeit, daß auch Sie, mein lieber Mr. Hadley, ein wenig zur Ruhe kommen und ganz entspannt zuhören.»

Sie stopfte ihm einen ihrer Slips in den Mund, die Mitch auf der Suche nach dem Geld verstreut hatte.

Jasper Hadley sah auch in diesem Zustand noch recht passabel aus.

«Denken Sie daran, was die von Ihnen so hochgeschätzte Emily Dickinson in ihrem Gedicht Nummer 341 schrieb: ‹After great pain, a formal feeling comes.›»

Sie durchquerte die Halle, trat in die Nacht hinaus und lief zu einer der Baracken. Echo stieß die Tür mit dem Fuß auf und knipste das Licht an. Eine nackte Glühbirne baumelte von der Decke. Spinnweben. Eine alte Werkbank stand an der fleckigen Mauer. Deutsche Soldaten hatten unförmige nackte Mädchen an die Wand gekritzelt. Eine überraschend unversehrte Postkarte von Danzig war mit einer goldenen Reiszwecke danebengeheftet. In einem Regal lagen Werkzeuge, Nägel, Schrauben, Dachpappe und anderes Gerät, das Echo zur Instandhaltung des Forts brauchte. Sie zog dicke Arbeitshandschuhe an, nahm eine Beißzange und zwackte ein Stück Stacheldraht von einer 20-Meter-Rolle ab. Dann ging sie in den Hangar zurück, zog Jaspers Hose herunter und wickelte vorsichtig und überaus sanft den Stacheldraht eng um seinen Penis.

«Sie werden jetzt das Privileg genießen, Mr. Hadley, einer meiner überaus raren Dichterlesungen beiwohnen zu dürfen. Sollte mein Text Ihnen gefallen, und ich bin mir ganz sicher, daß er Ihnen gefallen wird, könnte dieses Erlebnis einschneidende Auswirkungen auf Ihren weiteren Lebenslauf haben.»

Hadleys Augen flehten, seine Kehle stieß dumpfe Grunzlaute aus, die weißen Schuhe schabten über den Boden.

Echo legte *Love To Love You* von Donna Summer auf. Sie ging zum Computer, rief die *Disco Sucks (My Clit)*-Datei auf und begann zu lesen.

«After great pain, a formal feeling comes.»

❶ ② 3 4 5 6 7 8 9 0

Here you are
Gipsy fingers
on your guitar...

Patricia Brooks, geb. 1957 in Wien, seit 1991 Schriftstellerin, Veröffentlichungen in diversen Literaturzeitschriften sowie im ORF, 1993 «Aquadrom», Kurzgeschichten, erschienen in der Edition Selene, Klagenfurt. Im Herbst 1996 wird im gleichen Verlag ein neues Buch mit Kurzgeschichten erscheinen.

New York ist eine Kloake, Los Angeles ein Silikonfigurenmuseum, ganz New Mexico ein Drecksnest und diese Kneipe eine Katastrophe. Aber wenn man sich einmal an Katastrophen gewöhnt hat, verlieren sie ihren traumatischen Charakter und mutieren zu etwas Normalem, Alltäglichem, das man, wenn schon nicht lieb gewinnt, so doch mit Gleichmut zur Kenntnis nimmt.

Mit einem leiernden Akkord erwürgt Baby Black Gipsyfinger den Blues, too bad for you, legt die Gitarre beiseite und stochert lustvoll mit dem zwei Komma sieben Zentimeter langen Schlaghandkleinfingernagel zwischen den Zähnen, genaugenommen zwischen dem Dreier und Vierer links oben, kratzt ein klebriges, farbloses Etwas heraus, schiebt es mit dem Daumennagel die Kleinfingernagelinnenwand zur Kante hinauf und schnippt es zu Boden. Ausgekaute Hühnerfleisch- oder Bleichgemüsefaser, das ist in diesem Stadium der Verrottung nicht mehr zu unterscheiden. Fettes Fleisch in mageren Jahren, mageres Fleisch in fetten Jahren. Ein schöner Spruch, aber ein Irrtum. Die Zeiten sind mager und das Fleisch ist mager, weil Juanita nicht daran denkt, sich in der Küche zu verschwenden, und Take-away-Hühner eben zart gebaut sind. Hey Baby, träume nicht den Blues, spiel ihn, dafür wirst du schließlich bezahlt. Juanita schießt aus der Hüfte, der wiegenden, saugenden, schlingernden, bei jeder Bewegung den Geschlechtsakt vortäuschenden Hüfte. Im Vorbeigehen. Peng. Straight to the heart. Sie zieht schnell und verrechnet sich beim Kassieren immer um mindestens fünfzehn Prozent zu ihren Gunsten. Die beste Serviererin weit und breit, auf deren rotbespanntem, seifigem Lächeln Beschwerden und Wünsche einfach ausgleiten und sich den Hals brechen. Das soll ihr erst einmal einer nachmachen.

Baby Black Gipsyfinger stülpt die Schlaghand über den Gitarrenbauch. Wenn schon nicht die Zeiten, so ist doch wenigstens Juanitas Hintern fett geworden. Schön prall wie ein Kürbis. Und besser ihr Hintern als ihr Bauch. Man sagt zwar, Hispanoindianermischfrauen mit einem Schuß jüdischem Blut seien sehr autonom, aber ihre Kinder wollen sie auch nicht gerne alleine großziehen. Das gibt nur Ärger, und Juanita schüttelt ohnehin den Streit so locker aus ihrer Schürze wie die verwelkten Hibiskusblüten frühmorgens aus ihrem Haar. Er spießt die Greifhandfingerkuppen auf die Saiten und schlägt zu. Wehmütig und nur ein bißchen gemein. Die Kür, nicht die Pflicht. Honigmädchen, du bist alt geworden, in den Kneipen und in meinen Träumen.

Baby, du wirst schön langsam eine Plage, Juanita jongliert den kohlebeschatteten Blick über den Plafond, fächert die Serviererinnengeldtasche zusammen, stopft sie in das Schürzenhalbrund und pflockt die Ellbogen auf die Theke. Zu viele Jahre schon herumgezogen, in billigen Zimmern geschlafen, in billigen Kneipen gearbeitet, und immer wieder das gleiche Programm, Glas voll, Glas leer, über Aschenbecherschutthalden gehievt, nachtein, nachtaus, unter dem ausgefransten Blechschild: Pistolen / Gewehre / Bomben sind hier nicht erlaubt und für die Dauer des Aufenthaltes in der Bar bei der Serviererin zu hinterlegen. Aber wen kümmert das schon. Also rotlackfingrig die Patronen aus den herumlungernden Hüftgürteln gestochen, mit ausgehängten Ohren eine Geschichte nach der anderen aus willig aufgerissenen Mäulern gezogen, den sich um die Beine windenden Blickschlangen die Giftzähne gezeigt, und Baby spielt den Blues dazu, wie kein anderer, tief in den Bauch hinein, das kann er, aber davon fällt das große Geld auch nicht wie Vogeldreck vom Himmel, und für ein garagengroßes Eigenhaus braucht es mindestens noch zwei weitere Leben. Er sollte lieber koksen statt kiffen, damit ihm mehr Saft in die Hoden schießt. Juanita salzt den Finger, das Nasenflügelrosa flattert auf. It's always so much fun. Bis vier in der Früh, wenn alles gutgeht und Baby Black Gipsyfinger nicht wieder auf dem Blues hängenbleibt.

❶ ② ③ 4 5 6 7 8 9 0

Aber selbst wenn New York das Leben, Los Angeles ein Traum und New Mexico ein Zuhause wären, bleibt eine heruntergekommene Kneipe überall eine heruntergekommene Kneipe, und daran ist nichts zu ändern. Nur wer braucht schon ein Zuhause, einen Traum oder ein Leben, wenn er den Blues hat?

Eben.

Du wirst dich schämen für deinen Ziegenbart

Bernd Begemann,
geboren 1962 in Bad
Salzuflen/Ostwestfalen-
Lippe. Erstes Lied ge-
schrieben mit 11 Jahren,
mit 15 eigene Punkband.
Mehrere Schulen, kein
Abschluß. Mit 20 Jahren
nach Hamburg, dort
ca. 110 Jobs in 5 Jahren.
Eigene Band: «Die Ant-
wort». 1987 erste LP,
1990 und 91 zwei CDs –
alles Flops. Dann zwei
Solo-CDs: «Rezession,
Baby!» (93) und «So-
lange die Rasenmäher
singen» (94). 1994 Kurz-

Original Street-Wear
für 800 Mark
wen willst du damit verarschen
niemand auf der Straße hat soviel Asche
original Kappe
original Streifen
original Accessoires
original Scheiße
alles ist authentisch
bloß du selbst nicht
schäm dich
du wurdest geboren
neben einem Aldi-Markt
bekenn dich zu deinem Aldi-Markt
rasier ihn dir ab
den Ziegenbart
Du wirst dich schämen für deinen Ziegenbart
du wirst dich schämen

für dein authentisches Kapuzen-Sweatshirt
Deine Hose ist zu weit
deine Jacke ist zu weit
dein Hemd ist zu weit
da lag zuviel Stoff rum
in deiner Maßschneiderei
zuviel Stoff
zuwenig Bücher
für deinen verwirrten jungen Kopf
ich bin doppelt so alt wie du
ich bin doppelt so schwer wie du
ich bin halb so groß wie du
und trotzdem seh ich besser aus
was glaubst du
woran das liegt?
ich glaube es liegt daran
daß ich nicht so ein pathetischer Sack bin wie du
Du wirst dich schämen für deinen Ziegenbart
du wirst dich schämen
für dein «Los Angeles Raiders»-Käppi
(verkehrtrum aufgesetzt – verwegen!)
es dauert nicht mehr lang
vielleicht noch ein Jahr
von jetzt an
dann siehst du Fotos von dir
von heute
und schämst dich
vor den Leuten

film «Mein süßes häß-
liches Mädchen» mit
Anna Thalbach, 1995
am Nationaltheater
Mannheim in Gerhart
Hauptmanns «Iphigenie
in Delphi», Rolle des
Bromius Bacchus. No-
vember 1995 Dreh-
beginn eigener TV-Show.
1996 neue Solo-CD.

Zweimal 2. Wahl

Wir sind zweimal 2. Wahl
wir sind ein unattraktives Paar
denn sie wollte mich nicht
und er wollte dich nicht

vergib mir

daß ich nicht er bin

ich glaube

ich hätte mehr Spaß mit ihr

doch ich durfte nie mit ihr schlafen

darum schlafe ich mit dir

und das ist auch gar nicht so schlimm

keine allzu große Qual

doch laß uns realistisch bleiben

wir sind zweimal 2. Wahl

Kein Oscar für die beste Nebenrolle

wir sind nicht einmal nominiert

und ich bin nicht das

was du dir aussuchst

ich bin das

was dir passiert

keine rauschenden Feste für uns

keine Tabletts voller Kokain

denn das ist nicht so unsere Welt

das ist mehr so die Welt

von ihr und ihm

die beiden feiern in diesem Augenblick

sie singen und tanzen

am anderen Ende der Stadt

währenddessen sitze ich hier

mit dir

unter dieser Stehlampe

und man lernt zu schätzen

was man aneinander hat

wir sind zweimal 2. Wahl

wir sind ein unattraktives Paar

und du bist mir völlig egal

ich werd dir treu sein bis ans Grab

(Laß uns gemeinsame Hobbys entwickeln

man kann so wundervoll

fernsehen mit dir)

Schau Schauspielern zu

Sitz hier rum
such die Fernbedienung
und schau Schauspielern zu

Find die Fernbedienung
schalt erst mal alles durch
und schau Schauspielern zu

Das da könntest du sein
doch du bist es nicht
schau Schauspielern zu

Du kennst sie fast privat
aus Interviews und so
schau Schauspielern zu

Hat die da zugenommen?
überleg das und nimm zu
schau Schauspielern zu

Einmal sah ich
denselben Schauspieler
in zwei verschiedenen Serien
auf zwei verschiedenen Kanälen
gleichzeitig
Ich war beunruhigt

Hans Meiser schickt mich

Hans Meiser schickt mich
es geht um das Thema des Tages
und niemand hat sich beschwert bis jetzt
also geht es wahrscheinlich in Ordnung

ich lief durch diese verfallene Straße
kaum ein Stein auf dem anderen
irgendwo im Osten
und hundert Satellitenschüsseln
in dieser Straße
und diese Satellitenschüsseln
reckten sich sehnsüchtig ins All
und sie saugten das All leer
und deine schockierenden Fakten
schockieren niemanden mehr
und es sind auch keine Fakten
und Hans Meiser schickt mich
ich soll mich ein bißchen umhören
wie so die Stimmung ist
was die Leute so sagen
es geht um das Thema des Tages
ich sage: «Hans, das tue ich gern für dich»
denn Hans Meiser und ich
wir stehen ziemlich eng, kann man sagen
und es geht um das Thema des Tages
also höre ich mich um
aber
seltsam
es werden Stimmen laut
also
einige hier sagen
daß sie die Schnauze voll hätten
von diesen ewigen Geschichten
daß sie die Schnauze voll hätten
von dieser Geschichte
einige hier möchten
daß die Geschichte aufhört
und das wird schlechte Quoten geben
und das bedrückt mich
denn
Hans Meiser schickt mich

Bad Salzuflen – weltweit

Wir werden alle genug zu essen haben
und häßliche teure Pullover tragen
in einer Fußgängerzone um die ganze Welt
von Bali bis nach Bielefeld
das wäre das Ende von Kummer und Leid
Bad Salzuflen – weltweit
Diskos für die jungen Leute
der Kurpark für die alten Leute
und eine Mehrzweckhalle
für alle
Völker der Welt
seid ihr bereit
Bad Salzuflen – weltweit
und die Kriege würden aufhören
wenn alle wie Bad Salzufler wären
denn Bad Salzufler vertragen sich
nur auf dem Schützenfest manchmal nicht
aber, hey – das gibt sich!
Völker der Welt
seid ihr bereit
Bad Salzuflen – weltweit

Der Typ, der immer zurückkehrt

Ich bin jemand
der langsam seinen Koffer packt
etwas Albernes zum Abschied sagt
ich gehe so fröhlich fort
daß niemand merkt
ich bin der Typ
der immer zurückkehrt

Ich stand vor ihrem Haus
sah ihren Schatten auf dem Fenster
und hoffte daß sie mich nicht hört
ich bin der Typ
der immer zurückkehrt

Wie eine Taube in den Schlag
wie ein alter Mann in den Park
wie ein Mörder
an den Ort seiner Tat
bin ich der Typ
der immer zurückkehrt

Ich umkreise diese Plätze
wie es die Himmelskörper tun
in weiten Ellipsen
und wenn sich nach Jahrzehnten
wieder diese Sonne nähert
bin ich der Typ
der immer zurückkehrt

Und dann wieder
langsam seinen Koffer packt
etwas Albernes zum Abschied sagt
ich gehe so fröhlich fort
daß niemand merkt
ich bin der Typ
der immer zurückkehrt

An meinen Feind –
10 Jahre danach

Du weißt ja wie es damals war
es lag soviel Verachtung in der Luft
und du brauchtest mich
als deinen persönlichen Feind
um noch wichtiger zu sein
entweder das
oder es sollte zwischen uns
von Anfang an nicht sein

Manchmal kamst du mir so vor
wie ein böser Staatsanwalt
so warst du halt
und es gab Zeiten
da hättest du mich am liebsten tot gesehen
doch ich bin immer noch hier
und ich bin stärker als je

Vielleicht sollten wir uns jetzt
vertragen oder so
ich wüßte nicht wozu
doch es ist seltsam
du bist mir nah
du bist mir näher als die meisten anderen
aus dieser Zeit

«WIR WAREN KÖNIGE, UND DA WIR KRONEN TRUGEN, WURDEN WIR AUCH ALS SOLCHE ERKANNT.»

Richard Obermayr, geboren am 22.8.1970 in Ried i. Innkreis. Nachwuchsstipendium des Bundes 1995 und Talentförderungsprämie des Landes Oberösterreich. Mitglied der Grazer Autorenversammlung. Veröffentlichungen in Zeitschriften. Lebt in Schlatt und Wien.

GAVE MY COCK A

Meinecke: Ja, also was mich interessieren würde, ist der Unterschied zwischen der Behandlung von so was wie Camp-Thematiken im Zusammenhang mit Andy Warhol's Factory, The Velvet Underground, Lou Reed und so weiter und heutigem Vorkommen derselben Phänomene sozusagen in in den House-Häusern von New York und äh bis zur Hitparade, die Geschlechtsrollen-Pop-äh-Anschlußfähigkeit sozusagen in in äh ähm, jetzt fällt mir das richtige Wort nicht ein, ja, im Bruch sozusagen mit dem, was klassisch natürlich äh die Identitäts-Rolle sozusagen, die geschlechtliche ist, also von Candy Darling bis zu RuPaul sozusagen, was sich da verändert hat. Wieso hat Lou Reed aufgehört, davon zu singen, in dem Moment, wo es sozusagen politisch interessant wurde, und sich sogenannten echten politischen Themen zugewandt, wo der eigentliche politische Sprengstoff sozusagen jetzt in dem liegen könnte, worüber er bis, weiß ich nicht, 1978 gesungen hat, oder so. Das wär sozusagen ne Einstiegsmöglichkeit darein. Dann finde ich es auch interessant, wie man praktisch ähm so zu diesem ganzen Komplex äh Cross Dresser sozusagen, oder wie sich das auch immer nennt, pop-mäßig verhalten kann. Also einmal, wie man eben sozusagen Candy Says machen kann als Lied, dann, wie man ähm, wie hieß der Film von Andy Warhol, Women in Revolt, glaube ich, drehen kann mit diesen Leuten, in einem sozusagen eigentlich auch antifeministischen Sinne, und dann natürlich das, was es heute alles gibt, der ganze Modekrempel wie äh männliche Feministen ähm, bis hin zu dem, das mir manchmal inzwischen so vorkommt, daß man äh Frauen sieht, die man als Female Impersonators wahrnimmt, ja? Daß man sozusagen –, daß gewisse, gewisse Dinge sozusagen an an Frauendarstellung ganz und gar äh in Männerhand liegen, und wenn ne Frau sozusagen tatsächlich so auftritt, der blanken Lächerlichkeit praktisch preisgegeben wird. Während es bei den Männern sozusagen politischen Sprengstoff hat, und so weiter. Finde ich sozusagen eigentlich ein im Moment total interessantes Thema. **Palzer:** Die Entfernung zwischen Camp damals und dem Konstruktivismus sozusagen heute, wo der Unterschied liegt, sozusagen. Ja, das – **Meinecke:** Ja, eben, wollte ich gerade sagen, weil heute, heute kommt ja das Wort Camp auch nicht mehr vor. Das, glaube ich, hat leicht äh äh, nen leichten anrüchigen Beigeschmack, ich kenn mich da nicht gut genug aus, aber im Sinne von Nicht-so-Meinen, oder nur Acting-Up sozusagen im Sinne von –. Obwohl Act-Up natürlich wiederum genau der Name für sozusagen politischen Aktivismus auch geworden ist. **Palzer:** Ja. Ja, das, auch – **Meinecke:** Statt Dress-, Dress-Up, sozusagen, nä? Ist schwierig. Ich hab's erst mal nur als Frage, sozusagen. Mich interessiert's einfach. **Palzer:** Ja, das, und ich ich find auch den Zusammenhang, äh daß auf der einen Seite eben ähm ganz großer Wert drauf gelegt wird auf, daß alles konstruiert ist, und und man sich nicht mehr auf Geschlecht, Rasse und Blut berufen kann, äh gleichzeitig, sozusagen, das so p.c.-mäßig daherkommt, was eigentlich das –, nicht das Gegenteil von von konstruiert ist, aber, daß das wiederum seltsamerweise auf auf fast, auf ne Wahrhaftigkeit, die fast authentisch ist, sozusagen, in so nem ganz merkwürdigen Geist – da da ist sozusagen äh kein, kein Flickerl-Fleckerlteppich erlaubt, sondern es muß eigentlich so äh durchgängig ähm konsistent sein. Und eben nicht äh sozusagen das Frauenbein plus die Männerbrust äh und der Hahnenkamm. Das geht dann äh merkwürdigerweise nicht. Also, p.c. vertritt gerade ganz vehement konstruktivistisches Gedankengut, und aber da kippt es so merkwürdig um in so ne un-campe äh Wahrhaftigkeits-Suppe. **Meinecke:** Ja, vielleicht ist da Lou Reed ähm dann doch ein Prototyp genau dieser Haltung gewesen, sozusagen, weil er nämlich von dem andern kommend, ja, ähm plötzlich ans ans moralische Saubermachen gegangen ist. This Is The Age Of Video Violence-mäßig, ja? Wie sein Lied, ähm –. Ich weiß nicht, ich weiß nicht, ab wann sagt man denn sozusagen Gute Nacht zu Lou Reed? Wahrscheinlich ab – **Palzer:** Goodnight Ladies. **Meinecke:** Ich denke mal, sozusagen ab der Phase, wo er in seine eigene Posthistorizität eintrat, wo er sozusagen wieder gute Platten gemacht hat, konnte man ihn abschreiben. Ab dem Moment, wo er, in Anführungsstrichen, wieder gute Platten gemacht hat, also ab New Y-, ab The Blue Mask, glaube ich. **Palzer:** Ja, wollte ich gerade sagen. Growing Up In Public – **Meinecke:** Die schlechtesten Platten, die er überhaupt je gemacht hat, waren wahrscheinlich die letzten guten, die er noch gemacht hat. Nämlich, ich meine jetzt Growing Up In Public oder so, der ganze Kram. Gut war auch Take No Prisoners, hatte noch genau das, was jetzt sozusagen diskutiert werden kann. **Palzer:** Ja, I do Lou Reed better than anybody, als er das

singt, weißt du? **Meinecke:** Ja, ja. **Palzer:** Da war er noch – aber da ging's – **Meinecke:** Das war die Ankündigung dessen, daß er sozusagen irgendwann diese New York-Platte herausbringen würde. **Palzer:** Ja. Die ist wirklich ziemlich gräßlich. **Meinecke:** Ja. **Palzer:** Ja, ich weiß auch nicht, ob der, sozusagen, ob er, ob der, weißt du, was du vorher gesagt hast, ob Camp damals sozusagen so gefeiert worden ist als Exotismus, und man deswegen sozusagen campy war, weil es sozusagen exotisch war unter all den äh Hippies und äh politischen Frank Zappa-äh-Zeug, und es deswegen so nen Reiz hatte, campy zu sein, und und nachdem äh der Overkill kam von Interview, Warhol, Mode in den Achtzigern ähm, dann sozusagen eigentlich aus nem Camp-Verständnis raus sozusagen Lou Reed echt geworden ist, in Anführungszeichen, sozusagen ernsthafte Konstantin Wecker-Platten gemacht hat, aber eigentlich der Urgrund noch Camp ist, oder ob er wirklich ähm sozusagen so'n Vorreiter war von p.c., und seine Wurzeln, oder wo er angefangen hat, das verlassen hat. Das weiß ich auch nicht, aber ich glaube schon, daß daß Lou Reed eben so wirklich, ist ja auch bei Songs For Drella, so schreckliche Redneck-Parolen da vom Stapel läßt. Obwohl ich das manchmal als eben als Nachmittag eines Fauns-mäßig oder als Radikaler Subjektivismus dann schon genießen kann, wenn er sagt, die hätte ich jetzt umgebracht, äh, wenn die Andy umbringt. **Meinecke:** Vielleicht ist es ganz schlapp so, daß er sozusagen mit der Brechung der großen ersten Decadence-Welle in Andy Warhol's Interview und auch Post-Andy Warhol's Interview und dem ganzen Scheiß, den es dann gab, New Romantics und so weiter, einfach keine Lust mehr dazu hatte. Das wäre ihm sozusagen auch nicht übel zu nehmen. Aber ich meine, wie oft ist denn sozusagen diese diese diese Nummer durchgespielt worden? Also, im ersten Mal quasi im wirklichen Camp der wahrscheinlich schon fünfziger Jahre, so im Truman Capote-Nebel sozusagen, dann im Sechziger-Jahre-Velvet Underground sozusagen, im Siebziger-Jahre-Bowie Camp, Eno, Wayne County. Es hat ja sowieso unglaublich lange gedauert, und ich will auch mal gerne wissen, ab dem –, ab welchem Moment man sozusagen ähm von äh, sage ich jetzt mal, Candy Darling, oder oder Wayne County oder so, ab welchem Moment man sozusagen wirklich, ohne Pop zu denken, von diesen Leuten als Sie oder so geredet hat, ja? Weil es, sozusagen, schon in Andy Warhol's A oder so ist es natürlich alles nur Sie, nä? Auch, die konnten auch nen Schnurrbart haben, äh oder Ondine oder wie sie alle hießen, waren sozusagen alle weiblich. Aber ab irgendeinem Moment nimmt man das sozusagen auch ähm als, in Anführungsstrichen, normal. Und das ist ein interessanter Punkt, sozusagen, wo man dann quasi praktisch Frauen als äh Female Impersonators empfinden kann, ja? Und irgendwie von irgend jemandem äh ganz problemlos als Sie reden kann. Heutzutage. So weit ist die Kultur, sozusagen. Da hat sich schon was entwickelt, finde ich, bewußtseinsmäßig. Und irgendwann muß es noch mal ne reine ähm Pose gewesen sein, nä? Und wo hat sich das sozusagen umgeschaltet, so im im, weißt du, in Pop-Artikeln, das würde mich mal interessieren, in Gegenständen, in rezipierbaren Veräußerungen. **Palzer:** Irgendwie, glaube ich, ist noch mal ein Unterschied zwischen zwischen dem Camp-Gedanken, und dann ist es, glaube ich, ein bißchen, glaube ich, hat es wirklich zu tun mit der Technik ähm, ich sag jetzt mal, mit dem Computer, der sozusagen, dadurch, daß du alles anklicken und zusammenbasteln kannst, äh tut das so, als sei das Camp. Und das –, dann wird Camp sozusagen zum Mainstream und zur eigentlichen Kultur. Das ist aber gar kein Camp mehr, auch wenn die Bildoberfläche sozusagen so aussieht äh wie 1960 das tatsächlich Camp war. Aber jetzt äh kann man das sozusagen einfach nur technisch herstellen, machen auch alle, ist –, und denken, das sei Camp, ist aber gar kein Camp. Es ist tatsächlich dann so merkwürdig ähm – **Meinecke:** Nee, es ist sicher kein Camp mehr, aber man muß auch wieder trennen. Einmal von sozusagen der sogenannten Machbarkeit, der technischen sozusagen, ob jetzt am Computer, oder von mir aus auch auf der –, auf dem OP-Tisch, wo du jemandem den Schwanz abschneidest, sozusagen, es bleibt ja sozusagen immer ne Konstruktion. Du bleibst ja sozusagen –, auch irgendein Geschlechtsumwandelter ist ja nicht sozusagen geschlechtsumgewandelt. Und ähm es ist praktisch ne Konsensleistung einer Gesellschaft, sich auf so Dinge zu einigen, irgendwie. Nur, der Witz ist natürlich der, ähm, daß das ja irgendwie das immer ineinander so komisch übergreift. Einmal Pop, und einmal auch Pathologisches, sozusagen, daß du tatsächlich –. Es gibt ja sozusagen einfach nur ähm äh unglückliche Fälle, was weiß ich, psychologische Dinger sozusagen, die unter irgendw-, sexuellen Dingen leiden, kann ja auch sein, daß du sozusagen nur nen Ständer kriegst, wenn du äh nen Bierdeckel siehst, ja, ähm bis zu der Ebene, auf der das sozusagen immer schon, von Baudelaire angefangen, oder vorher schon, von mir aus, über gerade die Symbolisten sozusagen, bis zu äh Warhol, The Velvet Underground und so weiter, nen ästhetischen, sozusagen die ästhetische äh revolutionäre -tionäre Komponente, die politische sozusagen, von, in Anführungsstrichen, sexueller Perversion, äh? Du hast sozusagen das immer so als fließendes Feld, wo die einen einfach nur als arme Säue mit der Kunstgeschichte sozusagen mitemanzipiert werden, als als Abfallprodukt aus der Weltraumforschung sozusagen, weißt du, was ich meine? Denn das muß man immer trennen. Beziehungsweise, kann man vielleicht auch nicht trennen. Und das, meine ich, ist sozusagen interessant. Was war für Lou Reed 1966 der ästhetische, revolutionäre Gehalt von, in Anführungsstrichen, sexueller Perversion, von mir aus Sacher-Masoch und, was weiß ich, ähm, oder Genet, oder der ganze Krempel, ähm, was ist sozusagen der Sprengstoff des äh – **Palzer:** Ich glaube, weil er so Satellite-, Satellite Of Love-mäßig tatsächlich, das sprachfähig gemacht hat und und äh sozusagen den imaginären Raum erobert hat dadurch, und praktisch die die Gefühls-äh-spannweite weiter gemacht hat, indem er sozusagen über diese Lieder äh ähm vermitt- vermittelt hat, wie man, wie es sich anfühlt sozusagen, ähm ein Transi zu sein. Aber eben auf so ner Pop-Ebene, wie man ein Liebeslied hört, obwohl man überhaupt gar keinen Liebeskummer hat, aber total ein Liebeskummer-Lied genießen kann, ähm als Blues, weißt du, obwohl man gar – den Blues nicht hat, sozusagen, und und dieses, ich glaub, diese Sprachfähigkeit machen. Was bestimmt auch damit zu tun hat, was du vorher erzählt hast, weißt du, mit den Mädchen, die sozusagen vielmehr im Imaginären leben und über Sprache agieren als sozusagen der sich auf Geschlecht, Rasse und Blut berufende Mann ähm, der sich sozusagen so echt fühlt, ähm, diese Spr-, dieses Sprachfähig-Machen, dieser Vorstoß in in –, diese Verschiebung der Grenzen zwischen Wirklichkeit und und Imagination, und dieses Ausloten, daß man sich so vorstellen kann, äh, es ist jetzt supergeil, wenn ich vor dem Spiegel steh und mir den Schwanz durch die Beine ziehe, so wie in Schweigen der Lämmer, weißt du, und man ist dann so, äh, man projiziert sich in so nen eigenen Raum und findet das wahnsinnig geil, ähm –. Das anzusprechen, das ist, glaube ich, der Unterschied zwischen so jemandem, der wirklich darunter leidet und das gar nicht verspr- versprachlichen kann, daß er sozusagen nen Ständer kriegt, wenn er nen Bierdeckel sieht, äh, weil, gleichzeitig ist ja sozusagen Geilheit sozusagen so was, was einen sprachunfähig macht. Da steht man nur noch da und hat einen Ständer. Ähm, genau. **Meinecke:** Trotzdem wird der, der einen Bierdeckel sieht und einen Ständer kriegt, mitgeschleift im Schatten des Fortschritts, der sich nicht formuliert durch ähm medizinische Technik, die endet immer äh sozusagen in der Euthanasie, wenn du so willst, sondern die sich über Schallplatten, die Hitparade sozusagen entwickelt, wird der mit dem Bierdeckel sozusagen mitgerettet, aus Versehen. **Palzer:** Ja. **Meinecke:** Wie die Teflon-Pfanne von der Apollo-Fähre runtergefallen ist. **Palzer:** Ja. Ja, es ist eigentlich Science-Fiction, sozusagen. Du siehst das, und die Eroberung dieser Gebiete, glaube ich, äh, ist sozusagen literarisch interessant, und einfach die Überlegung, mal sehen, wie es sich anfühlt, wenn man ein Igel ist. Und der Igel kann gar nichts dafür. Aber der wird sozusagen dadurch mitgerettet. Während die Wissenschaft eben überhaupt nichts sprachfähig macht, sondern nur ganz plump, eben genau wie du sagst, in der Euthanasie landet, weil sie einfach was wegschneidet oder dazupappt, und gar nicht kapiert, daß es sozusagen natürlich hier kognitiv äh ist. Und es spielt einfach wirklich gar keine Rolle, äh, welche Werkzeuge man hat, äh, weil du machst ja die Werkzeuge. Also, du siehst ja sozusagen wirklich auch im Aquarium, daß der Rochen, der –, wenn er da leben will, dann lebt er auch dort, dann ist er eben ganz flach. Oder das Seepferdchen, weißt du, das ist ja nun aber –, sozusagen Voll-Transi, weißt du? Das ist ja Wahnsinn, wie das Ding aussieht. Und das ist sozusagen, das ist der Gegenbeweis zur Medizintechnik, weißt du, die so denkt, wie eben Silikonbrüste. Oder, das schneide ich jetzt weg, und da mache ich nen Schwanz dran, und dann, fertig ist –, fertig ist das Fertig-House. **Meinecke:** Insofern ist das aber ein total interessanter, äh sehr verzwirbelter Vorgang, der einerseits, zum Beispiel, gerade das Emanzipative dieser ganzen Bewegung, das Politische quasi, einerseits denen, die quasi ähm ganz äh Be-

troffene sind, ja, der mit dem Bierdeckel, von mir aus, bis zu denen, die äh –, die damit was Politisches formulieren –, ähm bin ich mir nicht sicher, ob sich da nicht sozusagen sich gegenseitig eigentlich ausschließende äh Strömungen zu einem Thema zusammengeschlossen haben, quasi, ja? Zum Beispiel der ganze Komplex des äh, dessen, daß, zum Beispiel, was weiß ich, Transsexuelle oder so, die Legalisierung ihres Status haben wollen und als echte Frauen gelten wollen, äh, postoperativ, daß das sozusagen im selben Kontext steht, im selben Diskurs wie, zum Beispiel, das Aufhebenwollen von klassisch kodierten, auf Identität äh zielenden Geschlechtsrollen, verstehst du? Das ist sozusagen ein absoluter Widerspruch. Du hilfst einmal dem dem bierdeckelmäßig aus Versehen, beziehungsweise nicht aus Versehen, sondern freiwillig, aber als Nebeneffekt Mittransportierten, Mitemanzipierten, emanzipierst die eventuell in ne Richtung hin wie, zum Beispiel, die eben gerade wieder auf Nation äh, Geschlecht, Blut sozusagen geht: ich bin trotz Silikonbrüsten ne echte Frau, steht hier in meinem Paß, auf der anderen Seite aber genau, daß diese Leute äh –, auf der anderen Seite diese Leute quasi ähm als Anschauungsmaterial dafür nehmen zu wollen, daß das äh nicht nötig gewesen wäre, verstehst du? Das ist –, find ich, einen Widerspruch, nen ganz interessanten, der im Moment quasi durch so ähm –, durch das vermehrte Vorkommen von jetzt, sag ich mal so, ähm vielleicht posthistorisch oder oder oder historisch, noch mal Aufführen von Camp, RuPaul-mäßig, Disco, äh High Energy-mäßig verhouste äh – **Palzer:** Verhouseschweinung. **Meinecke:** Nee, nicht Ver- hausschweinung. Genau, daß dadurch ähm verschiedene, weißt du, was ich meine, verschiedene Aspekte, die eigentlich auseinanderdriften, eines thematischen Komplexes, der an solch-, als solcher ziemlich hip im Moment ist, äh transportiert werden. Ich find das sozusagen Super-Widersprüche und deswegen auch sehr interessant, aber ähm, es ist eigentlich nur so ne Art Nebelfeld. **Palzer:** Ich glaube, daß sich das auch das berührt, daß das, was du sagst, das berührt, was ich vorher meinte, dieser merkwürdige, diese merkwürdige Synchronizität vom Auftreten einmal des Konstruktivismus und einmal des p.c. Das irgendwie immer sozusagen ein Gedankengang ist, so wie man, wenn man bei den Grünen ist, sozusagen gegen Atomkraft oder für Abtreibung. Ist sozusagen eine Planierraupe, wo man immer drei Gedanken mitdenkt. Beim Konstruktivismus hängt immer mit auch p.c., sozusagen. Das ist, glaube ich, das, was du –, irgendwo trifft sich das mit diesem Widerspruch zwischen dem Transvestiten, der erst sozusagen dafür kämpft, daß er sagt, natürlich gibt's gar keine Grenzen, ich bin auch ein Mensch, die Grenzen sind fließend, um, nachdem er äh den Personalausweis hat, sagt, sagen zu können, ich bin ne echte Frau, die Grenzen wieder zu reinstallieren, nachdem er sie sozusagen endlich äh überschreiten konnte, sozusagen. Das ist wirklich ein – **Meinecke:** Das sind die Helden für sozusagen ähm für Konstruktivisten, aber sie sind selbst keine Konstruktivisten. Die gehen sozusagen durchs Feuer für die Wissenschaft. Aber das ist total witzig, ich hab gerade vor ein paar Tagen ne CD gekriegt eben von diesem Festival in Amerika, jährlich, Wigstock, nä? Wo sozusagen die ganze Cross Dresser, Gay –, also da ist es sehr stark mit Gay-Subkultur verflochten, ähm, es ist ja irgendwie ein unglaublich populäres Thema, sozusagen. Mich würde interessieren, was ist sozusagen der politische Knackpunkt dabei? Was ist sozusagen die Falle, ja? Was kann dabei passieren? Was ist eigentlich sozusagen die Absicht der Herrschenden dahinter, das zuzulassen? Und was ist die Absicht derer, die glauben, sich damit emanzipieren zu können, daß es zugelassen wird und im Battery Park, Manhattan, jedes Jahr stattfinden darf, und sogar die Bürgermeisterin oder der Bürgermeister, ich weiß es nicht, interessanterweise, dort sprechen darf? Haben wir's sozusagen wirklich mit ner Art Mainstream zu tun? Ist da was geleistet worden? Äh, worauf hin bewegt sich das zu? Und inwiefern hat es zu tun mit der Debatte, mit der Mode-Debatte auch um Identität und eben Identitäts-ähm-pulverung? Dient es sozusagen der äh Pulverisierung von Identität, oder schreibt es eigentlich Identitäten fest? So, daß du dann eben plötzlich sagen kannst: diese Frau ist ein Mann, und –, weißt du? Oder: diese Frau ist äh –, oder noch, noch ne Kurve weiter, daß du sagst: diese Frau ist eine Frau. Weil sie sozusagen äh reingestöckelt kommt wie sonst nur ein Transvestit, kannst du plötzlich deswegen dann ne Frau als Frau sozusagen klassifizieren. Ist das ähm –, ich finde, daß es eben das tatsächlich jetzt schon gibt. Wenn du in der U-Bahn sitzt oder so, da ist bei mir ein Umdenken gewesen, daß bestimmte Rollen, bestimmtes Acten, das gehört sozusagen nur Damen-Imitatoren. Wenn ne Frau tatsächlich so daherkommt, kann man ihr fast absprechen das Weibliche, obwohl das Weibliche sozusagen genau von diesen Damen-Imitatoren thema- thematisiert wird. Und damit wird es aber irgendwie losgelöst von Weiblichkeit und auch vielleicht praktisch ähm entsorgt, im Sinne von Sondermüll. Weißt du? **Palzer:** Ich weiß genau, was du meinst. **Meinecke:** Und das finde ich interessant, das gefällt mir irgendwie, ja? **Palzer:** Ja, aber ich glaub nicht, daß daß damit was geleistet wird, sondern im Gegenteil. Ähm der der Punkt, glaube ich, ist sozusagen, daß Pop –, Pop, glaube ich, sagt irgendwie: äh, es kommt nicht drauf an, was du wahrnimmst, sondern, was du dabei empfindest. Deswegen hat Pop sozusagen immer nicht über Inhalte gesprochen, sondern über die Wahrnehmung von Inhalten. Und – **Meinecke:** Damit auch über Inhalte. **Palzer:** Ja. Und ähm, was wollt ich jetzt sagen? **Meinecke:** Entschuldigung. **Palzer:** Und das ist sozusagen was –, im Grunde genommen ist es ja Camp, nä? Die Wahrnehmung von Inhalten sozusagen zu thematisieren. **Meinecke:** Camp ist aber auch Müllabfuhr. **Palzer:** Ja. **Meinecke:** Ist Entsorgung. **Palzer:** Ja. Aber die Kehrseite – **Meinecke:** Das ist sozusagen Totengräber der Kultur. **Palzer:** Die Kehrseite von dem Konstruktivismus, finde ich eben, die Hälft-, da berührt sich das irgendwo, weiß ich selber nicht genau, wo, mit diesem p.c.-Gedanken. Dann ist es nämlich, für mich, wieder ein Rückfall in in so'n Denken, ich sag jetzt mal ganz schlapp, in ein abstraktes Denken, was alles für machbar hält und dabei vergißt, daß es den Geruch eines Turnschuhs eben nicht

in seine Sprache bringt. Und da hat ja genau Pop angesetzt. Das hat sozusagen gut gedacht, aber gleichzeitig auch den Geruch eines eines Turnschuhs mitvermitteln können. Was beim abstrakten Denken einfach ausgeschlossen ist. Und bei p.c. ist genau sozusagen das Ähnliche, daß das Gefühl äh, wie man sich fühlt, wie man sich empfindet –. Und äh die Empfindung ist sozusagen der Zugang zum Gegenstand. Nicht die Gegenstände, die man sieht, nicht die –, der Computer, der den Bildschirm vollscheißt mit fünfzigtausend Icons, sondern, wie du das Ding empfindest, öffnet es dir sozusagen –, hast du Zugang dazu. Und der –, das ist eben so der, der Typ, der die Frau imitiert, ähm, glaub ich, vergißt sozusagen, also bei dem Beispiel, das du sagst, ein bißchen dabei, daß ne Frau, die so reinkommt wie ne Frau, was was nicht mehr legitim ist, sie auch die Frau nur empfindet, also das nur spielt, das natürlich nicht echt ist. Also das – **Meinecke:** Ja, was heißt schon nicht echt? Ich meine, das ist einer einer der Grundgedanken, und das ist so banal, daß es –, man es nicht sagen muß, aber alles, was die Frau anhat und so, ist natürlich von Männern ausgedacht, sowieso schon mal. **Palzer:** Ja. **Meinecke:** Da ist sozusagen –, der erste Transvestit ist sozusagen schon mal der – **Palzer:** Die Frau selbst. **Meinecke:** Ja, die Frau selbst, aber die hat die Klamotten an, die ihr Mann, der sozusagen der eigentliche Transvestit ist, für sie gekauft hat, verstehst du? **Palzer:** Ja. **Meinecke:** Insofern ist das sowieso eigentlich fast –, vielleicht verpulverisiert sich das momentan dermaßen, daß man sich später mal irgendwie gar nicht mehr vorstellen können wird, wieso das ein Problem gewesen sein kann, weißt du? Das sind dann eben fünfzehn verschiedene Geschlechter. **Palzer:** Es war nur deswegen – **Meinecke:** Es wird immer katalo-, es kommen immer die Euthanasie-Typen irgendwann, und sagen, es gibt fünfzehn verschiedene Geschlechter, und du verstößt dagegen, weil du ein sechzehntes äh hier darstellst, auf der Bühne, heute abend. **Palzer:** Es ist, glaub ich, nur, hundertprozentig, ein Thema geworden, äh sozusagen, weil dazwischen, zwischen den fünfziger Jahren, wo das sehr wohl gewußt worden ist, daß es ein Ritual ist, und ein Spiel, und so weiter –, deswegen mag –, zumindest von jetzt aus gesehen, weißt du? Mit dem Messer zur Wand, oder diese Filme, weißt du, wenn du dich daran erinnern kannst, Mit dem Rücken zur Wand, oder so ähnlich – **Meinecke:** Mit dem Messer zur Wand? Ich weiß nicht, nee. **Palzer:** Weil, da war das, glaube ich noch klar. Und dann kamen so –, kamen so Leute wie Bornemann, der sich ja eben zu Recht auch im richtigen Zeitpunkt umgebracht hat quasi, ähm, der gesagt hat, der BH äh ist ein repressives Herrschaftsinstrument, weißt du? Okay, und nur daher kam das sozusagen, daß daß daß du jetzt sozusagen wieder –, daß die Frau das so trägt wie sie es immer get- getragen hat, nämlich als äh Transi-Wäsche. Weil, sie weiß irgendwie, weil das die Spielregeln sind äh des Spiels, das die beiden Geschlechter spielen, eben. Die Frau gibt ja ihrerseits sozusagen dem Mann die Wäsche. Äh, nur weil das zwischendrin –, ich glaub, mit Foucault sozusagen, der dann irgendwann mal –, das war ja –, deswegen reden ja alle immer noch so stark von Foucault, der einfach nur

gesagt hat, ein BH ist nicht repressiv. Das war ja die große Leistung von von Foucault. Weißt du? Äh, gegenüber Bornemann. **Meinecke:** Den er hoffentlich gar nicht gekannt haben wird. **Palzer:** Aber das genau ist, glaub ich, wirklich interessant. Daß sich das, äh, kann ich mir auch gut vorstellen, pulverisieren wird, und – **Meinecke:** Und der witzige Effekt der ist, daß das, was sonst die Frau zum irgendwie auch natürlich, okay, ähm –. Wenn Foucault erkannt hat, daß der BH kein repressives Instrument ist, war er es sozusagen, rein gesellschaftlich, für viele Frauen doch. Und und dadurch, daß jetzt ähm Leute wie Courtney Love sagen, ich ziehe aber einen BH an, weil meine Mutter das mir verboten hat, und RuPaul sozusagen auch einen anhat, und die alten, äh die Mutter von Courtney Love immer noch keinen anhat, ähm, hab ich lei-, ich hab leider den Faden verloren, worauf ich rauswollte, scheiße. Ähm. Nein, daß praktisch –, ich wollte sagen, äh, dadurch, daß jetzt dieses, was was Frauen sozusagen zu zerbrechlichen, willenlosen äh nicht sturmsicheren Geschöpfen machte, vom Stöckelschuh bis zum Korsett sozusagen, woraus sie sich ja immer schon mal sozusagen befreit hatten und dann wieder zurückbegeben hatten –, ich komm einfach nicht weiter. Ich hab's vergessen, was ich sagen wollte. **Palzer:** Um noch mal drauf anzuschließen, glaub ich, nur weil weil der BH als repressiv äh durchleuchtet oder entlarvt worden ist sozusagen, hat die Frau angefangen –, ist sie verunsichert worden, hat gedacht ähm, hat sie vergessen, daß das ein Spiel ist. Und deswegen ist sie auf die Frage gekommen: äh, was bin ich überhaupt als Frau? Und dann damit mitsuggeriert ist sozusagen, es gibt so was wie ne Frau. Und daher kam sozusagen, glaub ich, dieses ganze –, in gewisser Weise war der Anfang der Emanzipation ja ultraschrecklich äh, weil der, weil der dachte, es gibt Frauen und Männer. Äh, weißt du? Und zwar nicht als als Fummel, sondern eben echt und und nach nach diesem Durchlauf hat die Frau dann wieder, sozusagen Camp-mäßig, sozusagen den BH, weißt du, den Super-Bra, oder wie das Ding da heißt, ähm anziehen können. Nachdem sie gemerkt hat irgendwie, das ist einfach – **Meinecke:** Ja, als Transi-Fummel, wie du sagst, sozusagen, Courtney Love oder Madonna sozusagen treten ja als Transvestiten auf, sozusagen. Wobei die Silbe Trans nicht stimmt, aber eben als Female Impersonators. **Palzer:** Ja. Ja, spielt eben –. Frauen spielen Frauen. **Meinecke:** Ja. Aber Männer spielen eben auch Frauen, das ist das Interessante. Das scheint das Interessanteste überhaupt zu sein, sozusagen die Frau. Was kannst du darstellen an ner an an an an an sozusagen dem männlichen Modell? Das ist das Interessante, du kannst –, es taugt sozusagen nicht für Camp. Das ist der durchgehende rote Faden von äh Peladan bis äh –, weißt du? **Palzer:** Hmhm. **Meinecke:** Bis zu den House-Häusern. Das taugt irgendwie nicht. Das ist das Interessante. **Palzer:** Ja, es taugt nicht, äh, genau, es taugt nicht. Warum eigentlich nicht? **Meinecke:** Das frag ich mich auch. Es taugt höchstens im Ernst Jüngerschen Sinne, und das ist überhaupt nicht denkbar ohne Weiblichkeit, sozusagen. Das ist überhaupt –, nur vor dem Hintergrund des äh BHs kann sozusagen Ernst Jünger

sein –, äh seine Geschütze äh sozusagen erigieren lassen. Verstehst du, was ich meine? **Palzer:** Ja. Ja, wahrscheinlich ist – **Meinecke:** Das ist sozusagen in seiner Lächerlichkeit heroisch, äh heroisches Scheitern. **Palzer:** Ja. **Meinecke:** Syberberg, der ganze Kram, das ist Fummelkram, weißt du? **Palzer:** Ja. Wahrscheinlich –, es geht wirklich, glaub ich, nur als Replik auf die Frau. Äh, wahrscheinlich ist der Mann, sozusagen, äh –, der kann ja nur reagieren. Der kann immer nur nen Steifen kriegen auf was. Das heißt, die Frau muß immer erst, in gewisser Weise ist das interessant, das Spiel vorgeben, also entweder als Frau daherkommen also, oder als Brikett, oder was auch immer. Und und dann kann der Mann reagieren, also er ist sozusagen, äh, wenn du so willst, insofern äh, taugt er nicht äh für –, insofern ist der Mann immer dasselbe, nämlich immer ähm Erektion, immer Anspannung. Äh, aber er ist natürlich nie –, nicht festgelegt, auf was er anspannt, auf was er da den Kolben, da den Hahn zieht, sondern, je nach äh, je nach kulturellem, was weiß ich, Diskurs und so weiter äh, kriegt er mal beim Plattenspieler einen hoch und mal, weißt du, was weiß ich, beim, keine Ahnung, bei anderen Sachen. Das ist das Interessanteste. Der Großtöner, sozusagen der kulturelle Großtöner in in Wahrheit äh das reagierende Moment ist. Der sozusagen je nach dem, was die Frau jetzt gerade zu –, zum Fummel erklärt, der Mann immer sagt: boah –, weißt du, ist das scharf. **Meinecke:** Ja, aber inwiefern wird sich das ändern, wenn jetzt äh praktisch ähm Identität nur insofern äh formuliert wird, als sie frei verfügbar ist? Daß sozusagen sich –, die eine Frau kommt als Frau daher, die andere Frau kommt als Mann daher, daher, der Mann kommt als Frau daher, und so weiter. Sind das sozusagen noch dann Identitäten, die sozusagen politisch repressiv einsetzbar sind wie bisher, im Sinne von Nation ins Feld, im wahrsten Sinne des Wortes, geführt werden konnten, oder ist es damit quasi hinfällig geworden und zu einem Gesellschaftsspiel, das sozusagen natürlich dann auch nach dem Pub Rock, nach dem machistischen, wieder schreien wird? Und dann, natürlich, kommt die Eiszeit wieder neu. Aber, für für ne gewisse Zeit ähm verspricht uns das was, wird das sozusagen äh –, ist die Welt besser geworden. Wahrscheinlich ist sie schon für einen Sommer jetzt mal besser, daraufhin. Als als als Abfall-Teflon-Pfanne des Gender-Diskurses, sozusagen, der in die äh New Yorker House-Häuser sozusagen vorgedrungen ist. **Palzer:** Ja. Glaube ich auch, in gewisser Weise ist es besser geworden, aber ich glaube, es ist so besser geworden, wie der amerikanische Supermarkt immer besser ist als der deutsche, weil es mehr Auswahl gibt. Du hast mehr Auswahl. Du kannst äh nach viel mehr Sachen –, du bist viel freier in den Sachen, wonach du dir einen runterholen willst. Im Grunde genommen ist das, glaube ich, noch so ein bißchen Ausdruck äh von dann doch wieder Bornemann, sozusagen: Äh, Fühl-doch-wie-du-fühlst-Sagen: wenn du auf das und das stehst, dann steh dazu, sozusagen. Äh, also die Auswahl wird größer, und du wirst schon freier. Äh, aber ich, irgendwie, glaub ich, merkt man schon äh auch gleichzeitig, sozusagen, den Schatten, oder die Eiszeit, von der

du sprichst, die da danach kommt, also den Backlash, den das haben wird. Und das wird, glaub ich –, und dann weiß ich gar nicht genau, ob damit jetzt wirklich was gewonnen ist. Weil, ich glaub, der Backlash sozusagen, so so schrecklich das klingt, das wird aber, hab ich immer eher das Gefühl, das wird eher fürchterlich werden – **Meinecke:** Jaja. **Palzer:** Nä? Das ist komisch, weil es so dieses italienische, oder dieses Mink de Ville-mäßige –, Goldzahnklimper, daß es einen –, auf der einen Seite sozusagen viel machohafter ist, auf der anderen Seite vielmehr Trash, immer schon gewesen, äh viel mehr Klimbim und Glasperlen und Kaugummiautomatenringe und – **Meinecke:** Katholisch, wieder mal, quasi, ja. Da war es immer schon klar. **Palzer:** Ja. **Meinecke:** Das war genau wie die wie die sozusagen äh ähm so so Gay-Kompatibilität von äh Rockabilly auch schon, und so. **Palzer:** Hmhm hmhm. **Meinecke:** Weißt du, so ne gewisse – das gab es ja immer als Latenz bei Tennessee Williams, sozusagen, und immer schon, von mir aus, eben wirklich Peladen, weißt du? **Palzer:** Aha. **Meinecke:** Aber jetzt die die die Explizitheit, die sich sozusagen einmal zugespitzt hat in so nem Diskurs in den letzten Jahren, der wirklich darauf hinausging, daß ähm du eben nach deiner Geschlechtsumwandlung sozusagen gesetzlich wieder festschreiben darfst, daß du nie ein Mann gewesen wärst, keiner hat ein Recht darauf sozusagen, das irgendwie äh noch äh äh zum Ausdruck zu bringen. Und auf der anderen Seite den Fortschrittlichsten sozusagen im im äh –, auf der Bühne des Geschehens, in den House-Häusern, sage ich jetzt wieder mal, das piepegal ist. **Palzer:** Ja. **Meinecke:** Du sagst zwar sie zu ihnen, mit kleinem s, aber das ist sozusagen gar nicht gemeint. Das find ich das Gute. Das ist von daher natürlich wieder wie bei Ondine, und wie sie alle hießen, in Andy Warhol's äh Factory, aber eine Schraubendrehung weiter, eine Schraubendrehung äh näher an der Macht, sozusagen. **Palzer:** Ja. **Meinecke:** Aber wahrscheinlich nur durch die tatsächliche Machtlosigkeit in dieser Schönheit äh denkbar. Im Baudelaireschen Sinne, äh in den Houses of Dingsbums, äh, in Nordmanhattan, äh, die sozusagen tun wie kleine Empires, mit Königinnen. Queen ist ja nicht umsonst sozusagen der Schlüsselbegriff für für für diese Rolle. Ähm, in der tatsächlichen Machtlosigkeit sozusagen, in ner parlamentarischen, wie heißt es, ähm Monarchie. Wie heißt es, konstit-, nee, wie heißt das Ding, wie heißt es in England? Äh, ähm. **Palzer:** Konstitutio-, konstitutionelle Monarchie heißt das, glaube ich, oder? **Meinecke:** Na, jedenfalls Königshaus mit Parlament. Und im House of Lords wird immer nur ähm äh äh Damenimitation gebracht. Sozusagen. Die Kriege finden doch noch statt, es ist sozusagen in der Ohnmacht äh erst richtig äh schön, wahrscheinlich. Und trotzdem hat es was bewegt. Ich kann es nicht besser fassen. **Palzer:** Im Grunde, das ist, glaub ich, ist es schon besser, weil die Spielregeln erweitert werden. **Meinecke:** Symbolische Nacht nur. **Palzer:** Ja, das ist ne symbolische, also wirklich nur Fummel –, auch die Macht zum Fummel gemacht wird. Der andere –, die Kehrseite davon ist, weiß ich auch nicht, aber das ist sozusagen äh meine Befürchtung, äh, daß es so, mei, dieses

Sp-, das ist so wie mit mit nem, was weiß ich, wie mit nem Kind, wenn es spielt, äh wenn es, wenn es Feuerwehr spielt, wird sich lieber die Zunge abbeißen, bevor es seinen Armeesoldaten aus der anderen Spielzeugkiste holt. Weil, es hält sich ganz streng an die Regeln seines Feuerwehrspiels, aber ist sich gleichzeitig immer bewußt, daß es es Spiel ist. Trotzdem ist es voll drin und bricht die Regeln nie. Das ist genau, sozusagen, äh wunderbar. Also äh, es weiß, daß es konstruiert ist, und gleichzeitig äh –, es weiß beides parallel. Ähm, und jetzt werden die Spielregeln, äh sind äh geschlachtet worden, weil weil vereinzelnde Gruppen, die bei dem Spiel vordergr- oder real zu kurz gekommen sind –, werden die Spielregeln erweitert. Aber, ob sich –, das dann in Wahrheit nicht ne Engführung ist, wo am Schluß sozusagen noch viel äh viel äh, jetzt hab ich –, am Schluß sozusagen was rauskommt, was sich nicht mehr dessen bewußt ist, daß es ein Spiel ist, sondern, daß eben wirklich –, wo dann wirklich der Soldat und alle Spielzeugkisten zusammengeschmissen sind, aber keiner sich mehr äh beim Spiel daran erinnert, daß es ein Spiel ist. Äh beim Spiel sich keiner mehr sich dessen bewußt ist, daß es ein Spiel ist. Daß es immer noch mehr Spielzeugkisten gibt. Das weiß ich nicht, sozusagen, ob das –. Das ist irgendwie so komisch ambivalent. **Meinecke:** Nja. Ich glaub, eher nicht. Ich glaub eher, das ist ja fast umgekehrt. Weil, erst kam der Schritt derer, die sozusagen gesagt haben, ähm ähm, was weiß ich, die irgendwie –, der klassische Ausspruch: ich bin im falschen Körper geboren, und jetzt hab ich meinen richtigen Körper, weil ich den

Schwanz abgeschnitten hab. Und danach eigentlich erst die vielmehr mit Ambivalenzen umgehen könnende Welle derer, die sozusagen sagt: ich hab nen Schnurrbart und äh nen Busen, oder irgendwas. Ja? Ähm, ich glaube, im Moment ist es so, daß es so ist, daß das Schlimmere sozusagen vor zehn Jahren war, und jetzt eigentlich ne Art von äh –. Also erst mal wurde das demokratisch durchgesetzt, sozusagen, was gar nicht durchsetzbar ist, eigentlich. Weil es ne auf auf relativen Verabredungen beruhende Abmachung, gesellschaftliche, kannste auch Spiel nennen, ist. Und ich glaube, dessen ist man sich im Moment ziemlich bewußt. Und das ist das eigentlich Interessante an der momentanen Ästhetik in der Popkultur, weißt du, was in den achtziger Jahren Leute wie Madonna und so schon dauernd formuliert haben. **Palzer:** Ja, aber das finde ich eben genau diese Kluft, weißt du, zwischen Pop und Camp auf der einen Seite und Konstruktivismus auf der anderen Seite, weil der – Pop und Camp hat immer darauf aufmerksam gemacht, durch die ähm nicht Inhalte, sondern die Wahrnehmung der Inhalte, hat immer wieder gesagt: das ist ein Spiel. Das war sozusagen so ne Art äh äh Gewissen der Gesellschaft, wenn du so willst. Aber der Konstruktivismus –, angefangen hat das mit der Argumentation, daß jemand gekommen ist und gesagt hat: du spielst ja nicht Feuerwehr, sondern du bist, du tust, du bist die Feuerwehr. Das stimmt gar nicht. Aber das Kind spielt natürlich so echt Feuerwehr, daß es sich lieber ganz Ernst Jünger-mäßig erschießen läßt, als daß es sagen würde: ich weiß, daß ich nur Feuerwehr spiele. Und und

dieser sozusagen eigentlich falsche –, diese demago-, diese Demagogie ist der Urgrund sozusagen, wie das alles angefangen hat. Und deswegen habe ich so mein –, deswegen bin ich so skeptisch, irgendwie, deswegen glaub ich, daß es nen Unterschied gibt zwischen Camp und Konstruktivismus, und neige mehr dem Camp zu. Weil, der Konstruktivismus, finde ich, hat mit nem, mit nem verlogenen Gedanken angefangen, um zu seinen Rechten zu kommen. Äh, weißt du, ich weiß nicht, es stimmt zwar, was du sagst, daß die momentane Situation –, so gut war es –, so bewußt äh war das noch nie, sozusagen, ich weiß eben nicht, was morgen ist, sozusagen, weil es dann so, glaub ich, so –. Auf jeden Fall ist das irgendwie so mein Gefühl. **Meinecke:** Du meinst, der Konstruktivismus könnte so was hervorbringen wie die sogenannten französischen Neuen Philosophen, sozusagen. Da sind sozusagen Glucksmänner und ähnliche äh Deserteure oder oder oder oder Überläufer drin ähm sozusagen versteckt, die plötzlich losschlagen. **Palzer:** Genau, die auf einmal sagen, die auf einmal den Einsatz der Atombombe fordern, weißt du, oder wie der Lévy, oder wie der Henri Lévy, oder wie der heißt, sagt, sagt: natürlich müssen wir jetzt nach Jugoslawien einmarschieren, oder –, keine Ahnung. **Meinecke:** Ja, oder Matthes & Seitz-mäßig sozusagen Stahlgewitter entfesseln, äh, vergessen habend, daß sie sozusagen ja eigentlich die Bücher all dessen vorher mal herausgebracht hatten, die die dem jetzt völlig widersprechen, was was was eingeläutet wird. **Palzer:** Hmhm. Genau. **Meinecke:** Das kann passieren, ja. **Palzer:** Und das, find ich, merkt man eben, ganz schlapp, an so Diskussionen wie zwischen, ich sag jetzt mal: Günther Jacob und –. Daß auf einmal was verboten werden soll, und dann, äh, also der der Gedanke ist so so banal irgendwie, aber es wurde ja von denen, selbst von den Brachialbands, die gedacht haben, sie singen deutsch, haben sie natürlich nie deutsch gesungen. Sie haben äh –, also gut, das ist jetzt was anderes, aber das finde ich trotzdem ganz wichtig, daß selbst die ganzen rechten Bands, rechten rechten Bands, auch wenn sie es gedacht haben –, nee, die haben Popdeutsch gesungen. Weißt du, sie haben, die haben das selber –, eben, selber sozusagen, die Phantasieuniformen –, es ist klar, daß es immer ne Phantasieuniform ist. **Meinecke:** Ja, ich meine, das ist ja das Problem. Ähm, äh, Hermann Göring hatte nur Phantasieuniformen an. Der war vierundzwanzig Stunden lang im Fummel. Das ist die andere Gefahr, verstehst du, daß sozusagen aus dem Fummel auch noch ein Stahlgewitter ausbrechen kann. **Palzer:** Ja. Das ist ja auch, genau, das ist nicht verhinderbar, aber – **Meinecke:** Worin natürlich wiederum wahrscheinlich die ambivalente äh äh äh äh Faszination für Leute wie, jetzt sag ich mal, den frühen Lou Reed an dieser Thematik lag. Das war natürlich auch immer der bestrapste SS Officer. **Palzer:** Hmhm. Genau. **Meinecke:** Und, inwiefern ist man da jetzt weiter, weißt du, als äh als Helmut Berger in Viscontis äh Spielfilm? **Palzer:** Ja. **Meinecke:** Das ist für mich immer noch –, man ist weiter, das ist ganz klar, wir sind weiter. **Palzer:** Das weiß ich nicht. Ich glaube, da neig ich wirklich dazu, daß Helmut äh, da ist mir Helmut Berger im

Visconti-Film sympathischer, weil, ich glaub – **Meinecke:** Als wer? **Palzer:** Als äh äh Queen, die in Strapsen und SS-Uniform auf ihrem Plattencover sind. Das ist ein schlechtes Beispiel – **Meinecke:** Ja, natürlich, Queen, darauf kannst du dich mit jedem, mit jeder Queen einigen, wahrscheinlich. **Palzer:** Als –. Ja, weil, eben weil weil ich denke –, Günther Jacob würde sagen, äh, weil er, weil er sagt, Göring, das war auch nur ne Phantasieuniform, deswegen verbietet er auch die Boa-Feder. Und daß du –, das ist aber so schlapp, daß du natürlich vom Hammer bis zu was weiß ich alles zweifach benu-, benennen und benutzen kannst. Ähm, das kann nie –, deswegen, deswegen ist ja überhaupt Pop und Camp entstanden. **Meinecke:** Ja. Ja, aber es ist irgendein Fortschritt dafür –, es ist ein Fortschritt eingetreten, der in die Richtung geht, um es mal mit nem anderen Spruch zu belegen, daß heute sozusagen ähm ein Mann äh sagen kann, er ist ne Lesbe, sozusagen. Das ist ein Denkvorgang, der, glaube ich, früher nicht möglich war. Davor wären sozusagen ein paar Gesetzes-äh-äh-eingaben gewesen, um irgendwas durchzusetzen, was im Sinne deines Konstruktivismus-Feuerwehr-Beispiels in die Irre gegangen wäre. **Palzer:** Hmhm. **Meinecke:** Irgendwie ist es –, nenn es einfach äh ein größeres Terrain, auf dem dasselbe ausgefochten wird. Nenn es, von mir aus, nicht mehr den den Hammer mit zwei Seiten, sondern die neunschwänzige Katze, sozusagen. Es ist irgendwo vielseitiger. **Palzer:** Da bin auch mit dir –, da stimm ich mit dir überein. Momentan ist die Situation so äh, so mhm –. So viel Spielmöglichkeiten, so viel Vereinbarungsmöglichkeiten und auch gegenseitige Akzeptanz, Akzeptanz der Vereinbarung, gab es noch nie, glaube ich. Ähm, äh. **Meinecke:** Schade, daß jemand wie Lou Reed davon praktisch überhaupt nichts mitkriegen wird. Vielleicht auch gut so. Aber ich meine nur. **Palzer:** Ja.

Thomas Meinecke, geboren 1955 in Hamburg. Ab 1977 München. Studium. 1978–86 Zeitschrift «Mode & Verzweiflung». Seit 1980 Band «F.S.K.» (Platten in FRG, UK, USA). Texte für Rundfunk, Zeitschriften, Anthologien. Hörspiele, Filme. Seit 1985 Radio-DJ (Bayern 2). 1986 «Mit der Kirche ums Dorf», Suhrkamp. 1988 «Holz», K&W. Seit 1994 in Berg/Eurasburg. 1996 «The Church Of John F. Kennedy», Suhrkamp.

Thomas Palzer, geboren 1956, Studium Philosophie und Neuere deutsche Literatur in München und Wien. Hörfunk- und Fernsehautor. 1978–86 «Mode & Verzweiflung». Lebt in München. Veröffentlichungen: «Hosenträger. Nachrichten aus der Welt von Gestern». Greiz 1994: Verlag Weisser Stein; «Pony. Geschichte». Augsburg 1994: Bommas Verlag; «Secret Service. Kleine Ekstasen». Greiz 1995: Verlag Weisser Stein. Im Frühjahr 1996 erscheint in der Beck'-schen Reihe «Ab hier FKK erlaubt – Die neue Straßenverkehrsordnung» sowie, bei Trikont, die CD «Nachmittag eines Fauns».

Refresh *Refresh* Daemon *Daemon*

Refresh *Daemon*

Georg M. Oswald, 1963 in München geboren, ist Jurist. Sein erstes Buch, der Erzählungsband «Das Loch», erschien 1995 im Albrecht Knaus Verlag. Zur Zeit schreibt er an einem Roman.

Der Standort des Spielers ist bestimmt durch die Faust. – Sehr treffend finde ich diesen Satz aus der deutschen Anleitung, sehr poetisch auch, wenngleich ich nicht verstehe, wer mit «Spieler» gemeint sein soll. Ich bin ein *bad-ass space marine*, nichts anderes. Und am allerwenigsten ein Spieler. Ich habe Waffen und ich habe *cheat codes*, aber ich spiele nicht, ich komme durch.

Ich meine, die Sache ist die: In *The Shores of Hell* zum Beispiel komme ich im *ultra-violence*-Modus in ein Territorium, das *Deimos Anomaly* genannt wird. Es handelt sich um eine Kommandozentrale auf dem Mars, menschenleer, aber bevölkert von Besessenen, die zu bekämpfen mein einziger Auftrag ist.

Seitdem sich die Feuilletonisten meiner angenommen haben, heißt es, meine Aufgabe bestehe darin, «mit allerlei Schießgewehren... die Angreifer malerisch hinzuschlachten». «Allerlei Schießgewehre», schreiben sie. Der Räuber Hotzenplotz hatte «allerlei Schießgewehre», nicht ich.

Ich habe zuallererst einen *cheat code*, mit dem ich mir sämtliche verfügbaren Waffen, die *mega armor* und alle drei *key cards* verschaffe.

Very happy ammo added heißt das nur zu wahr. Für den Nahkampf habe ich eine Kettensäge, die ich selten benutze, fürs Grobe eine *superchaingun*, die ich über die Maßen schätze, und natürlich meine *plasma gun*, welche die gleiche Munition benötigt wie meine *BFG 9000*. Mit der *BFG 9000* bringst du mit nur einem Schuß einen ganzen Raumschiffhangar, bis oben hin voll mit Besessenen, zum Schweigen. Und du mußt noch nicht einmal genau zielen. Wenn du abdrückst, stehst du im nächsten Moment vor einem gleißenden grünen Leuchten. Einen Augenblick später ist es wieder weg, und wo sie vorher brüllten und sabberten in ihrer Vorfreude, dich bald zerreißen zu können, herrscht jetzt Frieden. Die *BFG 9000* ist cool.

Also nichts mit «allerlei Schießgewehren».

– Und auch nichts mit «malerisch hinschlachten». Jeder darf dreimal raten, warum der *ultra violence*-Modus *ultra violence*-Modus heißt. Du mußt sauber und rationell vorgehen, wenn du hier eine Chance haben willst. Für «Malerisches» ist keine Zeit. In *Deimos Anomaly* zum Beispiel komme ich zuerst durch einen relativ gut geschützten Gang, in dem die Besessenen nur von vorne angreifen können. Hier wähle ich am liebsten die *shotgun*, den Klassiker. Wenn du mit ihr vertraut bist, gehört sie zu den wirkungsvollsten Waffen überhaupt. Aber du mußt ruhig sein, während du schießt, kaltblütig. Wenn du genau zielst, kannst du beinahe jeden Gegner mit einem einzigen Schuß erledigen. Die *shotgun* ist cool. Ich komme aus diesem Gang heraus, und von rechts greift die erste Horde Besessener an, es sind sechs oder sieben Stück. Wenn sie noch weit genug weg sind, ungefähr fünfzig Meter oder so, treffen sie dich kaum, also bleibst du auf der Stelle stehen und knipst einen nach dem anderen aus. Wenn sie hinüber sind, nimmst du ihnen die Munition ab. Sie ist gut für die *superchaingun*, und das inspiriert mich, und ich schalte sie auf. Ich liebe die *superchaingun*, obwohl ihr Aussehen und ihr sound besser sind als ihre Durchschlagskraft, die Munition ist zu kleinkalibrig.

Wenn du sechs oder sieben Besessene erledigt hast, hast du erst mal für ein paar Sekunden Ruhe.

Ich kenne die Wege in *Deimos Anomaly* gut. Es gibt eine Karte davon, die ich besitze, ich kenne alle Gänge und Flure, Hallen und Räume. Und doch weiß ich über die meisten Gegenstände darin überhaupt

Jeder darf dreimal raten, warum der *ultra violence*-Modus *ultra violence*-Modus heißt.

❶   2   3   ④   5   6   7   8   ⑨   0

Und was tun all die Computer, für wen arbeiten sie?

nichts. Gut: daß du nicht in Säurebecken hineinsteigen solltest, wird dir beim ersten Mal klar, wenn du total verätzt und mit letzter Kraft wieder herauskommst. Aber woraus sind diese roten Quader, zwischen denen ich nicht stehen kann, ohne meine ganze Kraft zu verlieren? Wozu dient das rote Dreieck am Boden aus dem gleichen Material? Und was tun all die Computer, für wen arbeiten sie? Arbeiten sie überhaupt? Und für wen kämpfe ich?

– Das ist egal, sage ich mir, denn ich habe einen einzigen Auftrag zu erfüllen – die Besessenen zu töten.

Doch warum heißt *Deimos Anomaly Deimos Anomaly*? Gibt es einen *Deimos*? Ist er vielleicht dieses Monstrum mit dem Stierschädel, das grüne Blitze schleudert? Ich lege diesen Typen jedesmal um, wenn ich ihn sehe, das ist klar, obwohl er selbst meiner *BFG 9000* Mühe macht. Aber wer ist der Kerl? Ist er *Deimos*?

– Mein Gott, ich weiß es nicht. Und es ist auch nicht meine Aufgabe, das zu wissen, denn mein einziger Auftrag lautet unmißverständlich: Töte alle Besessenen!

In *Deimos Anomaly* gibt es eine Stelle, die ich besonders liebe. Es ist diese Plattform, auf der, völlig wehrlos, ungefähr zwanzig riesige menschenfleischfarbene Monster brüllend vor Wut hin und her jagen. Wenn ich unter sie geriete, dauerte es keine Sekunde und sie hätten mich zerfetzt.

Ich nehme die *Panzerfaust*. Die *Panzerfaust* ist gut, aber gefährlich. Du mußt frei stehen, wenn du sie verwendest, sonst fliegst du selbst in die Luft. Die *Panzerfaust* hat den Vorteil, daß du hören kannst, wie die Fleischreste der Getroffenen auf den Boden klatschen. Doch, die *Panzerfaust* hat ihren ganz besonderen Reiz. Darum hebe ich mir die Plattform immer bis zuletzt auf, denn ich leiste gern ganze Arbeit.

Ich achte immer darauf, daß ich bei der Auswer-

tung am Ende eines Durchgangs *100 % Kills* habe. Ich
kann nicht verstehen, wie manche behaupten kön-
nen, die Auswertung am Ende sei ihnen gleichgültig.
Die Auswertung am Ende ist das Wichtigste. Ich
meine, warum lege ich mich krumm und halte den
Kopf hin, wenn mir am Ende die Auswertung egal ist?
Neinnein, ich achte auf die Auswertung, wenn ich
durch bin. Ich glaube an sie. Denn ich lebe für meine
Arbeit.

Kills 100 %

Items 50 %

Secret 0 %

①   2   3   4   ⑤   6   7   8   9   0

Wer mag die Filme von

Quentin Tarantino

Phantombild einer Kennerschaft

Daß Darstellungen fiktiver Gewalt nicht zur realen Nachahmung verleiten, wird oft von denen betont, die in nicht weniger fingierten Kommentaren politischer Magazine oder deren Werbeteilen die Fähigkeit zu unmittelbarer Manipulation verwirklicht sehen.

Daß Darstellungen fiktiver Gewalt nicht zur realen Nachahmung verleiten, rechnet als Annahme nicht einmal mit der Art Restrisiko, das nahe Industrieanlagen Geschädigte als wenigstens statistische Größe übergeht.

Daß Darstellungen fiktiver Gewalt nicht zur realen Nachahmung verleiten, stützt sich als Behauptung häufig auf das Ventilfunktions-Argument, nach welchem permanent gesteigerte Ventilation einem gleichzeitig entweder gestiegenen oder gesunkenen Druck begegnet sein müßte.

Daß Darstellungen fiktiver Gewalt nicht zur realen Nachahmung verleiten, ist zweifelhaft schon durch das Maß, in dem reale Gewalttaten zu gleich welchen Nachahmungen und diese zu weiteren Darstellungen verleiten.

Daß Darstellungen fiktiver Gewalt nicht zur realen Nachahmung verleiten, verfolgt als ausgesprochenes Vergleichsinstrument den Zweck, das Fiktive gedanklich intensiver zu realisieren.

Daß Darstellungen fiktiver Gewalt nicht zur realen Nachahmung verleiten, ist eine Entgegnung im Rahmen eines Disputs, der jene von allen möglichen anderen Wirkungen ablenken soll, die diese sonst an sich selbst entdecken könnten.

Daß Darstellungen fiktiver Gewalt nicht zur realen Nachahmung verleiten, ist eine Schätzung, die von ihrer eigenen Phantasielosigkeit auf den Einfallsreichtum anderer schließt.

Daß Darstellungen fiktiver Gewalt nicht zur realen Nachahmung verleiten, ist eine Aussage zur Verteidigung längst solcher, die mit der entgegengesetzten These vermarktet werden.

Daß Darstellungen fiktiver Gewalt nicht zur realen Nachahmung verleiten, ist das abschließende Ergebnis eines auf Hochtouren laufenden Feldversuchs.

Daß Darstellungen fiktiver Gewalt nicht zur realen Nachahmung verleiten, verstellt als feste Ansicht weniger den Blick auf die Realität als den auf eine eingetretene Entwicklung von Darstellungen.

Daß Darstellungen fiktiver Gewalt nicht zur realen Nachahmung verleiten, ist als Nebeneffekt nicht ausdrücklich erwünscht.

Daß Darstellungen fiktiver Gewalt nicht zur realen Nachahmung verleiten, ist von vornherein eine Feststellung der Sorte Textbaustein gewesen.

Aus «Reservoir Dogs» rausgegangen, als der eine Mann dem anderen zu in der Spielhandlung ausgesuchter Musik und tanzenderweise ein Ohr abgeschnitten und dann in das abgeschnittene Ohr etwas wie «Hallo, hallo» hineingesprochen hatte.

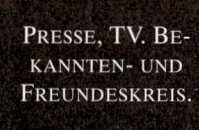

PRESSE, TV. BE-
KANNTEN- UND
FREUNDESKREIS.

Wieso.

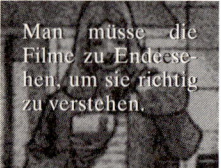

Man müsse die
Filme zu Ende se-
hen, um sie richtig
zu verstehen.

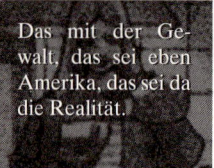

Das mit der Ge-
walt, das sei eben
Amerika, das sei da
die Realität.

Das mit der Gewalt,
das sei eben Ame-
rika, das sei da im-
mer in den Medien.

Das sei
außerdem
so überzogen,
daß.

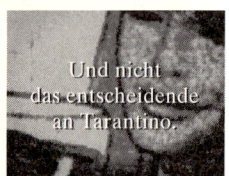

Und nicht
das entscheidende
an Tarantino.

Die Gewalt
sei überwiegend
nicht im Bild.

Aber die Szene, in
der sich die Gang-
ster über Madonna
unterhalten.

Die guten
Schauspieler.

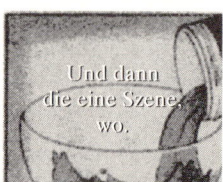

Und dann
die eine Szene,
wo.

Das sei.

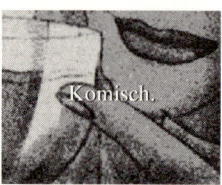

Komisch.

Rausgehen.

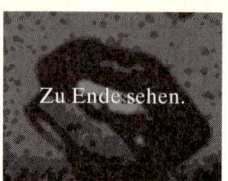

Zu Ende sehen.

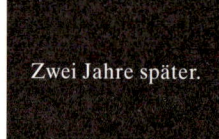

Zwei Jahre später.

Aus «Pulp Fiction» raus,
als John Travolta, der
sich vom Beifahrersitz
nach hinten gewandt
hatte, versehentlich ei-
nen dort sitzenden Jun-
gen erschoß, weil der
Wagen in der Spiel-
handlung über einen
Huppel fuhr.

Und aber die Szene,
in der sich die Gang-
ster über McDo-
nald's in Europa un-
terhalten.

Die eigenen Argumente
für die Qualität eines
Films. Davon die zwei,
drei wichtigsten. Die
Personen, die man aus
dem Fernsehen kennt
und haßt. Davon die
zwei, drei wichtigsten.
Die Vorstellung, letztere
gäben erstere zum be-
sten.

Phantombild einer Kennerschaft

Klerikale Machtfigur: Wer? Ich glaube, die gesuchte Person ist Gott.

Aha. So etwa? Brennender Busch?

Brennen kommt hin, mein ich. Aber mir war so nach ausdrucksstärker, und etwas menschlicher.

Okay. Menschlicher. Dann der Busch nur hier oben so und mit Dornen, und statt der brennenden Zweige richtige Holzbalken und da das ganze Menschliche drangenagelt?

Könnte. Jetzt wo Sie's sagen.

Dann ist die gesuchte Person also schon tot.

Nein nein, das kann ja nicht sein, die lebt im Himmel und blickt auf uns alle herab.

Nächster Zeuge!

Aristokratische Machtfigur: Ich. Die gesuchte Person bin ich.

Also Krone statt Dornen, und statt der Nägel der Kopf abgeschlagen?

Das kann er weglassen.

Nein, leider. Irgendwo muß hier jede Menge Blut fließen, und mehr als von nur einer Person übrigens, soviel steht mit Sicherheit fest. Nächster Zeuge.

Bürgerliche Machtfigur: Die gesuchte Person ist gar keine Person, sondern ein persönliches Vermögen.

Aha, also ein Haben und kein Sein.

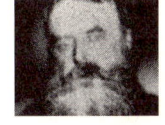

Genau so. Und das viele Blut, das fließt natürlich innen drin.

Raffiniert. Aber trägt das nicht arg auf?

Dafür hat man ja das Theater. Und die Damen vom Theater.

Ach so. Die gesuchte Person, ich meine, das gesuchte persönliche Vermögen, ist also ein paar Frauen?

Ja und nein. Sie verstehen.

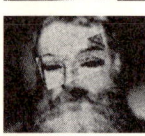

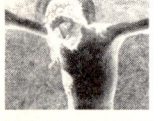

Aber Sie müssen mich bitte auch verstehen. Ich muß hier irgendein konkretes Bild, irgendein einzelnes oder Gemeinwesen, eine breite Masse, irgend etwas.

Müssen Sie.

(keuch) Das ist mein Auftrag.

Das Bild einer Masse, die dessen Teil ist wie gleichsam der einzelne deren, und zu dem zudem Sie als einzelner gedrungen sind, ist – ein Drang. Ein bildnerischer Drang. Sie empfinden das gar als einen Auftrag.

Ich halte jetzt fest: die gesuchte Person ist nicht, sondern hat, genauer gesagt vermöge eines Dranges, also hat auch nicht, sondern bedarf, nämlich des argen Gefühls eines Aufgetragenen, das zwar innen fließt, aber eben in der Masse, und um das zu tun, durch die einzelnen durch und dazu leider Gottes aus ihnen immer wieder heraus muß. Ist es das?

Warten Sie. Irgendwas fehlt.

Irgendwas fehlt. Ich warte.

Das Ohr! Die gesuchte Person hat, äh bedarf,

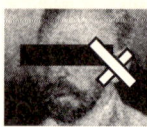

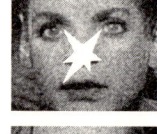

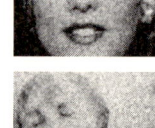

also müßte haben, ein Ohr. Und das andere müßte sie abgeschnitten haben. Das wär's doch. Und dann fließt's auch.

Nächster Zeuge!

Kleinbürgerliche Machtfigur: Die gesuchte Person ist, hat und bedarf nicht, sondern kennt und weiß.

Na so was. Und weiß sie denn auch, daß man sie nicht kennt, aber sucht?

Gesucht werden sagt ihr was. Da hat man noch was vor sich, und man weiß ja, daß die, die schon mal was vor sich hatten, doll was hinter sich haben, weswegen sie gesucht wurden. Aber auch, daß man nur was vor sich hat, solange man noch nicht gefunden ist. Weil, gefunden sagt ihr auch was.

Man könnte ihr nicht sagen, Du bist die gesuchte Person und geh da bei Gelegenheit mal vorbei?

Nicht ‹Du bist›, weil sie ja nur weiß, aber nicht ist.

Also weiß, daß man sie als gesuchte Person kennt, aber eben nicht persönlich. Worüber kann man denn sonst so mit ihr reden?

Ob oder daß man dieses oder jenes kennt oder weiß, ist doch klar.

Tarantino-Filme zum Beispiel? Nur mal so als Beispiel.

Sicher, warum nicht.

Ha! Dicht dran. Also oben auf alle Fälle eine Denkblase, oder meinetwegen Kenn- oder Wißblase, da schreib ich dann die ganzen Filmtitel rein, darunter dann, na, irgendein Gesicht eben, und, darf ich da drum rum ein paar Symbole der Zufriedenheit notieren?

Inwiefern?

Es muß sich nun mal irgendwie zeigen, daß die Person mag, was sie kennt und weiß, sonst kann sie nicht die gesuchte sein.

Ouh, nun ist alles verkehrt. Sein kann sie es wie gesagt sowieso nicht, und einfach so mögen kann sie nicht, weil das der Ausdruck eines Bedürfens wäre, an dessen Erfüllung sie nicht glaubt, weil sie dazu das Vermögen nicht hat, statt welchem sie aber immerhin weiß, wessen nicht sie, sondern andere bedürfen, nämlich nicht dessen, was sie kennt, beziehungsweise wenn, nur ohne es zu wissen.

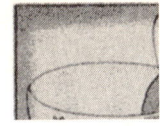
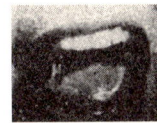

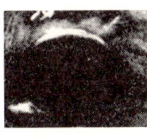
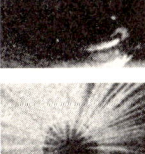

Seinsfrei. Ungewesen. Abstrakter Cineasmus.

Betriebsnudelei.

*Ausgelächter. Mobbing.

Und mögen, mögen, tja mögen. Eine Kann-Bestimmung. Gott, das trug man damals so.

Honi soit qui mal y pense.

Jahrelang auf Plakaten das Kleingedruckte gelesen und beim Abspann sitzen geblieben.

Und war gar nicht nötig, ist am Ende alles schon aus sich heraus gerade gut. Extra lange rummögen, viel zu kennich, aber nicht weißich genug.

So ungefähr.

Die Gewißheit, daß da etwas etwas Schlechtem nur zum Verwechseln ähnlich sähe und in Wirklichkeit ‹aber› sei, ist die gegenwärtige Konjunktur der traditionellen Kulturverbraucherhoffnung, daß dieses gewisse Etwas die eigene Verfassung ausmache.

Nachdem, daß niemand mehr als ein anderer zähle, sich als unhaltbar erweist, da nicht alle sich einen Satz mit zwei Unbekannten merken können, wird er immer wieder dahingehend vereinfacht, daß niemand mehr zähle.

Felix Reidenbach, geboren 1960 in Hamburg. Illustrator. Schreibt und zeichnet seit 1990 die Comic-Serie «die niedlichen» in «Spex» und «Texte zur Kunst». Bruder von Nicola Reidenbach.

Nicola Reidenbach. Geboren 1957 in Hamburg. Texterin. Schwester von Felix Reidenbach.

Cholerik bei Anna

Enno Stahl, geb. 1962 in Duisburg-Rheinhausen, lebt in Berlin und Köln, Dichter, Performer, Lit.-Graffitist, Vis.Poet, Kritiker, Herausgeber, Organisator. – Mehrere Buchveröffentlichungen, zuletzt: «Trash Me!», Köln 1992, «Stete Geburten, Novelle», Wien 1994, sowie Prosaveröffentlichungen in Anthologien & Zeitschriften. Cassettenproduktionen, Kataloge/div. Performances & Ausstellungen

flego & Dorn möchten mal wieder gepflegt 1 saufen. D. h. besoffen sind sie an sich sehr, aber aufhören wolln noch lange nich. Also gehn sie in die Kneipe, die letzte, die in Kreuzberg noch aufhat. Bei Anna.

Issen Typ drin mit Bart & langen Haaren, will sagen: überall wo was wächst, da sprießt es. Sie sitzen an der Theke & tun, was zu tun ist.

Irgendwann wendet sich Flego in 1 Anfall freundlicher Redseligkeit an den Thekenmann & fragt: «Wo bist du eigentlich her? Araber? Du redest so?!» Er will das wissen, weil er Araber richtig gut findet, viele arabische Kumpel hatte. Der Typ jedoch bekommt das mächtig in den falschen Hals, schnappt nach Luft à la ertrinkend & beginnt rumzukrakeelen, das sei Rassismus & ne Unverschämtheit: er spreche wie 1 Deutscher & sei auch hier geboren & überhaupt «Bin ich Choleriker!! Wenn jemand sone Scheiße erzählt, geh ich hoch!!!» Daß das wahr ist, sieht man allenthalben. Zu allem Unglück mischt sich son üblicher Berliner Ich-steh-nachts-am-Tresen-&-schadronier-alle-Wände-tot-Kneipensack ein, «wiegelt ab» auf so gekonnte Weise, daß jedes Wort mindestens n ganzes Kännchen Öl auf des Wütigen Weißglut ist. Flego & Dorn kriegens allmählich unbehaglich – nicht dasses Prügel setzt. Flego kocht die Sache runter, so gut es geht. Doch gut gehts nicht, der andere is Choleriker. Aber echt. Alles Gerede bringt keinen weiter. Also lassen Dorn & Flego die Sache gehn, wie sie gehn soll, saufen das Bier & warten auf die Schlägerei, wenn sie denn kommt.

Randale aufm Flur

*i*n der Mitte des langen Schlauchs stehtn Typ mit irrem Blick & langen Filzhaaren, hält die blutige Linke hoch, geifert, scheucht die Menge vor sich her – übern Flur.

Alle sind in heller Aufregung, Frauen kreischen, Männern stockt der Atem – dabei denkend, sie müßten den eigentlich wegschlagen. Aber der Typ is voll Klatsche & man weiß ja nie.

In dieser Aura von Haß & Hysterie schubst n 1,50 m-gr. Knirpsfreund von dem Irren n potentiellen Eingreifer zu Boden & knallt ihm ganz überlegt, 1 grad auf die Nase. Blut & Ohnmacht.

Der Spinner hingegen bedroht an sich niemanden, schwingt nur so ne andere Art Wahlrede. Es strömen immer mehr Leute nach aus dem Discoraum, wolln zwar, aber traun sich nich, was zu tun. Dennoch kriegen sie den Irren zurückgedrängt, raus & die Tür fast zu – doch er & sein kl. Freund halten dagegen, ham jetzt auch n Messer inner Hand – «Hhhhhhhhhhh!!!!» wieder weicht alles in Panik zurück, blanke Angst. Manchmal wär es eben doch ganz gut – der klassische beknackte Türsteher – die hier ham nämlich keinen. Die Sache flaut trotzdem ab.

Doch noch ne halbe Stunde später, schon hinterm Zaun, schockt der Spinner an die 50 Leute – wohliges Frösteln als Party-Pausenfüller. Und er – will ihnen eh nur 1 erzählen. Was genau weisser selber nich & is ihm auch egal.

TEXTNO-MUSIK

1 Mr. Fuji's Barbiepuppen-Modeschau

Mittag machen: stiehlst den Leuten die Zeit & hängst ewig lang rum: DENN TAT DOCH ALLES & IMMER VERLOR GAR DIE FAMILIE ZERBRACH & Stille & Ausländer & Leute auf leisen Sohlen: «ärmellose, traubengroße, dunkelhaarige Menge» / *es schwer zu haben, etwas leiden:* nur Körner fressen, Yoghurts & Säfte / Mittag machen: stiehlst den Leuten die Zeit & hängst ewig lang rum: schändlich! & Stille & Ausländer & Leute auf leisen Sohlen: etwas bei «Mr. Fuji's Ärmellosen, Traubengroßen, Dunkelhaarigen»: kucken nach allen Seiten... Nummern dann! TRASH-TECHNO-SONGS! Haralds Barbiepuppen! jetteten in Privatflugzeugen ein... die ganze Welt stand (mit Milliarden) Kopf, spielte «Preis-Back!»: aber auch die 3. Welt... auf leisen Sohlen erst mal kucken nach allen Seiten... Hamburg, Hannover, Köln, Leipzig, München... lassen Natascha sich gerieren... braungelbe statt blauen Augen: *first class.* Nummer eins Qualität. Jede Brust perfekt passend. Wie peinlich. Bestimmt. Mittag machen: stiehlst den Leuten die Zeit & hängst ewig lang rum.

(aus: Kölner Illustrierte, MAX, Tatort-Krimi, eigenes Press-Info, Eigentexte)

2 Prostitution in deinem Kopf

Dabei ist der Loewe Calida ganz einfach zu bedienen (erzähl mir nicht, daß ich ihn hängen lasse) – in allzu rätselhaftem Sinne – im Zusammenhang mit Anthropologie: dabei ist der Loewe Calida ganz einfach zu bedienen: ein Schweizer & seine Frau: STANDARD KOMPAKT seine Frau in abgewandelter Form angeboten INTERNATIONAL «ich würd

❶ 2 3 4 5 ⑥ 7 8 9 ⓪

1500 zahlen!» & 0% für Michel: warum nich, wenner sich anstellt (erzähl mir nicht, daß ich ihn hängen lasse)... die andern fein ärgern, mehr is halt nich drin... das ist kein Rumreiten auf Geschlechterideologien: schlimmer! ist Störfaktor! mehr als nur die Hose bloßlegen (dabei ist der Loewe Calida ganz einfach zu bedienen) – 1 klares & cooles Abziehprogramm, schließlich zahl ich ja...

(aus: Werbung, MAX, Postdienst-Service-Info, Derrida, Geschlecht [Heidegger], Eigentexte)

3 Die DDR befindet sich in Brandenburg

Rrrrriesige Militärbarackennnn: eine Herkulesarbeit, deren Klasse man noch sieht. Am Kasernenzaun Werbung. «Heute: Drama des Kremls... Offizier weinte bei Amputation!» Dann faszinieren: Bühnenwand im «Kulturpalast», Eingang der Kantine – tritt 3-dimensional als Kugel auf: eine Herkulesarbeit, man trifft dort die eigene (deutsche) Vergangenheit & Jack Slater, Hollywoods Weltmenschen. Nun: Eintrittskarte zur Amputation fest in Händen – am Eingang die Kantine aus Glas & Spiegeln. Es läuft die Sputnikhitparade. Zu Beginn: Training. Fingerkuppen & Handgelenke. Dann der rote Blitz: 9.10, 9.35, 10.05. Man trifft auf die eigene (deutsche) Vergangenheit. Slater, der Danny in Hollywoods Tagebuchseiten: nimmt vor – Entbeinung 1 Figur mit Hilfe gegebener Größen, eine Herkulesarbeit, diese Minute die beste Zeit, ist das «Drama des Kremls... Offizier weinte bei Amputation!» – toll. Jetzt die doppelte Ration. Will was erreichen! Nicht klebenkleben im Nichts! Der Unterwelt zugehörig. *Rrrrriesige Militärbarackennnn.* Slater hackt – die doppelte Ration – haut, fährt dazwischen! 1 Opfer stöhnt. Es ist das Land: jetzt zweigeteilt...

(aus: Express, MAX, Zeitmagazin, Jeans-Werbung, Presse-Info 1 Galerie, Duden-Fremdwörterbuch, Eigentexte)

1 2 3 4 5 ⑥ 7 8 9 0

Erwachte. Wurde licht. In den Taschen: mein ganzer / Klein-
kram. Der Live-Act / gerät / zum TEXT. In der Disco / feuert /
der 7. Oktober / für Concha. IBIZA TOWER da gehts nur um
den FICK! DEN HIRNFICK! DEN BAUCHHÖHLENFICK! DEN
ZIRBELDRÜSENFICK! Einweihung / in den Status / 1 Er-
wachten... unheimliche magnetische Anziehung... drasti-
sche Veränderung... BOOM BOOM BOOMBOOM in der Disco:
feuert – der 7. Oktober! gerät immer mehr / zum Live Act!
feuert für Concha: gehts nur um den FICK! gehts nur um den
HIRNFICK! in den Taschen: mein ganzer / Kleinkram IBIZA
TOWER / seit der 20. Amalgam-Füllung – kann das Wunder
geschehen. Zurückziehung auf Antwortschein – kann das
Wunder geschehen. ERWACHEN! LICHT! Status 1 Erwach-
ten... Anziehung: magnetisch. Veränderung: drastisch! in
der Disco: feuert: der Live-ACT!. Geben. Empfangen. Über-
quellender Liebe. Des Gehörorgans. BOOM BOOMBOOM seit
der 20. Amalgam-Füllung. Kann das Wunder geschehen:
gerät immer immer – zum Live-Act. Überquellender Liebe.
Gerät immer mehr – zum FICK! Zum HIRNFICK! BEINFICK!
ARMFICK! BAUCHFICK! RÜCKENFICK! FINGERFICK! ZE-
HENFICK! LEBERFICK! NIERENFICK! MAGENFICK! ZIR-
BELDRÜSENFICK! Zum FINGERFICK! ZEHENFICK! LEBER-
FICK! NIERENFICK! MAGENFICK! ZIRBELDRÜSENFICK!
Kann das Wunder geschehen...

(aus: Presse-Info, MAX, Crowley-Tarot, Stanislaw Lem, *Transfer*,
Post-Service-Info, Eigentexte)

DER ZERPLATZTE SOHN

Dachte Pocke an seine lächerliche Kindheit in Prag zurück, dann hatte er sofort die Worte seiner wolfsrachigen Prager Ziehmutter im geistigen Ohr: «Brotzeit, Pocke!» rief sie, ihren Arbeiter-und-Angestellten-Busen aus dem gewaltigen Fenster hängend, dem Buben Pocke zu. Sie rührte ihn so, daß er lachen mußte. Damals, als Pocke in Prag ein Kind war, verhielt er sich oft wie ein Kind. Er füllte Sozialversicherungsformulare aus und flog mit Lufthansa nach Bumsland. Er sah wie ein Adler, hatte aber eine Brille. Alles war so lächerlich. Seine Mutter und ihr lächerlicher Arbeiter-und-Angestellten-Busen; sie behauptete: Pocke, dein Vater wählte den Freitod! Dabei wußte Pocke genau, daß er während der Arbeit starb. Sein Vater war Dildo-Bauer. Ein durch und durch lächerlicher Beruf, aber er nährte Pockes lächerliche Sexualphantasien, die er in Bumsland verwirklichte.

Pocke war ein dünner Bub, er wog nur 14 Kalorien. Seine Mutter hatte eine lächerliche Krankheit. Sie war binnenkrank, ihr wurde schlecht an Land, sie konnte nur auf See leben. Das Dildo-Geschäft deflorierte, und Pocke trat in die Fußstapfen seines Vaters. Einmal im Schnee, nicht wirklich. Als er einmal eine Tasse Kaffee trank, explodierte sein Herz. Der Optiker konnte nichts mehr für ihn tun.

Und so sieht man heute, 20 Jahre später, Pockes Mutter noch immer ihren Arbeiter-und-Angestellten-Busen aus dem gewaltigen Fenster hängen und ihren zerplatzten Sohn rufen: «Brotzeit, Pocke!»

Christoph Grissemann & Dirk Stermann leben in Wien und moderieren gemeinsam auf FMM die Radiosendung «Salon Helga».

MASKE
DIE HENRY-MASKE-

Boxen ist wie Kotzen: schön und warm, und beides wird von Werner Schneyder kommentiert. Geboxt wird nur im Winter oder in Alaska, deshalb tragen die Boxer Handschuhe –

vielleicht schon mal gesehen. Boxer kämpfen in einem Ring. Sie können sich also vorstellen, wie klein diese Wesen sind. Meistens kämpfen Max Schmeling und Henry Maske gegeneinander, die beiden einzigen Boxer der Welt. Durch das ständige Schlagen auf den Dummkopf des anderen sind beide blöd geworden. Der Max und der Henry, auch schon so blöde Namen. Aber sie sind beide sehr populär. Privat können sie nur Fliegen was zuleide tun. Max Schmeling vergewaltigt seit Jahren ein und dieselbe Obstfliege, und Henry Maske mißhandelt seit Jahren den Talkmaster Jürgen Fliege. Beide scheuen die Öffentlichkeit und wollen nicht erkannt werden. «Was kann man da tun?» fragte Max Schmeling Henry Maske und fügte hinzu: «Unsere Gesichter sind zu prominent!»

«Da hilft nur eins», sagte Maske. «Maske kaufen!»

Doch der dummgedoofte Henry Maske war so doofgedummt, daß er sich im Maskengeschäft eine Henry-Maske-Maske kaufte, und wundert sich seitdem darüber, daß er als Henry Maske mit Henry-Maske-Maske immer noch als Henry Maske erkannt wird. Trotz Henry-Maske-Maske. Der Trottel der Nation...

Dämonen

Dagmar Gabler, 29 Jahre, Schauspielerin, Sekretärin, Studentin, Schriftstellerin,

Ich drehe mich um und sehe
Leichen mit Buchstaben unter den Nägeln
schwimmen in den Pfützen,
die Dämonen spiegeln, wenn sie können.
Gibt es nicht oder doch.
Einatmen.
Treffen sich zwei Realitäten.
Sagt die eine:
Weißt Du schon?
Sagt die andere:
Kenn ich schon.

Ob DM 20 oder 200
einatmen
der Teufel spuckt sie vor meine Füße
ausatmen
und sie fordern Aufheben
einatmen
weiße Galle loswerden
ausatmen
Pause
aufhören

Nicht willig
brauch ich Gewalt.
Wann krieg ich sie

lebt u.a. in Berlin. «Dämonen» und «W X Y Z» sind Auszüge aus dem Gedichtzyklus «Conceptos Claros sobre las mujeres».

W

SSSSSie
wwolln wwohl
vergewwaltigt wwerden!

XY

ungelöst

Z

Und Eduard Zimmermann
schaltet nach Zürich.

❶   2   3   4   ⑤   ⑥   7   8   9   0

KINNAGATN

Muck Giovanett, lebt in Hamburg. Mehrere Singles mit Fanzine-Beilagen oder Auszügen aus vorher veröffentlichten Fanzines, eine Kurzgeschichte mit Soundtrack und weitere Singles. Muck Giovanett fordert dazu auf, die «Dackelblut»-LP zu kaufen.

Eine Zeitlang arbeitete er im Kindergarten, mit Kindern zwischen drei und fünf Jahren. Freitags war Turnen angesetzt, da gingen sie alle in die gegenüberliegende Turnhalle. Als erstes machten sie immer ein paar Laufspiele, damit die kleinen Körper warm wurden. Dann bauten sie einige Geräte auf, hängten zum Beispiel eine Matte an vier Seile, oder benutzten die Ringe als Schaukel. Bälle, Hula-Hoop-Reifen und ähnliches waren auch immer dabei. Als sie wieder mal beim Turnen waren, hatte er eine neue Idee. Er legte eine Bank über zwei etwas höhere Kästen. Und damit nichts passieren konnte, schob er zwei große Weichmatten drunter. Das ergab eine riesige blaue Fläche. Das Ganze sah aus wie eine Brücke über Wasser. Er setzte sich auf einen der Kästen und beobachtete ein wenig das Geschehen. Charlotte, eines von den kleineren Kindern, kam angekrochen und versuchte, ihn spielerisch ins Bein zu beißen. Sie sagte, sie wäre ein Tiger. Er aber sagte, sie wäre ein Fisch, weil sie sich auf der großen blauen Fläche befand. Und er dachte dabei an einen Piranha. Piranhas bissen Leuten ins Bein. Instinktiv zuckte er weg. Doch der Fisch kam näher und näher und noch näher an seine baumelnden Beine heran. Irgendwie mußte es doch möglich sein, den Angriffen nicht nur immer wieder auszuweichen, sondern sie auch irgendwie zu beenden. Er blickte zur Seite. Neben ihm lag ein Holzkegel. In Gedanken griff er danach. Dünner Hals, dicker Bauch. Er lag gut in der Hand. Er zog ihn so lange nieder, bis sich nichts mehr rührte. Dann legte er ihn wieder beiseite. Jetzt fühlte er sich nicht mehr bedroht. Jetzt fühlte er sich wieder wohl. Befreit. Eine angenehme Ruhe trat in ihm ein. Das hektische Treiben auf der anderen Seite paßte so gar nicht zu der Stille in seinem Kopf. Er blickte durch den Raum. Er war allein auf seiner Seite. Langsam erhob er sich von dem Kasten, auf dem er saß, und ging mit ruhigen Schritten durch die Halle. Dabei machte er sich Gedanken über verschiedene Realitäten und in welcher er sich wohl gerade befand.

Ich sag euch...

...jeden fast jeden Tag bin ich mußte raus. Die Toten machen. Da sagt: Warum muß ich jeden Tag die Toten machen? sag ich. Sag das ihr an. Da bin ich nicht mehr aus dem Bett gegangen und hab die Toten nicht mehr gemacht.

Die haben denn zu mir gemeint: Wenn ich die Toten nicht mehr mache muß ich weg denn.

Dann is mir einer aus der Hand gefallen. Soviel im Wasser hat der gelegen, daß ich den nicht tragen konnte. Dann mußten zwei andere kommen die von der 5. Und denn haben wir den reingetragen. Denn mußten wir die Tür aufmachen. Denn hatten wir die Tür nicht aufgekriegt. Denn mußte ich den Hammer holen. Denn haben wir die Tür aufgekriegt. Denn haben wir die anderen mußten mitgehen. Da lagen schon andere Tote. Den haben wir auch hingelegt.

Denn mußte ich am nächsten Tag die Eimer holen. Da ist alles von dem Toten reingekommen bei ihm von seinem Bauch. Denn mußte ich den Sarg nehmen wo alles drin ist. Wo die Toten da, die Toten, die Sachen alle. Die Eimer mußte ich zu der Heizung. Da hat der Heizerich gesagt: Das is nichts nich für mich, Anna. Aber wenn ich diese Sachen nicht mehr mache, muß ich weg sag ich ihm an. Dann mußte ich auf der 5 und alle Frauen mußten dorthin. Da sind wir den Tag von über eingesperrt. Und manche liegen hin und haben Gürtel festgeschnallt. Da habe ich die Toten wieder gemacht. Mit der Lilli und der Christiane auch von der von uns. Und denn hab ich der Toten geschrieben an die Zeitung. Und die sind hierher und haben von alles was gesehen. Aber die Ärzte haben die weghaben wollen. Denn hab ich alles in die Zeitung gesagt.

Denn sind wir alle weggekommen. Nach hierher. Jetzt muß ich keine Toten mehr machen. Dies sagt

Norbert Bleisch, 1957 in Schwerin geb., bislang drei Romane veröffentlicht («Kontrollverlust», «Lord Müll» und «Viertes Deutschland»). Überdies beschäftigt mit Fotografie und Video.

der Arzt. Das ist alles ausgedacht von mir. Wirklich ist das nicht. Auch das sagt der: Ich bin nicht wirklich. Ich bin eine Puppe aus Lumpen. Aus Lumpen und drinne von Sägespäne und Lumpen. Und den Kopf von aus Holz. Denn hab ich alles Rudi gesagt. Der ist auch hier. Der ist denn zum Arzt. Die Toten mache ich nicht wieder hat Rudi gesagt. Und wenn, wenn. Deswegen wollen im Sommer. Er sagt im Sommer heiraten. Er ist schon ein Jahr im Stück hier. Das wird ein großes Fest geben wollen. Früher war das ja verboten zwecks heiraten. Das war ja im Strafgesetz nachdem. Aber der Pastor hat mich bestimmt. Manchmal sind hier auch Tote, da müssen denn die Pfleger. Tun alles weg. Ich weiß auch, ich hab gesehen wohin. Das ist dahinten ein Steinraum bei vor der Kapelle. Da liegen die Toten. Aber die sind nicht aufgemacht. Die sind direkt vom Bett dahin. Manche sind da auch und sind stinken. Ich hab das mal mit Rudi gewaschen und Rudi ist eklig geworden. Rudi sagt, wenn ich bald dreißig bin. Vielleicht ist das viel. Wenn wir vergeheiratet sind dort drüben ist unsere eigene Wohnung. Da sind viele kleine Häuser von für uns. Rudi sagt: Ich darf da nicht mehr hin. Wenn ich noch ganz jung war, ist meine beste Freundin gestorben. Ich hab die mir versteckt, aber überall ist die gesucht. Denn ist die gefunden bei mir und ich mußte weg von der Station und woanders hin und die Toten machen.

Manche Ärzte waren, die waren Frauen und haben mir was geschenkt. Schokolade und Bomboms. Denn sind meine Zähne ganz schlecht geworden. Die hier sind alle morsch, sagt der vom Zahnarzt. Die hier auch. Rudi sagt: Das ist nicht morsch, weil die Toten morsch sind. Neulich ist wieder einer von der 7 dahin. Rudi sagt: Der ist ganz alt war der. Aber ich hab den nicht gesehen. Wenn Rudi darüber in die Werkstatt ist, gehe ich zum Toten.

DIESEN TEXT HÄTTE ICH GERNE «AUTO-PORTRAIT» GENANNT, ICH HABE ES MIR ABER ANDERS ÜBERLEGT

man wird sich an mich gewöhnen müssen, daran führt kein weg vorbei. schon jetzt läuft einiges publikum an mir vorüber und nimmt nicht eben anstoß, wenn ich geräusche mache auf den augen, niemand ist verärgert, wenn dadurch der pflasterstein im kopf sich bewegt. denn man weiß, die härte meines tonfalls ist beträchtlich erschwindelt, um besser das gefühl wie einen dicken zeh mir in den mund zu stopfen und mit ihm auf fenster zu machen: ach, wie gut ich herumblicken kann in der welt, wie gut ich in ihr verlorengehen kann und doch dar-

übersteh.
seht mich mal an
zählt mich mal auf
anhand eurer au-
gen und ihr werdet
bemerken, wie da
alles geradewegs
auf euch zu-
kommt. eine wie
ich hat ganz ne-
benbei die schuhe
an in ihrem kopf,
die tut da nicht
lange spiegelei
drüberfahren las-
sen, bis sie sagt,
was sache ist, die
nennt die dinge
beim namen und
bleibt dabei.
nur nächtens, das
ist bekannt, bin
ich abserviert in
die arme eines

kathrin röggla, geb. 1971 in Salzburg, lebt derzeit in Berlin. viel auslandsauf- enthalt, vermischte studien, ein bißchen fernsehen. auch open- mike-preis 1993. im herbst 1995 erschien «niemand lacht rück- wärts» bei residenz.

❶ **2** **3** **4** **5** **❻** **7** **8** **❾** **0**

kleinen mannes, der dreht seinen blick immer richtung mund ab, wenn er mich sieht, dreht er meine augen zu bunten knöpfen, die nimmt er heraus und steckt sie in einen dieser wandkästen, die nicht vorübergehen. er wirft ihnen kußhände zu und vieles mehr, bis sie zu strahlen beginnen, in wirklichkeit können sie aber nur kratzen. so vergehen die nächte, die tage sind angehäuft mit betriebsschicksal:

zunächst kommt der morgen, den gibt es nur einmal am tag, meist merke ich anfangs davon nichts, aber dann kommt der morgen mit seinen telefonaten: immer diese menschen, die erst etwas sagen und dann doch nur rücksichtslos werden. es gibt bei mir nichts zu holen, was das geld betrifft, bin ich ausgebucht bis ins jahr 2000, hauche ich in den hörer hinein, danach fällt mein blick auf die straße, ich ziehe mich an, der tee ist getrunken, das erste buch gelesen, ich darf mich setzen. dann fällt mein blick auf die straße. binnen sekunden werde ich warmgelaufen sein, binnen sekunden wird ein gedicht entstanden sein, binnen sekunden werde ich vertrauen entwickelt haben zu dem rest der welt und mich an ihn heranmachen. so geht das bis zum abend, dann fällt mein blick auf die straße.

jedenfalls wird am ende immer alles zurückgespult als lesung, dabei erfolgt der schuß, den es notwendigerweise geben muß in jeder erzählung, so auch in dieser, ansonsten ist die zeit voll da und vogelfernsehfrei.

ALLES LAWINE

die erfolgstante aus berlin ist wieder da. ganz aus haarspray ihre zunge, ganz im sinn meiner erzählung ihre worte: ach, habe ich berlin lieb, ach wie lieb hab ich berlin usw. alles party rundherum, wo sie auch steht, stellen sich endreime her, ganz automatisch, das ist wie beim küssen: triffst du einmal nicht, ist es auch wurscht. «mal hier, mal da» sagt sie auf die grobe anfrage, wo sie denn nun eigentlich wohne. «mal hier, mal da» ist ihre antwort und beinahe alles. jetzt z. b. hat man sie doch glatt gefragt, wovon sie eigentlich lebe, und sie hatte keine antwort darauf parat. kein kind von traurigkeit auch der boden, das graue laster der bewohnbarkeit läßt er augenblicklich sausen, wenn sie ihn betritt, da wird nur noch getanzt, und zwar bis in den strohhalm hinein.

doch jetzt beginnt sie wieder von berlin zu sprechen, wenn es auch schief liegt, wenn es auch immer wieder steckenbleibt in allzuschnellen kerlen: aus dem klebstoffalter ist es längst heraußen, das kann man schon laut sagen, da steppt der bär und sie kennt ihn beim namen, da reißt der faden nicht ab, der sich bedeckt hält als gegenwart, da geht die luft voll über ins große ganze, und kein ort ist mehr im eimer, schon alleine die straßen, sie müssen sich nicht mehr ausgeben als 1 gegenüber, das hinüberzuretten ins nächste jahrtausend man sich verpflichtet fühlt. jetzt knallen nur noch bürotüren den sekunden die gesichter herunter und der rest bleibt stehen, um fotografisch noch was herzumachen, so auch ich jetzt, so auch ich, ruft sie noch, als sie sich schon abzuschälen beginnt von unserer mimik, von unserer gestik, von unserem ganzen supergespräch. zurück bleiben wir, irgendwie ungut in eine kontonummer verwickelt, irgendwie nicht mehr recht bei der sache, die man erwerbsleben nennt oder den durchausdraht zum zeitgeist, ganz wie man es nehmen will. doch man fühlt sich auf dauer im taschenrechner nicht gerade zuhause, also nichts wie fort von hier, nichts wie weg, flüstern wir uns zu, kein auskommen hier mehr möglich, da ist es nur noch essig mit uns in diesen häusern, in diesen straßen, durch die wir höchstens zum halben preis fahren können, zum halben preis fahren, aber keinen schritt weiter, hat man uns lange genug eingeschärft, so haben wir uns lieber gleich selbst kaltgestellt in einer gegenwart, die ihre tricks kennt. in die gepäckaufbewahrung mit sich kommen, heißt es nun, wenn auch nur fürs erste, wenn auch nur vorübergehend – und plötzlich hat auch schon ein wohnzimmer drastisch zugenommen in diesem text ist so richtig ein stadtrand entstanden, da nimmt alles vorhangstellung ein: draußen versuchen birken vor dem gewerbepark ihre anwesenheit auf ein mindestmaß an vernunft zu bringen und hier drinnen mitten am regal siezt ein fisch die minuten. nicht mehr auszumachen, wo der fadenverlust zur realität beginnt. man sagt, der kosmos habe übergewicht bekommen und alle müssen ihm jetzt helfen beim abspecken: zeitgenossen, welch ein arges wort.

so haben wir uns lieber gleich selbst kaltgestellt in einer gegenwart, die ihre tricks kennt.

Ohne Walkman

Vom Klaus zu erzählen, das habe ich mir vorgenommen, doch was ist dabei herausgekommen? Ich muß wohl schrecklich verliebt in ihn sein, wenn ich mich hier so lange über ihn ausbreite, obwohl nichts erkennbar Interessantes an ihm ist, alles Durchschnitt, kein Charisma, werdet ihr euch sagen, das aufs Ganze geht, nur unterschiedliche Gesten, die Mimik läuft ab. Doch was soll's, werdet ihr sagen und weiter zuhören, schließlich kennt man das.

Seine Freundin zerrt ihn ja noch hinter jedem Ofen hervor, doch der Computer hat ihn ganz geschafft.

Derbe Witze über die Wohnanlage machen, in der er nicht haust, das kann ich, Unmengen an Sprüchen über einen Nebenverdienst klopfen, den er nicht hat, und daneben ständig auf die Uhr zu sehen, um die Sportnachrichten nicht zu verpassen, die er niemals sieht, ist mir schon zur Gewohnheit geworden. Im Grunde liege ich völlig falsch, was ihn betrifft. Er unternimmt weder einen allmorgendlichen Spaziergang mit seinem Köter, noch schneuzt er sich jetzt. Aber er redet mit Lüt.

Da haben wir es schon wieder: Lüt, Lüt und wieder Lüt. Immer taucht er auf, wenn man ihn nicht braucht. Die beiden sind sich schon ganz Geschwister geworden, und Lüt hat die Nase voll von allem. Der Himmel ist heute nicht gerade das Zellophan, das man sich so gerne um den kleinen Finger wickelt und dann durchguckt, aber schließlich und endlich bleibt doch alles verpackt in die ewiggleiche Wolle, die da heißt: Kein maritimes Ereignis diese Stadt, aber immerhin. Berlin, die Stadt, die umsteht. Und wie der ganze Kasten immer weiterläuft. Das fängt ja schon beim Einkaufen an, schrecklich! Lüt zieht die Schultern in zwei Richtungen zum Steckenpferd Computer. Das ist bei ihm ausgebrochen, da hockt er nun tagaus, tagein, ohnehin kein Mensch der Umwelteinflüsse. Seine Freundin zerrt ihn ja noch hinter jedem Ofen hervor, doch der Computer hat ihn ganz geschafft.

Menschen beginnen ja zu sprechen, man hört ihnen ja auch zu. Man will ganz allgemein Kontakt. Hier zumindest, selbst ich bin umgeben. Immer wieder ertappe ich mich dabei, in einer Kneipe zu sitzen und mir gegenüber irgendwer, der hin und wieder was sagt. Nicht so Lüt. So habe auch ich ihn angetroffen, und ein Nochmalmonster werde ich ihm nun sicher nicht, mehr schon die Gudrun.

Die hat er ganz unverwandt angesehen, das erste Mal. Beim nächsten Mal dann wieder und trotzdem: Sie hat sich für ihn zu interessieren begonnen. Immer wieder mal vorsichtshalber auf Abstand gehen wäre angebracht gewesen, immer mal wieder die Tabellen durchgucken, in denen der gesunde Menschenverstand haust, noch besser, aber sie: Hockte, bis Lüts Freundin kam. Nebenbei hat sie einen Sinn fürs Schöne entwickelt, manchmal sogar im Schlepptau ihre Freundin Sybille, die mir ungemein interessanter erscheint. Ein Ausbund an Höflichkeit, daneben aber richtiggehende Abwesenheit, wenn es um Taktgefühl geht, so Gudrun. Doch plötzlich sind wir dann doch in ein Gespräch geraten. Sie erzählte zunächst nicht viel, aber das lasse ich selten auf mir sitzen, und so kam ich zu der Geschichte von einer Wohnmisere am Prenzlauerberg.

Als ich später in ihrer Wohnung stehe und die Acrylarbeiten sehe, bin ich nicht weiter erstaunt. Sie malt also, wie alle. Der Blick aus der Wohnung geht Richtung Norden, den Osten entlang hinauf in die Peripherie. Bücher liegen völlig unverstreut neben dem Bett, keine Kleidung. Sie fragt mich aus, was ich denn mache, kommt aber nicht sehr weit damit. «Man läßt sich hier schnell treiben, nicht wahr», sagt sie nur. Zum Verzweifeln ist das, immer die gleichen Geschichten, immer derselbe Schmäh. Wir sitzen in Richtung Schuhspitzen, und nichts weiter als der Nachmittag, der sich langsam schleicht. Gudruns Freundin sieht durch mich durch, sie zeigt plötzlich ihre Fingernägel her, kletzelt Farbe an ihnen herunter. Ich verstehe: Wird Zeit, daß ich gehe.

Zu Hause angekommen nehme ich meine Chance wahr: Über das Innenleben zu berichten, wie es uns heute alle wieder beherrscht. Von wegen schöner Tag da draußen, beginne ich, erneut an Klaus denkend, der soweit nicht ist, nur hier nicht richtig auftauchen will, ganz gleich wie man die Sache betrachtet, er hält sich bedeckt.
Nicht so Lüt, der inzwischen kurz von seinem Computer aufgesehen und im Haus gegenüber einen jungen Mann entdeckt hat, der am Fenster steht und raucht. Plötzlich beugt sich ein Kind neben ihm heraus, senkt den Kopf und spuckt langsam hinunter, danach verschwindet es wieder im Dunkel der Wohnung. Spätnachmittag eben: Himmel und Richtung scheinen sich verschworen zu haben

immer mal wieder die
Tabellen durchgucken,
in denen der gesunde
Menschenverstand
haust

❶ 2 ③ 4 5 6 ⑦ 8 9 0

und sind verschwunden, nur mehr dieses Viereck, besser gesagt dieser Quader an Hof. Zu viele Seitenwände für eine Uhrzeit.

Reine Zettelwirtschaft, denkt sich auch Lüt und zieht sich wieder ins Zimmer hinein. Der Raum voller Gebrauch, sieht man, nichts zum Festwerden des Blickes vorhanden.

Immerhin gibt es Türen im Raum, er ist zu verlassen. Es glaubt aber niemand mehr dran, daß Lüt den Raum jemals noch verlassen wird, und doch wird er genau das tun, jetzt aber noch sieht er hinüber zu dem Mann, der wieder alleine dasteht und sich mit seiner Hand am oberen Fensterrahmen abstützt. Er senkt den Blick auch nicht, während Lüts Freundin ein letztes Mal auf und ab geht hinter ihm. «Ich geh jetzt dann», sind ihre Worte, und: «Hörst du?» Soll sie doch. Morgen würde er sie anrufen und mal sehen. Sie war eben ins Erwerbsleben eingestiegen und nicht wiederzuerkennen. Der Job als Sozialtante: Da gibt es nur noch die Immer-Geschichten ihrer Immer-Kids, das anhängliche Einmaleins von schlechten Eltern zu schlechtem Umfeld, schlechte Schule. Keine Türen, die sich plötzlich öffnen können dann und wann, und schon steht was da. Nein, da bleibt alles knallhart geschlossen und in seinem Ablauf zurück.

Zurückbleiben tut noch jemand, und zwar in meinem Zimmer, schaut da auf die Wände, schimpft. Das bin nicht ich, das ist meine Freundin Clara, deren Lebensweg plötzlich für den Arsch ist. Da hat sie doch so lange auf die Stelle gehofft, und plötzlich wurde sie einfach weggekürzt. In dieser Stadt herrscht eben Abbau. Sie legt sich auf mein Bett, schließt mal erst die Augen. Grete würde lachen, würde dasitzen und über sie lachen, aber sie ist eben nicht da. Sie fehlt überhaupt in dieser Geschichte, sie hat nämlich die unglaubliche Gabe, über alles mögliche zu lachen. Sie kann sogar dem Regen die Hand draufhauen und sagen: Kumpel, ist doch alles nicht so schlimm.

Die Menschen, die mir begegnen, sind federleicht, sie flattern davon, den Balkon im Kopf einrichten machen die meisten dagegen, dort Klebestreifen anlegen und warten. Daß was hängenbleibt, was Geldiges oder was Kleines. Es gibt keinen Grund, das nicht zu tun, werdet ihr sagen, alles andere verlorener Posten letzten Endes. Ich schreibe so, was inzwischen abläuft. Zentral genug lebe ich ja.

Sachferalt gegen die Lechausner in der C.straße.

Es sind die haus bewoner die mir for etwa 1989 anfang August meine aller

Liebste freundin Anne Anne mit gewalt kaputt gemacht die Müschten sich in unsere behziehung ein und habeb Anne so nervös gemacht

Das sie föligst Ausgeflipt ist und Fürchterliche Angst hate Ihre Wonung

Zu ferhliehren und sie hate auch angst das ihr tel von Ab gehört wirt und, das sie ihren guten Ruf ferlirt weil sie Art Arzt Tochter ist und weil es nicht

Gerne gesehen worten ist wenn sie Menner besuche geh kriegt hat oder Griegt

Die Aus bewoner zb Omas aten sich uber uns beide das munt werk zeriesen und

Wolten uns mit Aller Gewaltt Auser nander bringen sie Haten sich Hämisch da

Rüber gefreut jetzt haben wir im entlich die Freundin Kaputt gemacht und

Haten mich ständig Profozirt ein böße an schauen Böße oder Blöde beh merkungen

Machen fast die ganzen Omas in der K.str. waren so trauf und der Hauß M

Eister hat mich auch mehr mals behtrott mit beh merkungen du Freches Bürscherl

Hau bloß ab sonst Pasirt was oder er meinte sonst holle ich die Pollizei

und er meinte ich häte in der straße nichs zu suchen die hauß bewoner und

Leute waren der selbene meinung ich häte ihr nichts zu suchen und liesen

Ein parr mall die Pollizei for bei fahren um mich mit aller gewalt zu fertreibn

Woll ich mir nichs zu schulden komen lasenn sie wolten mir so zu

B.Ps Love ist ein Pseudonym.
Der Klarname des Autors konnte bisher nicht ermittelt werden.

❶ 2 3 4 ⑤ 6 ⑦ 8 9 0

Sagen die Straße febieten duch zu Gehen und auf Anne zu warten und auch
wenn ich dort Kaffe Trienken gehen wolte hat mir keinen Kaffe gehgeben und
Mich Profozirent an geschauttt das ich gehgangen bin das war nicht nur ein mal
sondern Öftere malle wo man das mit mir gemacht hat und man hat mich so und so
Dauernt Profozirt und ferarscht und mich schliemstens behleitigt.
Die meinten anfangs auch wehr sind sie oder was wollen sie hir und sagte inen, das ich Mußiker bin und gerne Anne besuchen möchte. und man hat mich dann so
Fertig gemacht ein Parr mall das ich ins Kranken Haus Müste und auch auf
der Straße oder im Lokall hat man mich fersucht fertig zu machen und Profozirt
Wo mann nur Konte.
Auch wo ich mall in einem Lokall war hat man mich schliemstens Profozirt
ein Lechausner man hat mich schlimstens beleidigt er hat mir einen Stull an
geboten und meinte hast du Ads in den Harren und hat mich blöd an gefast und
Blöde behmerkung gemacht inter herr war ich so fertig das ich aus ferzweiflung
in der K.straße Selbst Mort aus Föliger Ferzweiflung Machen Wolte
Und auch wo ich damalls Nachts in der C.str. war hate ich Anne ein
Geschenk in den Pall Konn gehtann und ihre Pall konn Tühre war ofen ich war
Föligst ferzweifelt for liebes kumer nach ihr und hate fürchterlich geheult
For Liebes Kumer einige lechausner merkten das und haten mich dan ferarscht
und fertig gemacht das ich dan föligst durch gehträtt bin und mir die Pulls

Adern auf geschnieten habe ich war Psyisch total fertieg und der Nott Arzt
Kam und brachte mich ins Kranken Hauß und die nott Artzt rechnung muß ich
behzallenn . ob woll ich das Geld nicht habe,
Und auch wo sie zur Schulle geht haten mich angestelte
fon der Schulle In aller öffenlich keit Profozirt und Stiegen miten
Auf der Straße Aus dem Auto Auß und meinten nur der im Röten kietel nenn
Wiel ich haben und Zeigten mit Finger auf mich . I . au auch die
Schull Medchen fon ihrer Schulle haten mich auch ubelst ferarscht und
Beleidigt.

Fort Sätzung fon Seite Trei . und es liegt jetzt auch bei den lechausnern
nicht nur an mir denn wenn man mich dauhernt d nur fertig machen wiel und
mich fernichten wiell bleibt mir leider keine ander wall als mich zur wehr zu
Säzenn wegenn euch bin ich trei mall oder gar 5 mall nach München Ab gehauen
und wolte nie wieder komenn weil man mh mihr das leben in AUgsburg zu Holle
Machtt ich werde jezt für minerstens eine woche nach münschen fahrenn weil
ich mich dort einiger massen sich fulle for denn lechausnern und werde
mich mitt meine Prässe Freunt behratten ich werde noch nixhs unte nemen
und gebe euch noch eine möglich keit und merkt euch ihr elter leite mischt
euch nicht in liebes behziehung ein denn was ihr da kaputt macht könt ihr nie
wieder gut machen denn wenn eine liebe kaputt gegangen ist kann mann sie

kaum d noch reparihren denn die Liebe ist etwas Heiliges keiner hat das recht
Sie Kaputt zu mach den demm anderen n dem es behtrieft müß fürcter lich
da runter leiden wenn er nicht ffohrer aus liebe kumer sich um bringt
dasist nur ein guter tip an euch und es liegt nicht nur an euch sodern auch
an mir und wenn mannzu mir lieb ist bin ich auch zu anderen lieb nur wenn man
mich reitzt werde ich Sauer das alles meine ich nur lieb zu euch ich mochte auch
auch lieb seines liegt bei euch und ich bin leider tz Sensiebell

Und schließlich hate B.L. besser gesagt er heißt N.L. Anne's. ex ferlobter
Mir damals einen Troh Brief geschiekt und er sch rieb da rien du Kinder Ficker und Kiner ferderber wenn du noch ein mall meiner Ex Ferlobten nachstei
gst mach ich nich fertig und auhe dich wiendel weich und er meinte auch
Mit dir rechne ich schon ab und brieng dich um du schwein du Kinder
Ficker un d er hate noch schliemere sach gesagt und kam rauß zu mir und
hat mir Persönlich Petrott wolte mich auß den Zimer ziehen und fertig machen
und Prülte dich Prieng ich um du schwein Got sei dangk war ich in München
Ich hate nachs angst und war mein Lebenn nicht mehr sicher weil weil ich Jeder
Zeit Rechnen Müste das er rein komt und mich um bringt und ich habe heute noch
Angst das er mich auß rache sucht mich fileicht doch um briengt leider ist
Es so wenn so jemand trauf ist ist es im durch aus zu zu trauhen das er es

fieleicht da doch macht leider kann mann da nie siecher sein,

Ich habe nur nichs unter nomen weil ich Anne aus allen raus
halten wolte
Weil ich sie Uber alles Liebe, und biß heute hat er sich nicht
ent schuldigt
und ich hate ja auch mit im mitt leid gehabt und dachte mir
der arme Tub
Hat es fileicht nicht so gemeint tat sace ist das es sich in
Augsburg rum
gehg gesprochen hat und mein Müßiker Ruf im eimer ist
weil sich so was
sehr schnell rum spricht und ich hoffe das er sich fieleicht
noch bei mir
Ent schuldigt tut er es nicht weiß ich erlich gesagt nicht was
ich machen soll
und wenn die lechausner nicht weiter mich auf heuren mich
zu Profozirn und
Fertieg zu machen Müß Ich Leider so Sch wehr es mir felt
den L Fall der Präs
Melden und auch meine EX Freundin ist Zeuge das For Fall
und kent denn Troh Brief und sie hat in auch in auf Be-
warung und sie ist Jed
t bereit AUs sagen For der Prässe und Gericht auch meine
andere EX ist
Bereit da zu weil sie denn Ganzen Sach Fehralt Kenntt, und
Anne werde ich aus den spiell lassen und nicht ihren namen
in der
Präße er wehnen sie hat mir der ganzen sache nichs zu tunn
und ich werde
Sie föligst da bei raus halten weil ich sie uber alles liebe und
mich gerne
mit ihr wieder liebe foll fertragen wiell, mit geht es nur um
die Lechausner
in der C.str 11. und um denn Tupen der mir den Troh Brief
geschrieben
Hat weil ich gerne möchte das er sich bei mir entschultigt
und weil ich

nicht ein Sehe das ich für alles der Schuldige bin oder der lugner bin

und Gott ist Zeuge ich habe es nicht nöttig for Gott zu luh-gen schon gar nicht

t und ich wede imer zu ihr halten und für sie alles tun was ich kann und

ihr Treu bleiben und gleich was auch komen mag ich halte zu ihr und werde in

fur sie da sien weil ich sie wirglich uber alles liebe.

Ein glücklicher Tag

für Dich

Die meisten Straßenbahnfahrten waren in dem Sinn langweilig, daß es nichts darüber zu berichten gibt. Sie sind in meiner Erinnerung nichts als Fahrten, wie Autofahrten auf einer amerikanischen Überlandstraße, einfach nur großartig.

Mit der ersten Bahn, morgens so um fünf herum, war ich selten unterwegs, und wenn, dann hieß das noch lange nicht, daß sie mich in einer Kneipe festgenagelt hatten. An diesem ekelhaften Wintermorgen mußte ich allerdings aufpassen, daß ich nicht einschlief, und wenn ich es schaffte, an der richtigen Stelle auszusteigen, dann mußte ich aufpassen, daß ich nicht auf die Idee kam, in einem Hauseingang ein bißchen zu schlafen. Was mir beim Wachbleiben half, war die Sorge, ich könnte zu spät nach Hause kommen. Ich wollte im Bett verschwunden sein, bevor meine Tochter aufstand, um zur Schule zu gehen.

Es ging mir nicht besonders zu der Zeit, ich trank viel und schrieb wenig, zu wenig, um damit überleben zu können, und das Wenige taugte nicht mal was. Mich plagte das Gefühl, daß ich in eine Sackgasse gerannt war, daß es zu spät zum Umkehren war und daß ich nicht den Kopf aufhatte, mit dem ich durch die Wand hätte brechen können. Ich haßte den Gedanken, daß ich für meine Tochter vielleicht die traurige Gestalt war, die ich geheimzuhalten versuchte, und über all das fluchte ich an diesem frühen Morgen betrunken in der Straßenbahn vor mich hin, als der Spruch kam.

Die Fahrausweise bitte.

Ich hatte natürlich keinen bei mir, und auch nicht die nötigen anderen Scheine, und das hieß, daß sie mich rausholen und festhalten würden, bis die Polizei meine Identität festgestellt hätte, und das würde bedeuten, daß ich nicht rechtzeitig daheim war. Wunderbar fügte sich jeder neue Tag in meine Pechsträhne. Der erbärmliche Sermon, den ich bis da-

Franz Dobler, geb. 1959, veröffentlichte: «Tollwut» (Roman, rororo), «Bierherz» (Flüssige Prosa, Nautilus), «Jesse James und andere Westerngedichte» (bommas), «Sprung aus den Wolken» (dancehall stories, Nautilus). Mithrsg. «Down In Louisiana» (bommas). Hrsg. CD-Serie «Perlen Deutschsprachiger Popmusik» (Trikont).

hin vielleicht nur in mich reingemurmelt hatte, muß von da ab laut geworden sein, denn als Johnnie Kontroletti neben mir stand und seinen Satz zum millionstenmal sprach, sagte eine andere Stimme: Ich zahle für den Herrn. Ich schaute auf, und da war tatsächlich eine Hand mit Geld drin. Ich war schamrot, als ich mich bei meiner Retterin bedankte und mit dem Kopf eine Verbeugung andeutete.

Sie war das, was man eine gepflegte Erscheinung nennt. Sie sah gut aus. Wahrscheinlich arbeitete sie in einem Büro, wo es um 06.00 losging. Sie erinnerte mich an die Disponentin einer Möbelauslieferung, für die ich mal gearbeitet hatte – es war mir immer ein Rätsel gewesen, wie man so früh schon so gut aussehen konnte. Sie lächelte mich an, ohne so was wie Arroganz oder triefendes Mitgefühl im Gesicht, und deshalb blieb nur die Frage, auf welcher Party wir uns kennengelernt hatten, und ich entschuldigte mich, daß ich mich nicht an sie erinnern könnte, aber mein Zustand, Ausnahme, Freund, Geburtstag.

Sie kennen mich nicht, sagte sie, aber ich kenne Sie schon länger, allerdings weiß ich natürlich nicht, wie gut.

Ich hatte keine Idee, was sie damit meinen konnte, und sie fragte mich, ob ich so selten jemand träfe, der meine Bücher liest. Das war was. Das machte mich fast wieder nüchtern. Aber wie üblich in den letzten Monaten fehlten mir die Worte. So glücklich machte mich das, daß ich dann anfing, ihr von meinen Problemen zu erzählen. Daß die Verbindung von meinem Kopf zur Maschine gekappt war. Daß ich kürzlich in einer Abiturklasse gelesen und diskutiert hatte und dann von einigen Mädchen gefragt worden war, warum, was ich schrieb, eigentlich Literatur sein sollte, und eine von ihnen hatte sich die Mühe gemacht, in meinem Roman alle Fäkalausdrücke zu zählen (weniger als ich geschätzt hätte), und andere Anekdoten. Leider hatte sie keine Zeit, mit mir einen Kaffee zu trinken, und sie weigerte sich, mir ihre Bankverbindung zu nennen. Als sie aussteigen mußte, küßte sie mich, obwohl ich gerochen haben muß wie der Vater von Huck Finn.

Tu mir einen Gefallen, sagte sie, schreib einfach so weiter

❶ ② 3 4 5 6 7 ⑧ 9 0

wie bisher, und versprich mir, daß du keinen Roman über die deutsche Wiedervereinigung schreibst.

Solche Leserinnen hatte ich?

Zu Hause hüpfte ich durch die Wohnung und zauberte ein Frühstück, und als meine Kleine aus ihrem Zimmer torkelte, schleuderte ich sie geduscht und mit geputzten Zähnen durch die Luft. Als ich dann meiner Frau davon erzählte, wollte sie wissen, wo ich diese Alte gebumst hätte oder ob sie mir gleich in der Straßenbahn einen geblasen hätte. Was für ein Unsinn, sagte ich, ich liebe nur dich. Was gegen mich sprach war, daß ich nie duschte, wenn ich betrunken heimkam. Aber ich war eben entschlossen, mich zum Guten zu verändern.

Ich fuhr dann die Strecke öfter um die Zeit.

Erfolglos.

go. da. wo. ja. ok.

kisten aufbrechen, taschen schlitzen, pfeiler knicken, tanzen gehen. position der scheinwerfer permanent verändern, ebenso die geschwindigkeit der bilder pro sekunde in der kamera, den bildern folgen kannst du nicht, wenn der übergang vorbei ist, fängt der übergang an, 1 punkt ist 1 punkt im zusammenhang, wieviele zeichen 1 bild machen, die worte, dieser binäre mist, der nicht in den rahmen passt, schwarze buchstaben & nicht, punkt & nichtpunkt & alle buchstaben zusammenmischen, 1 schwarze fläche draus machen & es stellt sich nur mehr die frage: welche form hat diese fläche & spielen wir: go. da. wo. ja. ok. stell dich weg vom schaufenster, schau durch die scheibe & wo wird die explosion sein. lange bässe, rhythmus ohne system. wenn es schon unser pech ist, 1 körper zu haben, dann weg damit, weg mit den körpern, weg mit der propaganda für die körper, her mit den leuten, die sich auflösen in **1 rhythmus ohne system**. da, 1 bild, es blitzt, es ist weg, war da

markus binder, geb. 63, musiker, autor, filmer etc., 84–90 mitarbeiter der stadtwerkstatt in linz, österreich: veranstaltungsmanagement, kunstprojekte, live-tv-

❶ 2 ③ 4 5 6 7 ⑧ 9 0

sendungen etc. perfor-
mance/bands: u.a.
«musik sehen» (83),
«hermann wurtzer»
(85/86), «momentane
bräuche» (87/88).
seit 90 «attwenger»
(zusammen mit hp
falkner). platten: «most»
(91), «pflug» (92), «luft»
(93), konzerte in europa,
zimbabwe, malaysia,
sibirien. filme: u.a. «flim»
(85), «rondeau» (88). div.
video-, audio- & radioar-
beiten. texte: essays in
div. kunst- & ausstel-
lungskatalogen, magazi-
nen, zeitungen, beiträge
u.a. in «die rampe», hefte
für literatur (1/93 &
1/96), «musik macht
politik», stuttgart, salz-
burg (94) u.a.

was, nein, es ist was anderes, was, jetzt, 1 bild, zikzak, yingyang, weg damit, jeden tag 1 paar sachen aufgeben & da sind türme aus flaschen, leere flaschen, volle flaschen, flaschenpost, post-flash, nach allen verlusten von: 1 teil vom tod: das leben, in dieser flasche geld, flaschen voller scheine, teure molotow-cocktails, dürfen wir sie einladen, flaschen voll mit daten, mit klamotten, mit bildern & nichtbildern, mit totem fleisch, mit in alkohol eingelegten fingern von lebenden oder gestorbenen gitarristen, in 1 anderen flasche sand oder vielleicht doch **1 information, von der wir noch nichts gehört haben**, die leeren flaschen sind für die statik des turms am günstigsten, türme aus flaschen aus allen möglichen gegenden & am fuss dieser türme sitzen & immer noch klopft der körper schneller als ihm lieb wäre & das pochen & die leeren flaschen machen die musik, in den leeren da klingt es alles, da hat der sound raum. in

den vollen flaschen, den falschen, nicht, da klingt nur das, was drinnen ist, das geld, die fotos, da hörst du immer wieder nur den sound der reingestopften sachen. da siehst du nur, was du siehst & das wars. 1 bild & schon wieder was anderes. es schmerzt der druck in der mit sand gefüllten flasche & den schmerzen nachgeben, der unterlegenheit, wer den schmerz nicht fürchtet, kann nicht mani-puliert werden, der sand rinnt aus mit der zeit & du gibst es auf, dich zu besiegen für 1 bild, bei dem du davon ausgehen kannst: punkt, es ist weg, alles muss brennen, die lianen auf dem wasser brennen & treiben, mund halten, **nägel rausziehen**, schon längst vergessen, wer sie wann reingeschlagen hat, die nägel einfach rausziehen & durch die schmalen, langen löcher, die da bleiben, pfeift der wind, moment, der wind & du versuchst zu entziffern: wohin & der wind ist schon wieder woanders & so schnell du ihm auch folgst, bist du erst dort, wo der wind schon war & je mehr du dich bewegst, umso weniger erwischen sie dich & der wind: erwischt werden kann er nicht & ist es possibly possible. possible ist es nicht, vergiss es, es ist vorbei, das verstehen ist vorbei. gestern, wo warst du gestern, haben sie da nicht ganz anders gesprochen, über das, von dem sie gestern überzeugt waren vielleicht, von diesen dingen will keiner mehr was wissen jetzt, gut, also jetzt nicht, was soll das jetzt, jetzt ist was anderes, jetzt ist vorbei, jetzt ist woanders vorne, unter anderen bedingungen ist sowieso immer woanders vorne & hinten ist überall, schöne grüsse von unten & alles gute von der anderen seite, was solls, die menschen sind hitze, das

wasser wird kochen, verdampfen & wolken bilden, die keine bilder machen, aus denen du 1 erkenntnis rausziehen kannst, die du überschätzen würdest. der wind, es war kalt, es war warm, es war 1 scherz, 1 bild zu sehen, **geh vorbei zeug**, geh vorbei sonne & mach schatten auf den geräten, an denen wir sitzen, um dich zu beobachten, verstehen sie, das auslassen der vollen behälter & woanders haben wir dann was anderes gefunden, kurz & weitergemacht, damit wir endlich mit dem denken aufhören konnten, aufgeben, weiter & kisten anzünden, volle flaschen zertrümmern & den leeren flaschen zuhören, wie sie singen & auf 1 turm sitzen & warten auf jemand, der 1 flasche mitbringt oder welchen spirit wollen sie jetzt, warten & schauen & irgendwas pocht immer anders als vorher & vorbeigehen, go, da, wo, ja, ok & auf welchem turm wollen wir uns treffen & sag mir, was du nicht denkst, du sagst es dauernd & der regen dringt ein in jeden satz, der vorbeigegangen ist, wo kommen wir nur her, dass wir so schnell wieder wegwollen: **I am not from here, where are you from** & wie kannst du auf 1 punkt stehen & reden über temperaturen, kilometer, stunden, 1 glas steht auf dem tisch, 1 fuss liegt auf dem boden & im vorbeifahren sehen die häuser aus wie ruinen, in denen sie das licht auf on geschaltet haben, im vorbeifahren ist es nur 1 programm, 1 unter vielen, 1 wind & die hände liegen irgendwo rum & haben keine richtung um hinzuzeigen in dem unterbelichteten augenblick, der mit tausenden bildern in der sekunde in die luft gegangen ist keinen halt gefunden, um nicht verrückt zu werden, der ganze zusammenhang bietet keinen halt, jeder punkt ist 1 blitz ist 1 gegenteil von halt, **wozu halt**, das problem ist die fixierung. als sie sesshaft wurden, begannen sie, auf vorrat zu denken. wozu diese verdammte energie, wenn sie nur dazu da ist, um zuviel zu werden, was kommt

❶ 2 3 4 ⑤ 6 7 ⑧ 9 0

geht oder kann die soziale frage wieder nur unter einschluss von unterdrückung angegangen werden, kann dieser umgebung ihr boden wieder nur unter deren bedingungen entzogen werden, kann 1 hier nicht auch 1 dort sein, kann 1 sturz nicht auch 1 ort sein, das monopol realität ist abgeschafft, die runden tische, die verschimmelten fragen, die unverantwortlichen wähler, die vielen toten, die harten herzen, die schwachen nerven, die gebratenen ohren, **die autobahnischen vergnügen**, die überflüssigen vorsichts-massnahmen, können sie nicht aufhören, in sätzen zu sprechen, hinter türen zu verschwinden, karten anzufertigen, von sich selbst beleidigt zu sein, wenn sie etwas anderes denken als vorher & in unheimlich viel zeit unheimlich wenig erledigen, husch, kalt & dunkel ist es gleich & es klopft solang bis weich. weg mit den vorräten, der winter kommt, gehen wir, komm, jedes wort bricht wie der ast am baum im wald durch 1 kleine berührung, das licht strahlte durch uns durch, bis wir unsichtbar wurden, aufgelöst in moleküle, von denen über keines mehr gesagt werden konnte, woher es stammte, so pulverisiert waren wir wie brausetabletten im verschütteten wasserglas, wir sind nicht wie häuser gebaut, 1 stein auf dem anderen, denn sonst wären wir längst zusammengebrochen wie diese, den finger aus dem kuchen ziehen, den finger, anhand dessen du nicht erklären kannst, dass 1 finger kein finger ist & stumme

beleuchten lange kleider gefüllt mit zerbrechlichen gegenständen aus küstengebieten wo die köche ins meer sprangen als ihr essen verbrannte ohne pläne sich zu bewegen schwangen sich die vögel auf zu 1 spiralenflug ohne mittelpunkt über das rauschen von wellen auf bergen ohne spitzen abseits von wegen aus den von ausgeplünderten zusammengetragenen steinen befestigten routen von staat & kaiser betrogen ausgenutzt von allem was niedermacht & immer macht erzwungen zum niedermachen & zum herauspressen der schreie & um den betrug wissend um die klarstellung der verhältnisse kämpfend am abgrund von farben aller art kisten zerstören im von wind gebauschten reden stehend in anhaltender berieselung schnüre zerschneiden & abschied nehmen von kriegern & herzen aus der zeit & **briefe schreiben an die wand & die häuser wegschicken damit du sie nicht wiedersiehst & vergisst von wo**

sie waren deine beine bist du da bist du nicht bist du wo du warst vergesslich geworden zum glück nichts mitgenommen im vorbeigehen am ufer der zone in dem unbekannten raum 1 bild aus zeichen getauscht mit anderen bewegungen kommen mit zitronen gefüllte fahrzeuge an orte, an denen die leute einfach nur ruhe bräuchten & treffen auf 1 schlafenden. mit 1 speer kitzelten sie sein ohr & amüsierten sich über seine grantigen bewegungen. 1 huhn kam vorbei. sie beachteten es wenig. als der schlafende durch die gesetzlosen bewegungen des tieres munter wurde, töteten es die 15 stinkenden hüter der ordnung & schenkten es ihrem anführer, dem abhängigen, der die hühnerbeine kreuzte & in brustwarzenhöhe an seine uniform heftete. als der aufgeweckte das realisierte, schrie er: **gebt alles zurück. gebt allen alles zurück.** da forderten sie verstärkung aus der luft an & was das heisst, konnten sie sich nicht vorstellen. bombardierung & die splitter & das allernotwendigste flog in die luft, der kommandant sah niemandem mehr ähnlich, völlig zerfetzt & vom schlafenden keine spur, mund halten, zurück zum kaufhaus: wir waren so wie wir waren dort & gingen

hinein, siesie, du & ich & gingen zu 1 verkäufer hin & der verkäufer sagte: bitteschön. was soll das heissen: bitteschön, sagt 1 von uns. was darf es sein, sagte der verkäufer, bevor ihm 1 von uns den mund zuhielt, sagte jemand anderer von uns: was soll das heissen, was darf es sein. was darf es sein, was, was es sein darf. **wollen sie etwas kaufen**, sagte der verkäufer. niemand antwortete, sondern 1 von uns hielt ihm den Mund zu, der verkäufer wurde zornig, strampelte mit händen & füssen, andere verkäufer kamen herbei, befreiten ihn & hielten uns fest. der verkäufer, dem 1 von uns den mund zugehalten hatte, versuchte aufzuatmen, so gut es ging. 1 von den verkäufern, die uns festhielten, fragte: was hat er denn gesagt, bevor ihm 1 von euch den mund zugehalten hat. bitteschön sagten alle. aber das war noch nicht alles. dann hat er noch gesagt: was darf es sein. und deswegen hat 1 von euch ihm den mund zugehalten, sagte 1 verkäufer wegen: was darf es sein, nein, was sein darf, nicht deswegen, sagte 1 von uns, was soll schon sein dürfen. wollen sie etwas kaufen, sagte der verkäufer, der zuvor den mund nicht hatte halten können. da habe ich ihm den mund zugehalten,

sagte 1 von uns. zu den mund. 1 von den verkäufern, die uns fest-
hielten, sagte zu dem verkäufer, dem von 1 von uns der mund zu-
gehalten worden war: du hast also einfach wieder mal deinen
mund nicht halten können solange, bis ihn dir jemand anderer zu-
gehalten hat. so war es, ja, so war es, sagten wir, wie wir dort wa-
ren & hielten die verkäufer fest, die uns festhielten, bevor wir das
geschäft verliessen. stell dich weg vom fenster. schau durch die
scheibe. **jetzt gibt es dort nichts mehr.**

Herman Brood

Das kleine, dürre Männchen mit der schwarzen Motorradle-
derjacke und dem knitterigen Trenchcoat darüber: Herman
Brood.

Ein bißchen wie ein Penner schwankte er vor dem Tresen,
hielt sich abwechselnd mit einer Hand fest oder stützte sich
ab, je nachdem. Kippte Tequila, einen nach dem anderen,
weißen Tequila, wobei er auf das ganze Brimborium verzich-
tete: kein Salz, keine Zitrone, kein Ritual; er schüttete sich
die Dinger nur so rein und sah mich an, als sei ich gläsern, so
ein Blick war das. Durch mich durch. Und ständig fiel ihm
Kleingeld aus der Tasche.

– Ich mach mir ein bißchen Sorgen um dich, sagte Her-
man, der wankende Holländer, während er durch mich hin-
durchsah… wenn du Rock 'n' Roll-Sänger bist, ist das ganz
schön gefährlich: mit dem Alkohol, den Drogen und dem
ganzen Zeug… diese ganzen Rausgifte. Oh, meine Mutti
macht sich auch immer solche Sorgen um mich…

Noch einen Tequila kippte sich Herman hinter die Binde,
hielt sich am Tresen fest, schwankte, stützte sich ab, und
weiteres Kleingeld fiel ihm aus der Tasche. Und er mache
sich Sorgen um mich, sagte er, wegen diesem ganzen Zeug…
dabei trank ich nur Kaffee.

– Das ganze Zeug hab ich längst aufgegeben, sagte ich, vor mehr als zehn Jahren.

– Johnny Thunders, sagte Herman… Johnny Thunders hab ich immer sehr bewundert.

Ich konnte mir Johnny Thunders vorstellen: klein und bleich und dürr… wie er am Tresen steht, sich festhält, wie er sich einen nach dem anderen reinknallt, keinen klaren Gedanken mehr rauskriegt, ständig fällt ihm Kleingeld aus der Tasche, und aus einem Mundwinkel rinnt ein Sabberfaden.

Ich erzählte Herman die Geschichte, wie ich Ray Davies von den *Kinks* getroffen hatte; aber Herman konnte sich nur schlecht konzentrieren, konnte nicht zuhören. Und er starrte durch mich hindurch und kippte noch einen Tequila. Dann, ganz kurz, schien etwas zu klicken in Hermans Kopf…

– Ja, Ray Davies… Wir waren mit den *Kinks* auf Amerikatournee… wir haben als Vorgruppe gespielt. Als ich Ray Davies zum erstenmal traf, kam ich rein in diesen Garderobenraum und sagte: Hi Ray, I am Herman Brood, und er sagte: Of course you are…

H.P. Daniels, in München geboren, Sprach- und Literaturstudium in Berlin, tätig als Barmann, Lehrer, Taxifahrer, Sänger, Gitarrist, Songschreiber etc. Konzerttourneen und Schallplattenveröffentlichungen mit der Band «The Escalatorz». Arbeiten für Rundfunk und Zeitungen. Schreibt an einem Roman und einer Sammlung von Kurzgeschichten. 1992 Veröffentlichung der

Audio-Cassette: «Wewels-
flether Halbwahrheiten»
(smAnx records). Lebt und
arbeitet als freischaffender
Musiker und Schriftsteller
in Berlin.

Weil er sich schlecht konzentrieren konnte, wechselte Her-
man ständig das Thema. Nina Hagen. Rock 'n' Roll. Seine
Frau in Holland, Sid Vicious. Seine Tochter. Jimi Hendrix.
Satzfetzen. Bruchstücke. Und immer brach er ab, mitten-
drin, kippte noch einen Tequila, verlor etwas Kleingeld und
fing etwas Neues an:

– Ständig diese Parrranoia hier in Deutschland.

– Schmerzt Berlin immer noch? fragte ich.

– Berlin smerrrzt schon lange nicht mehr… aber Mün-
chen smerrzt…

Im Zug nach München hatten sie Herman verhaftet mit
Heroin im Koffer, und er wurde erst mal eingebuchtet.

– …und seitdem immer diese Parrranoia in Deutschland.
In Holland ist das viel besser mit die Rausgiften. Stell dir mal
vor: da bringt jemand seine Mutter um, und er wird verhaf-
tet, und sie fragen ihn: Warum hast du deine Mutti umge-
bracht?… und der sagt: Ich bin ein Junkie, ich brauche
Heroin… und die sagen: Ja, das iss was anderes, und sie las-
sen ihn laufen.

Aber jetzt, sagte Herman, müsse er gehen, die Kneipe
wechseln, woandershin:

– …hier iss plötzlich so ein komisse Switzelucht…

Und als er zur Tür hinaus war, fragte ich mich, wann ihm
das Kleingeld ausgeht? Und was einer wie er schon anderes
machen könnte als in einer Rock 'n' Roll-Band zu singen?
Und das kann er wirklich gut.

Das Fleischkorsett

Die rechte Box ihrer Stereoanlage hatte ein seltsam schnarrendes Geräusch von sich gegeben. Als auch mehrmaliges Dagegenschlagen nicht half, nahm sie einen kleinen Schraubenzieher, um die Box aufzuschrauben. Als sich die letzte Schraube gelöst hatte, hob sie den Deckel ab. Sie sah in das Innere.

Zuerst konnte sie nichts entdecken. Als sie aber genauer hinsah, entfuhr ihr ein kleiner spitzer Schrei. Zwischen der Membrane und den Kontakten hatte sich eine winzig kleine Schlange eingenistet, die sich sichtlich wohl zu fühlen schien.

Sie schreckte zurück. Nicht daß sie Angst vor der kleinen Schlange gehabt hätte, nein, es war die Überraschung über ihren Fund. Nachdem sich der erste Schreck gelegt hatte, sah sie sich die Schlange genauer an. Es war eine hübsche kleine Schlange, die bunt gemustert war. In ihrem äußerst wohlgeformten Schlangenkopf steckten zwei schwarze Knopfaugen, die sie neugierig ansahen.

Unweigerlich mußte sie an ihre Teddysammlung auf ihrem Regal denken. Oh, wie lieb!

10 Jahre später…

Aus der kleinen niedlichen Schlange war eine 15 Meter lange Bestie geworden, die das Mädchen, das inzwischen eine Frau geworden war, gefangenhielt. Nur zum Essenholen durfte sie noch raus. Die Wohnung war völlig verdreckt und stank nach Schlangenexkrementen. Überall lagen Schlangenhäute herum. Wie ein dickes, nicht enden wollendes Rohr wand sich der Körper der Schlange durch die Zimmer der Wohnung. Manchmal mußte das Mädchen die Schlange mit Babyöl einreiben, damit die Schlangenhaut schön glänzte. Wenn das Mädchen das getan hatte, war es selber ganz voll Babyöl. Das dünne Leibchen, das sie trug, war völlig durch-

Max Müller, Mitte dreißig, kommt aus Wolfsburg, lebt in Berlin. Er ist Sänger und Texter der Band «Mutter». Er bemalt T-Shirts für Freunde.

sichtig und zeigte ihre wunderschönen, zur Frau gereiften Formen. Die Brüste, der Po, die schmalen Hüften. Aber das interessierte die Schlange nicht weiter. Sie war mehr darauf bedacht, daß die Zimmertemperatur konstant bei 40 Grad lag. Die langen Haare des Mädchens klebten an ihrem hübschen Gesicht, als sie sich daranmachte, die drei Heizungen und die zehn Radiatoren zu überprüfen. «Alle 40 Grad», stellte sie mit leisem Zorn fest. Ihre vollen sinnlichen Lippen bebten. Wütend spuckte sie den hinteren Teil der Schlange an, der sich, auf ein Regal abgestützt, direkt über der Heizung befand. «Das wird sie wohl nicht merken», dachte sie. Sie sah sich den buntschuppigen Körper der Schlange, die sie hier gefangenhielt, genau an. Das Muster der Schlange wirkte hypnotisch auf sie und ließ sie in einen Tagtraum verfallen.

Vor ihrem geistigen Auge sah sie grüne Wiesen, auf denen Kühe grasten. Um sie herum flogen Schmetterlinge in wunderschönen Farben und Formen. Der Himmel war hellblau mit einzelnen Schäfchenwolken, die fast bewegungslos vorbeizogen. Wenn man genau hinhörte, konnte man die Bienen summen hören, die von den Blüten der Blumen den Honig sammelten. Ihre Augen waren ganz glasig geworden und ihre Pupillen zu kleinen Punkten geschrumpft, so daß sie nicht bemerkte, wie sich der riesige Schatten des Kopfes der Schlange über sie schob. Fast lautlos hatte die Schlange sich vom hinteren Zimmer zu dem Mädchen hingewunden. Denn natürlich hatte sie das Spucken auf ihren Körper bemerkt, ihr entging so gut wie nichts. Die Schlange sah das Mädchen, das immer noch regungslos dalag. Von dem öligen schwitzenden Körper stiegen kleine Dampfwölkchen auf. Die Hände lagen in ihrem Schoß gefaltet, der Kopf war leicht zur Seite geneigt. Plötzlich kullerten zwei Tränen aus ihren Augen und fielen auf den verdreckten Teppich. Lautlos glitt der Kopf der Schlange zwischen die Beine des Mädchens, dorthin, wo sie die Tränen vermutete. Der durchgeweichte Rock des Mädchens war durch die Bewegung des Schlangenkörpers bis zu den Hüften hochgerutscht. Die Schlange begann nun, die Tränen des Mädchens zu schmecken. Sie schmeckten salzig und traurig. Die Schlange spürte, daß sie das Mädchen nicht ewig gefangenhalten konnte und daß sie nicht in diese Wohnung gehörte, auch wenn es ihr an nichts mangelte. Sie öffnete ihr Maul, so weit es ging, senkte es über den Kopf des Mädchens und fing an, es hinunterzuwürgen. Vielleicht ist es besser so, dachte die Schlange. Gerade als ihre öligen Hüften in den Rachen der Schlange rutschten, wurde das Mädchen wach und bekam eben noch mit, wie auch der Rest ihres Körpers in dem der Schlange verschwand. Sie glitt durch einen engen, heißen, glitschigen, schleimigen Tunnel, bis sie steckenblieb. Sie drohte langsam zu ersticken, und ihre Sinne schwanden. Sie bäumte sich dagegen auf und merkte gleichzeitig, wie die Schlange sie zu verdauen begann. Die Magenwände der Schlange, die sich wie rohes Fleisch anfühlten, zwängten ihren nackten Körper (ihr Kleidchen war beim Verschlingen an den Zähnen der Schlange hängengeblieben) wie in ein lebendes Fleischkorsett. Sie spürte, wie die Knochen in ihrem Körper unter dem Druck der Schlange wie morsche Zweige zerbarsten, zersplitterten und sich durch ihren Körper bohrten. Endlich wurde sie ohnmächtig.

4 Tage später...

Die Schlange schied die Knochen des Mädchens aus. Es war genau der Platz, an dem das Mädchen immer gesessen hatte, Bücher las oder fernsah. Der Fernseher lief immer noch. Die Schlange legte ihren Kopf schräg und sah hinein. Für sie waren es einfach bunte Bilder ohne Bedeutung. Langsam schlängelte sich ihr massiger Körper das Bücherregal hoch und stupste die Bücher an, die daraufhin mit einem lauten Gepolter zu Boden fielen.

❶ 2 ③ 4 5 6 7 8 ⑨ 0

nadel

Arne Rautenberg,
geboren 1967 in Kiel.
Kunstgeschichte/Neuere
Deutsche Literaturwis-
senschaft/Volkskunde
Studium, lebt als Autor
und Künstler in Kiel. Seit
1990 verschiedene
Ausstellungen. Heraus-
geber der Literaturzeit-
schrift: «Das Haupt».
Veröffentlichungen in
Zeitschriften, Antholo-
gien und Jahrbüchern im
In- und Ausland. Als
Buch liegt vor: «Dislimi-
tation». runaway-spoon-
press. Florida 1995.
«Neondämmerlicht».
Bunte Raben Verlag,
Lintig-Meckelstedt 1996.

langeweile als
wort so schön wie
ein atompilz
im zorn vergessen
mein land
meine nacht
meine zeit im
bett mit dir
verschlafen
das klappern von nadeln
schwillt an zu ohren-
betäubendem brausen
rauscht
zum vorhang auf
den strich schickt
mich das leben

lost thoughts

die Lexika dirigieren sich selbst
ins Abseits nehmen zuviel Rücksicht
auf Modisches (Fosbury-Flop oder
die Wirbellosen: Qualle Wurm und
Seestern) unwesentlich anders läufts via
Bildschirm 1995 Leichtathletik WM
der Langsamste im Marathon ist daheim
die schnellste Tontaube lassen wir sie
doch ziehen ihre Trecks immer schön
die Innenseite ungravierter Herren-
ringe entlang immer mal wieder ein
neues Gesicht ein neuer Geburtenhelfer
ein neuer Schnitt um anonym zu bestehen

1 2 3 ④ 5 6 7 8 ⑨ 0

Die Fäulnis triumphiert

Stocker im Wagen auf dem Weg zum Tegernsee: daß sie unerträglich für uns geworden ist... diese Hitze!... daß sie nicht auszuhalten ist... Unglaubliche Luftverdichtung; man probiert die Atmung, und man meint DARAN zu ersticken. Nicht die geringste Luftbewegung, absoluter Luftstillstand. Da kann man nicht atmen. Da zerreißt es einem die Lungen... Deshalb logischerweise die Flucht an den Tegernsee. Herr Kronacher und Stocker sitzen regungslos und tauschen Schweißtücher aus. Wie wir am Spätnachmittag dazu kommen, uns in den Kronacherschen Wagen zu setzen, um an den Tegernsee zu fahren, ist schwer zu erklären. Einerseits diese drückende Hitze, andererseits – Raus! Nur raus! hat Kronacher plötzlich im Hofgarten geschrien. Ich kann diese alljährliche Verschwörung der Jahreszeit mit diesen hochgradig unsinnigen Lebensversuchen um mich herum nicht mehr ertragen. Ich... – Fahren wir an den Tegernsee, sagt daraufhin Oellers. Gut, sage ich, fahren wir an den Tegernsee. Am Tegernsee ist der Sommer wahrscheinlich auszuhalten, wie er hier im Hofgarten wahrscheinlich nicht auszuhalten ist (Stocker). Kaufen wir uns noch einen Kasten Bier, sagt Kronacher, dann ist es am Tegernsee mit großer Wahrscheinlichkeit auszuhalten. Ich sage: Gut, kaufen wir uns noch einen Kasten Bier und holen den Kronacherschen Wagen, dann kann uns der Sommer nichts mehr.

Wie wir uns in den Wagen zwängen, sagt Stocker: Setze ich mich in dieser Jahreszeit in einen Wagen, ist diese Jahreszeit wieder zu ertragen. Jetzt sagt Stocker: Mit Ihnen im Kronacherschen Wagen an den Tegernsee zu fahren ist die Rettung. Dann während wir auf der Wittelsbacherbrücke in einen Stau geraten: Bitte, Kronacher, lassen Sie mir Ihr Schweißtuch noch einen Moment, und geben Sie mir eine Flasche Bier, und machen Sie mir diese Flasche Bier mit Ihrem Plastikfeuerzeug auf, aber um Himmels willen, passen Sie auf, daß Sie mir den Bierflaschenverschluß, den Sie

Andreas Otteneder, 1964 geboren. Autor und Verleger in München. 1995 Speak-Akten All (Mitherausgeber)

❶   2   3   4   ⑤   6   7   8   ⑨   0

Das Wort Oktober hat für mich etwas Utopisches.

immer mit der größten Wucht – der für Sie wahrscheinlich charakteristischen Wucht – von der Flasche stemmen, nicht in das Gesicht jagen, wie Sie es letzte Woche gemacht haben. Einen Bierflaschenverschluß in dieser Hitze in das Gesicht zu kriegen ist das Schlimmste! Während Kronacher dem Stocker das Bier aufmacht, skandiert Oellers: Die Fäulnis triumphiert. Wie immer, wenn wir im Kronacherschen Wagen unterwegs sind, steuert Oellers auf Anweisung Kronachers den Kronacherschen Wagen, und wie immer, wenn wir mitten im Sommer in der Stadt inmitten dieser drückenden Hitze stehen (Verdichtung), skandiert Oellers: Die Fäulnis triumphiert, die Fäulnis triumphiert, die Fäulnis triumphiert.

Da schreit Kronacher, der aus der für Stocker vorgesehenen Bierflasche trinkt: Stocker! Das Bier, das Sie gekauft haben, schmeckt abgestanden, obwohl ich, wie Sie sehen konnten, diese Flasche gerade eben aufgemacht habe. Können Sie mir das erklären? Ich werde Ihnen nichts erklären, sagt darauf Stocker, weil ich in dieser Hitze nichts erklären kann. Haben Sie ein zweites Schweißtuch, Kronacher? Ich bitte Sie, geben Sie mir ein zweites Schweißtuch, das wäre die Rettung.

Zu Oellers: Fahren Sie endlich! Benutzen Sie den Bürgersteig. Zu mir: Sie haben auch kein Schweißtuch? Zu Kronacher: Tatsächlich kann ich in den Monaten Juli und August nichts erklären. Kronacher daraufhin, der dem Stocker die Bierflasche zwischen einen der beiden fest an den Körper gepreßten Arme klemmt: In einer halben Stunde frühestens sind wir am Tegernsee. Stocker, dem das Bier, das Kronacher ihm zugesteckt hat, über den Anzug rinnt: Das Wort Oktober hat für mich etwas Utopisches. Dieser Sommer ist unerträglich, nahezu stündlich, hartnäckiger Duschzwang. Kronacher: Anfang August ist das Ende des Sommers noch nicht abzusehen.

Stocker, jetzt plötzlich schweißüberströmt, zitternd: Fahren Sie schneller Oellers, ich bitte Sie, achten Sie nicht auf die Verkehrsschilder. Ich verlange die Höchstgeschwindigkeit, hören Sie Oellers, die Höchstgeschwindigkeit, das Maximum an Mobilität. Holen Sie das Letzte aus dem Rekord, nehmen Sie keine Rücksicht auf die Maschine. Wir haben nicht die Zeit, auf die Maschine Rücksicht zu nehmen. Auf nichts dürfen wir mehr Rücksicht nehmen. Oellers, der tatsächlich in diesem Moment die Autobahnauffahrt ansteuert: Genaugenommen war es ja so: Schlagartig war dieses Frühjahr um, und dieser Sommer hing als stinkender Dunst unter dem Balkonsims. Jetzt müssen wir damit fertig werden. Stocker: Fertig werden, fertig, fertig, fertig, Schweißtuch, nein Kronacher, das kann ich Ihnen nicht erklären, warum das gerade von Ihnen geöffnete Bier abgestanden schmeckt. Erklären kann ich das nicht, wie ich nichts mehr erklären kann. Mit Sicherheit hat auch dies etwas mit dieser fürchterlichen Jahreszeit zu tun. Oellers fast fröhlich: Es gibt Menschen, die stehen mit dem Sommer in einem geradezu freundschaftlichen Verhältnis, fürchterlich nicht? Stocker: Völlig widersinnig, ein widerlicher Gedanke, abstoßend. Sommer! schreit der aus dem Wagenfenster glotzende Kronacher, diese alljährliche Idiotie! Was sehen wir, wenn wir durch die Stadt und im schlimmsten Fall durch eine städtische Grünanlage gehen? Wie diese Leute in der Sonne liegen, hirnverbrannt in der Sonne liegen, aufgebrüht, die Haut zum Platzen angeschwollen. Dazu dieser Geruch, Kokosnußimitate, verdampfender Urin, der Gestank verfaulender Lebensmittel.

Stocker, jetzt in einem tatsächlich erschreckenden körperlichen Zustand (Kreislauf): Sind die Mücken endlich ausgerottet, Kronacher? Ich hoffe, daß die Mücken endlich ausgerottet sind, wie die Fliegen, wie die Bremsen, die Wespen, dieses ganze schwirrend lähmende Naturgesocks. Höre ich am Tegernsee auch nur eine Mücke, ist die Tegernseer Rettung unmöglich, ist selbst der Tegernsee für mich verloren, verstehen Sie, Kronacher, das Schweißtuch bitte. Zu mir: Kurzatmigkeit. Im August regelmäßig asthmatische Denkanfälle. Zu Oellers erneut, stark zitternd: Auf nichts können wir mehr Rücksicht nehmen. Mit der Höchstgeschwindigkeit durch die hochtoxische Atmosphäre, durch das durch und durch verseuchte Lebensmilieu. Atmen wir ein, vergiften wir uns. Unerhört plastische Realisierung des Naturzustandes. Der Sommer ist die Hölle! Nein Kunstwerk! Verstehen Sie, eine künstlerische Höchstleistung. Selbst der Umweltschmutz ist gerade im Sommer ein ästhetisches Phänomen, durchaus ein expressionistisches Naturereignis. Kein Grund, ihn abzulehnen. Wissen Sie, der verseuchte und wie ich hoffe mückenfreie Tegernsee bringt nichts als die Wahrheit an den Tag. Hoffentlich alles vorbereitet. Zu mir: Pestizide, Herbizide. Zu Kronacher: Die Landwirtschaft steht auf unserer Seite. Großartige Instrumente; tatsächlich atemberaubende Ausführung und Bearbeitung der zeitgemäßen Symphonie. Das lautlose Requiem der Wissenschaften der Natur. Totale Stille. Fahren Sie Oellers, fahren Sie! Oellers: Die Fäulnis triumphiert, die Fäulnis triumphiert. Gerade im Sommer triumphiert die Fäulnis. Wie lange noch? (Stocker) Mindestens bis Oktober. Nein! Tegernsee? Ach so, zwanzig Minuten, zwanzig Minuten. Der Sommer ist die Hölle, zwanzig Minuten. Zu Kronacher: Mit einem Kasten Bier durch die Hölle an den Tegernsee. Zu mir: Nein, ich kann nichts mehr erklären. Zu Oellers: Fahren Sie, fahren Sie.

Ist der Schriftsteller ehrlich?

Schreiben – pervertierte Form des Gedankens. Zigaretten, Mutterkomplex, Grammatik, Komma. Frauen, ein neues Thema. Drogen. Kann man ohne Drogen schreiben? Die Grammatik klappt besser, sowieso, aber die Hand verkrampft langsam. Stabile Seitenlange, die Hand verkrampft trotzdem.

Muß man, wenn man Ausdrücke klaut, sie in Prosa auch in Anführungszeichen schreiben, gar mit Fußnote? Muß der Dichter Gema-Gebühren zahlen, Steuern? Druckts BILD, FAZ, oder liest doch nur die Freundin. Sicher nur die Freundin – wenn es da doch eine gäbe. Sex, Abenteuer, Kennenlernen, Zärtlichkeit, Spiel & Lust, erster Frust, Urlaub, Arbeit, Konsum, GeschenkGeschenk, zweiter Frust, Auseinandersetzung, Titten, Brust, Hüfte, Schenkel, alles rosa, Bauchnabel, auch rosa, rot nur Mund und Nippel, Kleiderfarbe farbecht und bei 60, 90, 180 Grad waschbar. Nie etwas bereits Geschriebenes durchstreichen – Geschichtsverfälschung. Außer Rechtschreib- und Grammatikfehler. Lippen weichwohlig Wollust Brustwarzen auf der schmerzenden Hand. Zitternder Oberarm, Schreibfieber. Unfall. Warum Unfall? Unfähig zu lieben. Lieber Haarewaschen. Badewanne versifft, Bad versifft und morgen wieder Küchendienst. Hoover, Schwamm und manche Träume. Wo bleibt die Politik? Warum Politik, wenn ich doch nicht mal eine Frau habe? Und keinen Freund, der mir eine Frau ersetzen könnte.

Ist der Schriftsteller ehrlich? Verdeckt er nicht doch, unter der Fassade des Neo-Realismus, des Sich-Aufdecken-Wollens, seine geheimen Phantasien? Spielt er beim Schreiben mit dem Schwanz, was ihn so inspiriert, und was doch keiner erfahren soll? Was macht die schreibende Frau, wo sie doch keinen Schwanz hat? Sie raucht. Frauen, die rauchen, haben keinen Schwanz. Könnte von meinem früheren Mathelehrer

Hugo Kehr: «Am Ende hat mich die Zange doch herausgekriegt, und ich war da. Als erstes habe ich mir denn die Delle in den Kopf zurückdrücken lassen. Kurz danach war ich das erste Mal süchtig. Später habe ich dann den Hausschlüssel meiner Oma im Polster des großen Sessels gefunden und durfte mir für 2 Mark was vom Büdchen kaufen. Das war lustig. Aber mit der ersten Freundin kam die Normalität. Den Rest kennt Ihr ja.» Mitglied des «Benn-Teams».

stammen. Erste Zigarette, erste Pause, Ruhe für den Arm, Angst, danach keine Gedanken mehr zu haben – armes Ego. Bricht die Geschichte ab, war's vielleicht das letzte Mal für die nächsten Wochen. Jeder kann schreiben. Nicht über Politik, aber über Frauen. Ich will am liebsten einen Soft-Porno mit leicht satirischem Touch schreiben, aber das kommt dann doch weniger zum Tragen. Schreibe, ernster Junge. Dies ist kein Tagebuch. Es soll in die Zeitung. Unter Wirtschaft. Alternative Lebensform für den anpassungswilligen, arbeitslosen Jungakademiker: Schreiben. Doppelpunkt oder Punkt und wieder kalte Füße. Jetzt nach der dritten Seite doch die erste Kippe. Pause. Im Liegen kann man nicht rauchen und schreiben. Wohin mit dem Aschenbecher, der Kippe? Fragen über Fragen, alle trivial, aber Tiefe erreicht das nächste Werk. Stilbruch. Was ist das? Kann man eigentlich Stilbruch begehen? Stilbruch als Bruch, als Vergehen, als strafwürdige Tat, die doch so oft straffrei bleibt, aber nur selten ungesühnt. Werde weich bei dem Gedanken, eine Frau zu streicheln. Beim letzten Satz deutete es sich an, und nach kurzem Kampf mit der Rechtschreibung wird es manifest, eine Latte. Ohne Doppelpunkt.

Warum verbergen so viele Jungen ihre Latten vor den besten Freunden?

Und schon wieder weg. Wieder an zarte Wangen, schokoladeverschmiert, an Filme mit Mann und Frau und Honig und Musik denken, schon ist sie wieder da. Härter als je zuvor. Mich hat noch nie ein Junge mit Latte gesehen, auf jeden Fall nicht mit 'ner richtigen. Nur morgens. Warum verbergen so viele Jungen ihre Latten vor den besten Freunden? Ein Kuß auf die Spitze des ach so erregbaren Gefährten, dann wieder der feste Griff in den After. Pressen, lockern, pressen, lockern. Das Gesicht ist entspannt, alles, als wenn bald Blut fließen wollte. No dope, no hope. Die Latte ist auch wieder weg. Letzter Versuch, doch noch zum Soft-Porno zu gelangen. Stelle mir meine Exfrauen vor. Nackt, in einer Reihe stehend, vornübergebeugt, überall schnell rein, wieder raus. Bei welcher wird es kommen? Schon besser. Die Hosen aus, ein neuer Versuch – Wehner läuft über den Bildschirm. Schnell weiter. Liebkosung, Kuß, Zunge über Hals, langsam aber bestimmt tiefer, immer tiefer. Nicht zu laut küssen, sanft, feucht, tiefer. Aber immer durchdacht geplant. Nur im Orgasmus rettende Sekunden des Nicht-denken-Müssens. Direkt danach Ernüchterung. Sie will auch befriedigt werden. Also weiter ohne Gefühl. Dieses nasse, glitschige, wabbelige, klebrige Etwas hin- und herbewegen. Auch mal ausschweifen. Die feuchte Hand zum Gesicht, über die Wimpern fahren, ganz sanft. Die glatte, weiche, gerötete Haut, der geöffnete Mund. Die linke Hand wieder zum Ausgangspunkt zurück. Decke drüber, ihr wird kalt. Mir nicht. Ein Kuß auf ovales Mundrund. Aufeinanderpressen. Fühlen, daß da was ist. Nicht bloß Sex. Verstehen. Freundschaft. Vielleicht Liebe. Durch das leichte, unterdrückte Stöhnen der Partnerin auch wieder eigene Gefühle. Zart greifen Hände ineinander, berühren sich, verzahnen sich, um dann wieder auszuschwärmen, suchend, entdeckend. Bis dann das noch halbsteife Glied eindringt. Und dieses Glücksgefühl! Besessenheit! Langsames, gefühlvolles Berühren der Brust, der Schenkel, des Arschs..., wieder zu früh. Unterdrückte Enttäuschung. Licht an, aufs Klo, Klopapier, Handtuch, ins Bett, Licht aus, gut' Nacht, Kuß, Morgen halb neun, au Scheiße, Nacht.

Wieder dieses Spielen am eigenen Geschlecht, Stift im Mund. Strich auf frischem Leintuch. Also weiterschreiben. Husten aus dem Nachbarzimmer – WG-Life by night. Kalte Füße, Ölöfen, die nicht gehen, sollte man vom Vermieter auswechseln lassen. Der Wagen braucht auch wieder Frostschutz, jetzt zittert der linke Arm. Vielleicht noch 'ne Kippe. Schreiben hält einen besser wach, als ich gedacht hatte. Lesen nämlich nicht. Nach spätestens sechs Seiten liegt man flach, also ganz flach, und dann immer die Diskussionen mit diesen Mode-Intellektuellen: Was? Noch nicht gelesen? Ja wie denn auch. Aber dafür geschrieben! Auch noch nicht gelesen? Ha! Langsam verstärkt sich der Wunsch, Selbstgeschriebenes auch mal zu lesen. Das wäre wohl der Gedankentod. Unordnung, Chaos, Häuserbesetzung, Punk. Woran man nicht alles denkt, wenn man schreibt, aber darüber gar nicht schreiben will. Oder soll. Wieso soll? Irgendwie Pflicht gegenüber dem Ego, der Kunst im Selbst.

Wenn die Füße nachhaltig kälter werden, auch der Oberkörper, und die Gedanken ärmer, auch die eigenen, sollte Schluß sein. Also.

Of Hope and Glory

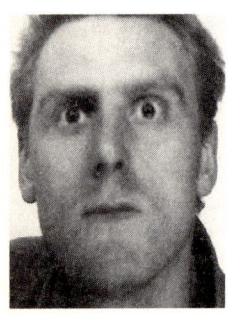

William-Philip Magee, geboren 1963 in Blackburn/Lancashire, Nordengland. Seit 1986 Odyssee durch die Arbeitsämter der EU. Experimentieren mit den üblichen literarischen Genres. 1994 Mitgründung des «Benn-Teams». Lebt zur Zeit in München.

Als die Problematik der Wiedervereinigung Irlands sich in der Ära nach Thatcher endlich zu einer öffentlichen Debatte entwickelte, hatte dieses Ringen um Englands älteste Kolonie bereits eine 400jährige Geschichte hinter sich. Schon 1980 gab es auf der Welt 60 Millionen irische Reisepässe, deren Besitzer, über die ganze Welt verteilt, durchaus einflußreichere Positionen erlangten, als es das ihnen von den Engländern zugeschriebene Klischee vom New Yorker Polizisten oder vom texanischen Whiskeypanscher erlaubte. In der Wallstreet fielen täglich Namen wie O'Connar, Casey und Mahoon. Der stolze irischstämmige Amerikaner konnte ab 1982 täglich beobachten, wie sein heimatliches ‹Punt› das britische ‹Pound-sterling› im Wert überstieg.

Nicht nur in Amerika wurde diese Entwicklung begrüßt und unterstützt, auch im Land des mächtigen Yen träumten die Japaner von einem Triumph über die Briten, von einer zweiten zinsgünstigen Schweiz, «prall wie ein eiternder Furunkel direkt am Schließmuskel des Land of Hope and Glory». Mißmutig verfolgten die englischen Konservativen den Ansturm von Investoren, Fabrikanten und Agenten auf die irische Republik. Topmanager mußten aus der ganzen Welt, nicht zuletzt mit attraktiven Freizeitperspektiven, angelockt werden. Der Kampf um die irische Nacht, jetzt ohne Patrouillen und Ausgangssperre, konnte beginnen.

Duffy lag, Arsch und Füße von zwei Sitzen gestützt, einnickend in der Ankunftswartehalle des Nock International Airport. Sein verknitterter Anzug zeugte von mehreren durchgemachten Nächten als Geschäftsreisendenbetreuer. «Die Amerikaner waren es», dachte er. Die Scheiß-Amerikaner, mit ihrem unlöschbaren Durst nach allem, hauptsächlich Flüssigkeiten, was ihnen das Gefühl zu vermitteln vermag, echte Iren zu sein. Es war schlimm. Sie kamen, sie sahen und sie soffen… und er mußte mit. Sie benützten ihn, wie einst ‹Sir› Edmund Hillary den Scherpa Tensing. Auch die Engländer, an sich eher unproblematisch, benahmen sich wie ahnungslose Idioten, die eins auf Klugscheißer machten. Die Deutschen waren wie die Engländer, vielleicht etwas anstrengender dadurch, daß sie länger nüchtern blieben. Vor vier Stunden hatte er eine stark verkaterte und furzende Reisegruppe aus dem texanischen Austin auf die erste Maschine nach London gepackt. Er verbrachte darauf drei qualvolle Stunden in der Wartehalle. Durch seinen alkoholisierten Halbschlaf verfolgten ihn dunkle, übelwollende Gestalten aus der südirischen Gastronomieszene. Vor einer Stunde peep-peepste sein Reisewecker. In einer halben Stunde würden die Japaner landen.

Duffy schleppte sich zur Bar und bestellte einen Kaffee. Ein pinkfingeriger, rotäugiger Inder aus Nottingham nahm seine Bestellung entgegen und schob die randvolle Tasse, wie ein halb gegessenes Chappatti, zwischen Theke und Duffys abgesenktes Gesicht. «Ein Punt und vierzig, Sir», sagte der Inder, das Wort ‹Sir› betonend. Duffy haßte es, wenn Brits oder Sikhs ihn als ‹Sir› bezeichneten. Duffy schlürfte betäubt an der dunklen Flüssigkeit und richtete sein stark verengtes Blickfeld auf das riesige Fenster zum Zollbereich. Ganz hinten kamen schon die ersten Japaner. Ihre Bewegungen versetzten Duffy fast in Trance. Sie gingen hintereinander, paarweise, trotz des riesigen Platzangebotes, als ob unsichtbare Glaswände die Räumlichkeit teilten. «Unglaublich», dachte er, «wie eine Prozession, es fehlt nur noch irgendein Kultobjekt!» Duffy verging schnell das Lachen:

Auf den Schultern trugen die Japaner tatsächlich einen sechs Meter langen Holzphallus. Irische Zollbeamte kratzten sich nachdenklich an Kinn, Arsch und Kopf. Duffy dachte an den Tag, als Papst Johannes hier landete. Vier Stunden später, nachdem mit Mühe und Not der enorme Phallus auf dem Dachträger des Ford Transit angebracht war, stellte Duffy mit Entsetzen fest, daß einer seiner Reifen durchstochen worden war, und an dem Ort, wo sein Radkreuz hätte sein müssen, befand sich ein Zettel: ‹Die Japsen bringst du zu mir, alles klar!› Der Zettel stammte von dem gefürchteten Mahoon, der sich zur Zeit im bitteren Krieg mit dem ebenfalls gefürchteten «Wally» Watson aus Londons East End befand. Nachdem Duffy mit dem Hotel telefoniert und drei Taxis mit Japanern vollgestopft hatte, legte er sich über die drei Vordersitze des Transits und schlief.

Nach vier Stunden Schlaf und einem Telefonat machte sich Duffy jetzt, etwas aufgemuntert, auf den Weg ins Hotel. Gerade als er sich seine erste Zigarette des Tages gönnte und das Radio einschaltete, wurde er von einem verbeulten Ford Granada zum Anhalten aufgefordert. Vier Männer, Kaliber East-End-Bodybuilder, stiegen aus dem Auto und schritten bedrohlich grinsend in Richtung Duffys Transit. «Tag, Duffy», lächelte der erste, während er den Scheibenwischer rechtwinklig zur Schutzscheibe bog. Ein zweiter öffnete die Fahrertür und zog Duffy heraus. Ein dritter stieg ein und fuhr mit dem bepackten Transit davon. Der vierte hielt Duffy am Kragen fest und klatschte ihn big-brüderlich auf die Backe. «Wally hätte sehr gern, daß die Schlitzaugen heute abend bei ihm speisen. Das läßt sich doch wohl einrichten, Duffy, oder?» Die Hand, die ihn am Kragen hielt, bewegte sich hin und her und erzeugte bei ihm ein groteskes Kopfnicken. «Gut, Duffy, so ist's brav, sonst werden wir den Riesenpimmel schön einfetten und ihn dir in den Arsch schieben! Und sollte dieser katholische Wichser Mahoon sich bei dir beschweren, sag ihm, Wally meint, es ginge in Ordnung.» Sie lachten alle ihr dummes Cockney-Gelächter, stiegen in den Granada und verschwanden in die Dämmerung.

Die japanische Sprache kennt siebenhundert Schriftzeichen, über zwanzig Millionen Wörter und, wenn es um die Schätze Nippons geht, keine Gnade. Duffys Ankunft in der Lobby des Hotels wurde so herzlich quittiert, als käme Erich Honecker aufs Münchner Oktoberfest. Duffy sah keine Möglichkeit, die Gruppe zu besänftigen, und ergriff die Flucht. Zu seinem Entsetzen aber erkannte er, daß die Japaner ihn die Straße rauf verfolgten. Durchs Einkaufszentrum, vorne rein und hinten raus aus der Staatsbibliothek. Hartnäckig waren sie, die kleinen Japsen. Duffy sah seine einzige Chance darin, das Massagerestaurant des gefürchteten Wally aufzusuchen und dort die Zahlungskräftigen abzugeben. Mit der Meute dicht auf seinen Fersen umrundete Duffy die letzte Ecke und stürmte über die Schwelle. Duffy hatte kaum Zeit, die Szene in ihrer Gesamtheit wahrzunehmen, sah nur, daß der lang gesuchte Phallus, glänzender Schatz der Nippon Corporation, jetzt von der Decke über einem Tisch für zwanzig Personen hing. Die hereinstürmenden Japaner verloren sofort ihr Interesse an Duffy, der in dem darauf folgenden Gedränge gegen die Bar gedrückt wurde und einen doppelten Rippenbruch erlitt. Duffy wurde per Krankenwagen abtransportiert, während Handlanger des gefürchteten Wally seine Reisegruppe bewirteten.

Duffy wurde ambulant behandelt, gegen vier Uhr morgens trat er hinaus in die kühle irische Nacht. Fünf Schritte von der Krankenhauspforte entfernt stand der Wagen des gefürchteten Mahoon. Mahoon saß hinten links und kurbelte das Fenster runter. «Duffy, weißt du, Brecht hat gesagt, kleine Leute haben keinen Nutzen vom Krieg. (Mahoon hatte in München Politologie studiert und verstand was davon.) Ich dagegen sage, daß kleine Leute keinen Nutzen von so einem liberalen Frieden haben.» «Meine Großmutter hat das besser formuliert», spuckte Duffy, «mein Junge, sagte sie, die Welt ist voller Scheiße, jetzt gehe hinaus und friß sie.» (Duffys Großmutter war Professorin für Volkswirtschaft in Dublin und wußte auch, wovon sie sprach.) Es bedarf keiner detaillierten Beschreibung des Darauffolgenden, um unser Mitgefühl für den armen irischen Reisebegleiter zu verstärken: Genug gesagt, daß die Qualen, die die Prügler Mahoons Duffy bereiteten, zu einer neuerlichen ambulanten Behandlung führten.

Um sechs Uhr dreißig befand sich Duffy, linker Arm in Gips, wieder an der Bar des Nock International Airport. Seit einer Stunde trank er nur Bacardi und Cola – sein Leibgetränk. Vor seinem entstellten Gesicht lag die Zeitung: «Kein Friedensnobelpreis für John Major», hieß es auf der Titelseite. Er versuchte sich zu konzentrieren. Ein Gedanke bildete sich aus seinen Erfahrungen und Gefühlen. Er fühlte sich wie das Land Irland selbst, das seinen Kopf hebt, den Mund öffnet, und noch während es seine eigenen Interessen artikuliert, von einer Nebensächlichkeit unterbrochen wird. Peep-peep! Sein Reisewecker. Das heißt, in einer halben Stunde kommen die Südafrikaner.

krieg portrait hoffnung tod

ich spreche eine wüstensprache
niederdrückung selbstgezüchtet
aus dem hirnschlamm vager meerbrauner
metaphysik
ein manisches in sich verschwinden
und dessen unvermögen

dann kokain und wodka
nächte aus sprachgezisch hohn
gewimmer und blutandrang
traumstürze tierhaft erbärmlich
witternd gewissermaßen das nichts
eine ewig währende kühle
schnee schnee auf alle regime
zwischen mördern und schlachten
länder die ich nie sah

stille am ende des elends
unauffindbar der mensch

jetzt kindergeschrei
fröhliches entsetzen
das auge der liebe richtet
vertikalen des betrugs auf

scardanelli, lyriker geboren 1964 führt bis 1994 ein schwarzes kabinett für wort und wodka in berlin hält sich in neuseeland island der sahara der mongolei und im himalaya auf als buch erscheinen 1991 «elegien vom ende der welt» 1993 «die litanei des todes» 1996 «hautabziehn»

2

aus laubkronen einer insel
steigen nach einem gewitter
exotische vögel ins azur der nacht
ihr gesang übertrifft allen schmerz
des menschen
und den schrei aus korridoren

l'arbre des songes
zweige einer violine wachsen
über den sternenhimmel eines rasenden
nordmeers
mandelblüten über diese fremde welt
mandelblüten am abbruch der zeit
es ist aus

nur die foltermaschine sprache dröhnt
ihr finsterglanz zweischneidig
gefüttert mit meinen eingeweiden
zerebralem würgen und trommelfellfetzen
nur die foltermaschine sprache
geschliffen wie eh und je
romantisch bestialisch ausweglos
unaufhörlich in betrieb

ich spreche eine wüstensprache
die augen längst ins hirn gedreht
sanduhr zerrinnenden gesichts
lautlos und umsonst

es ist aus
manchmal im schacht der leere
klirrt ein hoher ruf empor
in diesen selbstmordfrühling

ausgeschlossen

in dieser Lage bekommt man nur Besuch
von Schlüsseldiensten: ausgesperrt am ersten

Frühlingstag & um mich herum spielt jeder
Kleinfamilie, EXPRESS beschwört Natur

Recht. Ständig tauschen sie Symbole & festigen
stabile Brechung sich, nur so fühlt man sich echt

& ganz; schon schwirrn erste Insekten durch
Frequenzenluft, ich fledder die Archive meiner

nebelhaften Logik & blicke auf gebrochene
Notizen, Kampfansagen (Leben): *Ich bin der*

Text, der gar nicht Text sein will.

Ingo Jacobs, alias Johnny
Malmédy, geboren 1969 in
Johnny (Belgien). Seit
1988 in Köln. Viele Tätig-
keiten (Singen, Schreiben,
Studieren). Veröffent-
lichungen: «Auf Besuch
bei der zölibatären
Maschine», «Strick-
mustervorlagen»,
edition Krautgarten,
Sankt Vith 1992.

Take me back to,

wo ich nie war, werd ich nie gewesen
sein. lieber R.-D., hier geht weiter
alles seinen Gang, ich stehe ständig

daneben & schnorre Erleben, das
mich wegputscht wie Stimme, die
verliehen, ständig imitiere ich mich

selbst. Ameisenstaaten im Bauch &
überall ein Verständnis organisierter
Körper: «Frauen als Frauen, Männer

als Männer verkleidet», wie Du mir
schriebst. ich glaube, auch ich bin nur
werktätig: im Traum nannte mich wer

«ein Männlein mit großem Trauma»,
ich saß in einer Weite durchquerenden
Eisenbahn & schüttelte GIRLS aus dem

Ärmel (sie waren wie Kinder für mich).
Heilerwartung GLÜCK ZU DRITT, dachte
ich andrentags vorm *Mund der Wahrheit*:

«Sie sind vexiert & fern der Wirklichkeit.»
Komm, sagte ich zur Hirnamme, komm
wir finden Schlaf, den kleiner Bruder des.

Zerebral Kaustik

bin ich motorisch notorisch oder umgekehrt,
bestimmt? im Geschwafelgeschwader *bin
ich alle gleich*, nämlich Hungerteig; poröse

Geschichte, was ich zu mir nehme verlängert
mir mein Leben. was hab ich da an meinem
Bein wenn es nicht ist von mir? ich war chien

triste («tiens, chimique?») & von selbst redend
Phänom: «ich wollte öffnen Türen zu der sign's
fraction, zusagen Baum zum Baum». dann seh

ich hier geschrieben: ich hab das Deutungslos
gezogen: DIESER TEXT WIRD SICH IN 10
SEKUNDEN SELBST ZERSTÖREN, ich hab das

Hören fast verloren & stehe, starre, jeden Tag,
Beobachtungsposten eins a Weltformeln, denn
«ich bin nichts und was ich suche: Alles», bißchen

viel, sehe ich ein, Zerfall, die Arbeit Muskeln
meiner & mein Lieblingswort: Absensen oder
neuer Richten? was ich wohl bin? ein Textver-
arbeitungsprogramm? «Postkarten an Lichter»?

Kleines Wir

hier in meinem Institut für
Keine Kommunikation, sitz
ich & nenn es Unterhaltung:

das Huschen der Elektro- &
Geheimregierung, umgarne
mich erhabenen Abklatsch,

frage mich: in welchem
Haus bin ich, was ist das:
Haus? Ertrinkungsheilanstalt?

oder die Kammer, in der ich
turne, Klimmzüge möglicher
Verweisungsstangen, hier &

dann dahin, Diffuses, Wir,
das nicht bei Trost & klein,
ich denke, wenn ich denke:

die a.

Klassenfahrt

Jörg Heiser, 26.5.68, Autor und Musiker, Köln. 91–94 Mitherausgeber/ Red. Kulturmag. Heaven Sent. Schreibt für Spex, Texte zur Kunst, taz, Zürich. Tagesanz., Stadtrevue Köln u.a. Seit 86 Sänger/Gitarrist von Svevo, Debütalbum «eher uncool», 2. Album Juni 96. Doktorarbeit über Verhältnis Popmusik/Kunst 96ff.

Gestern waren wir bei den Probeaufnahmen für den Film, den wo wir von den Banden drehen wollen. Achim ist der Anführer und hat auch die Super-8-Kamera von seinem Vater. Wir haben keinen Ton, dafür ging dann auch das Bild nicht. Michael ist der Anführer von der anderen Bande. Die Handlung ist, daß wir eine Straße haben und die anderen eine andere, dann kommen wie uns in die Quere, aber keiner gewinnt. Matthias soll tot umfallen, und alle laufen weg. An Mädchen spielt nur Michaela mit, sie ist ein Junge.

Offenbach, September 1978

Liebe Mutti und lieber Papa,

mir gefällt es hier sehr gut. Das Essen schmeckt gut, aber wir haben Dobbelbedde und wandern immer. Das Wetter ist gut. Euer Manfred

Odenwald, Herbstferien 1977

Was bleibt eigentlich von den Geschichten, wo ich auch noch jeden Scheiß gut finde, weil jemand ihn gut findet, den ich gut finde, dessen Gründe ich gut finde, das gut zu finden, was eigentlich Scheiße ist? Wo von mir aus «Sozialisation» genug Gründe liefert, gute Gründe. Von den Geschichten, wo ich etwas schlecht Sitzendes durch eine aufrichtige Liebe von jemand schillernd Gutem als total aufgewertet wahrnehme – und nicht umgekehrt diesen Jemand total abgewertet? Das Prinzip stimmt ja. Nur viele von den Gründen finde ich jetzt nicht mehr gut – zu gallig, automatisch, zu panisch euphorisch oder starr beleidigt – und am Ende die Leute zu diesen Gründen auch nicht. «Sozialisation». Eine Zeitlang habe ich viel wegen dieser Geschichten unterschrieben, als Pfand für das Tauschgeschäft, an dem ich nuckelte und das ich für kommunale Liebe hielt über die Grenzen hinweg auf dem verlassenen Bauernhof hinter der Schrankwand mit den Platten und den Büchern. Eine jede Form von Sehnsucht nach einfachem Glück und Hingabe für die komplizierte Überwindung von Übel, die sich auf eine pockennarbige Tragödie in seidenem Morgenmantel wirft, versucht mir den Herrenwitz als Leidensgeschichte anzudrehen.

Düsseldorf, 26.5.1992

Bevor ich mich daranmachen kann, diese ganzen Quellen auszuwerten, muß ich erst mal wissen, welche Exklusionen sie durchlaufen. (Meta-Ebene reinbringen?) Ich kann ja nicht bei Leuten, die ich nicht kenne, hingehen und sagen: Ich mach da so eine Arbeit an meinem bahnbrechend interdisziplinären Soziologie-Fachbereich, können Sie mir mal was aufschreiben, sagen oder raussuchen aus Ihren Schubladen, was für Sie Ihre Entwicklung/Sozialisation ausmacht/charakterisiert/ Ihnen am bleibendsten in Erinnerung geblieben ist. Ich konnte doch nicht im Ernst glauben – habe ich aber –, daß es reichen würde, ihnen zu sagen, daß ihr Name von der Quelle getrennt behandelt würde: und sie nicht trotzdem eine Lawine lostreten an Am-Kern-vorbei-greifen-Müssen, überhaupt Um-den-heißen-Brei-herum-Aussuchen, weil ich es lesen würde, weil sie es selbst wiederlesen oder wiederdenken müßten, weil irgendwelche Kulturmenschen sich unbekannterweise daran hochziehen würden.

Und selbst wenn es, wie geplant, 2000 Quellen werden sollten, und egal, ob erinnert neuerzählter oder originaler, sozusagen unredigierbarer Kram (komisch: auch die originalen Quellen, die bisher eingegangen sind, lesen sich, als wären sie noch «durchgesehen», wie man sagt) – am Ende wirres Durcheinander hinter einer milchigen Glasscheibe. Oder: Freilegen durch Freischwimmen. Am meisten habe ich Schiß, daß er merkt, daß auch welche von mir dabei sind.

Wobei, der warme Tip vom Herrn Professor, ich soll doch im Vorfeld einfach mal so ganz frei dazu was aufschreiben, das werde ihm auch immer die Vorstufe zu einer ordentlichen Durchstrukturierung, riecht mir auch immer mehr nach Therapie. Und wir kreisen dann weiter umeinander in unseren selbstbeschriebenen Umlaufbahnen.

Köln, 30.10.95

① ❷ ③ 4 5 6 7 8 9 0

Mein Vater sagt immer zu mir, sei nur jetzt so links wie's nur geht, damit du dir im Alter halbwegs eine Gesinnung herüberrettest. Er ist ein Gewerkschaftlhuber. Immer noch besser, als wenn er sagt, in deinem Alter hab ich das auch noch geglaubt. Das war in Salzburg, wo er mal mit einem Kollegen zusammen den Weihbischof erwischt hat, wie er Plakate von den Kommunisten abgerissen hat. Hört sich an wie bei Don Camillo, aber den haben sie dann zur Wache geschleppt. Ist ihm zwar nicht viel passiert, aber es war ihm furchtbar peinlich gewesen, und am nächsten Tag stand es in der Zeitung, und es war wochenlang Stadtgespräch. Dabei war mein Vater schon längst in der SPÖ, aber die Pfaffen hatte er immer noch gefressen mit ihren Käppis. Das war 1975.

Dann hatte ich aber ausgerechnet den Weihbischof in Reli, und wir haben ein Lied gesungen, daß Gott das Brot gemacht hat, das wir essen, und die Häuser, in denen wir leben. Er wußte, wer mein Vater war, und hatte sich bisher aber nichts anmerken lassen. Ich hab nicht mitgesungen, und dann hat er mich gefragt, warum ich nicht mitsinge wie die anderen Mädchen, und ich hab gesagt, weil ich den Text nicht verstehe, warum soll denn Gott das Brot gemacht haben, das doch der Bäcker macht, und das Haus, das doch der Maurer macht.

Köln, 15. 8. 1995 (Salzburg, 1975)

«Na, wie war's gestern, hast du dich gut amüsiert?» sagt er an den Türrahmen gelehnt, die Hände in den Hosentaschen, ein Stand- und ein Spielbein, weinrote Lederpantoffeln. Pause. «Wir haben auch immer bis in die Puppen gefeiert.» Ich antworte nicht und sortiere weiter die Socken und die Unterhosen in die Schubladen der Kommode.

Köln, 23. 10. 1995 (Solingen, Sommer 1982)

«Dei Fleschmatischkeit, dei Lässischkeit, streckst dei Fies unner de Disch, bringst ko Leistung.» Ich blicke ihn kurz an, sage nichts und tue weiter so, als würde ich etwas auf meinem Schreibtisch suchen.

Düsseldorf, 25. 10. 1995 (Offenbach, Winter 1985)

Ich war vielleicht sechzehn oder siebzehn, da habe ich zum erstenmal erschrocken gemerkt, was ein Gesang mit einem Gesicht zu tun hat. Klaus, der ein paar Jahre ältere und coolere Freund und Fernmeldetechniker, dessen beiden Helden Bruce Springsteen und Blixa Bargeld hießen und der diesen offensichtlichen Widerspruch natürlich zu verteidigen wußte, hatte mir die Mini-LP der englischen Band The Sound aufgenommen. «Shock of Daylight» hieß die, und wenn ich mir heute die Kassette zum erstenmal seit fast zehn Jahren wieder anhöre, wundere ich mich, wie diese songbegabte, aber insgesamt doofe Waveband damals so sehr den spätpubertären Sommer ausleuchten konnte. Der Geruch von Haarlack und der Blick auf die friedlichen Vorortstraßen von Mainz-Bretzenheim, in denen ich damals die Supermarkt-Werbebroschüren ausgetragen habe und versuchte, die damit vergeudete Zeit durch Walkmanhören zu ertragen. Den Rest der Kassette füllten Cabaret Voltaire und Spear of Destiny aus. (Kirk Brandon, der Sänger von Spear of Destiny, hat eine Verleumdungsklage gegen Boy George laufen, weil der ihm in einem Song vorwirft, sein Schwulsein nicht nur vor anderen, sondern auch vor sich zu verleugnen und deshalb geheiratet zu haben). Die Stimme des Sängers von The Sound klang nach einem klaren schlanken Rebellengesicht, Burt Lancaster als roter Korsar. Ich glaube, Anja und Gabi sahen das auch so.

Allein mit der S-Bahn von Mainz nach Frankfurt, in der Batschkapp spielen The Sound. Hoffentlich kriege ich noch die letzte Bahn zurück. Das war, wenn ich mich recht erinnere, das zweite Mal dieser Weg; beim erstenmal sollten es The Smiths sein, aber da war ich vergebens gekommen, denn Morrissey war krank und nur die okaye Vorband Red Guitars spielte für fünf Mark. Ich weiß nicht mehr, warum damals keiner mitkam zum The-Sound-Konzert und warum ich dann alleine erschrocken berührt darüber sein mußte, daß der Sänger mit dem Gesicht von Burt Lancaster namens Adrian Borland oder so gar nicht wie Burt Lancaster aussah, sondern ein bißchen wie mein Sozialkundelehrer Norbert Müller plus Doppelkinn. Danach konnte ich nie mehr The

Sound hören ohne diese Enttäuschung. Bei Hüsker Dü hatte ich diese komische Sehnsucht nach schöner Rebellion in einem Sängergesicht offenbar schon abgelegt, denn kaum was schien mir einleuchtender und angemessener als das teigige Gesicht von Bob Mould.

Frankfurt, 13.10.1995 (Mainz 1984)

am freitag war ein punk-fest mit krach (aus gauting), junks und desaster. desaster sollen demnächst in den norden kommen. desaster kann man nicht beschreiben. aber wo die spielen, gibt's immer einen haufen aktion. gegen die razors oder coroners eher harmlos! so ist das halt in münchen, wir haben ungefähr den stand von 77/78 in england. jeder, der ein instrument hat, darf auf die bühne. das sorgt halt immer für einen riesigen spaß! positiv ist in münchen, daß die meisten bands deutsche texte haben. leider sind die noch sehr banal. (zum beispiel «ich habe zahnweh» von den junks oder «menschenfresser», «kein bier für bruno» von desaster) die münchner punks sind meistens kräftige typen und im durchschnitt älter als die im ruhrpott oder hamburg. in münchen gibt es um 100 punx (skins, freizeitpunx inbegriffen). ich schätze, daß es etwa 70% oberschüler sind (ich war übrigens realschüler und bin jetzt zwei jahre arbeitslos – arbeitsscheu).

Fanzine «Endlösung», München, ca. Frühsommer 1980

Für Sie

Ich gehe jetzt, denn es ist schon halb sieben, endlich nach Hause. Ich denke an mein Leben, während die Treppenstufen beim Hinablaufen immer weniger werden. Warum mir gerade jetzt mein Leben wieder einfällt? Dafür gibt es Gründe und Ursachen. Ich kann das herleiten. Genaugenommen ist mir seit heute morgen um elf immer mal wieder mein Leben entgegengekommen. Das liegt daran, daß ich gestern nacht noch bis in die Puppen die Biographie von Audrey Hepburn gelesen und dabei viel über diesen Menschen gelernt habe. Wenn ich Biographien lese, muß ich auch immer an mich denken, denn auch ich habe eine sogenannte Autobiographie. Sie hat zu tun mit meinen Vorlieben und Nachteilen, meinen spezifischen Merkmalen und Eigenschaften, kurz: mit mir als Mensch.

Ein Mensch kann die unterschiedlichsten Charakterzüge haben, auch ich habe welche. In einer Frauenzeitschrift, es war, soweit ich mich erinnern kann, eine dieser ganz neuen, modernen, gestylten, für die Frauen unter 35, die ohne Kochrezepte auskommen, dort habe ich gelesen, daß es gerade für mich wichtig sein kann, Zuordnungen vorzunehmen, und zwar was die Eigenschaften betrifft. Ich soll lernen, die vielen verschiedenen Eigenschaften den vielen verschiedenen Tierkreiszeichen zuzuordnen, so daß das vom Ergebnis her stimmt.

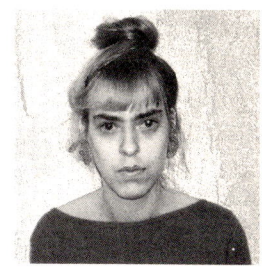

Kerstin Grether, geb. 1971, von 86 bis 90 Herausgeberin des Musikfanzines «Straight», Anglistik/Philosophie/Politik-Studium, seit Anfang 94 Kulturredakteurin der Musikzeitschrift «Spex». Zahlreiche Essays und Vorträge zu den Themenschwerpunkten Pop/Feminismus/Theorie, u.a. auch für «Texte zur Kunst» und «Konkret». Lebt und arbeitet in Köln.

Es gibt: launisch, aggressiv, zurückhaltend, pessimistisch, jähzornig, hinterhältig, rachsüchtig, verführbar, starrsinnig. Jetzt habe ich automatisch die negativen Eigenschaften aufgezählt. Das liegt vielleicht daran, daß es schöner ist, seine Mitmenschen mit einer solchen negativen Eigenschaft zu konfrontieren. Die Tierkreiszeichen gibt es jeden Tag neu. Das ist toll. Ich darf dann jeden Tag etwas Neues lernen.

Wenn ich an einem Kiosk vorbeilaufe, wie jetzt gerade, wo

① 3 4 5 6 ⑦ 8 9 0

ich auf dem Heimweg bin und einmal unterirdisch umsteigen muß, kommt wie von selbst eine Stimme aus dem Off: *Machen Sie mal Pause.* Das geht leider nicht jeden Tag. Auch jetzt kann ich gerade nicht Pause machen, denn das unterirdische Umsteigen erfordert eine schnelle und leichtfüßige Orientierung in die richtige Richtung. Aber schön ist doch, daß es selbst unter der Erde diese Angebote gibt, und theoretisch könnte ich hier sogar für nur DM 2,00 einen Kaffee trinken oder in der Preislage von DM 0,60 bis DM 5,00 ein Eis essen.

Körperlich erziele ich positive Effekte, wenn mir einfällt, wie viele Dinge ich jetzt auf einmal tun könnte. Ich freue mich, also laufe ich besonders schnell. **Ich spüre den Druck des Fußbodens als Energiequelle unter mir und den Glanz der Werbetafeln als Kraft neben mir.** Die Energie geht von meinem Fußballen in meine Ferse über, wandert weiter nach oben zur Wade und erreicht in Sekundenbruchteilen mein Knie. Dabei bleibe ich immer mit einem Fuß am Boden, und selbst der jeweils andere zieht schnell und automatisch nach. Für uns moderne Stadtbewohnerinnen, das weiß ich inzwischen, ist ein gewisses Maß an Bodenhaftung nämlich unentbehrlich. Audrey Hepburns Stil prägte eine ganze Generation. Wenn jetzt die 50er Jahre wären, müßte auch ich einen Vergleich anstellen zwischen Audrey Hepburn und mir. Wir sind nämlich beides Frauen. Das engt den Kreis der Betroffenen natürlich erheblich ein. Manchmal, wenn ich mich gerade gefragt habe, was das ist, eine Frau, hat es mir wieder jemand gesagt oder bestätigt, und ich habe dann gleich wieder gewußt, daß auch ich dazugehöre. Es ist nämlich immer schöner, irgendwo dazuzugehören, als nicht dazuzugehören. Wir schließen natürlich keinen aus, der dabeisein will. In unserem Himmelreich ist jeder willkommen. Selbst schwarze Frauen haben seit 1980 das Recht, sich mit sich selbst zu identifizieren. Eigens zu diesem Zweck hat die Firma Matell im Jahre 1980, das habe ich ebenfalls gelesen, «Christie» erfunden. Das klingt jetzt erst mal sehr abendländisch-angelsächsisch, aber Christie ist die erste schwarze, oder sagen wir besser, braune Barbie-Puppe für Kinder zum

Barbie-Puppe-Spielen. Das war sehr gescheit von der Firma Matell, denn es gibt ja auch schwarze, oder sagen wir besser, braune Kinder. Sehr traurig für Christie war allerdings, daß sie auf den Gruppenfotos in den Werbeanzeigen immer nur im Hintergrund zu sehen war. So was merken sich die Kinder. Aber vielleicht lag es ja daran, daß sie als einzige Dunkelhäutige mit ihrer dunklen Haut so hervorstach, und man wollte doch sicher nicht alle anderen benachteiligen. Ich stelle mir vor, daß man als einzige schwarze Person auf so einem Gruppenfoto ganz besonders auf seine Haut achten muß. Wenn viele Weiße auf einem Fleck stehen, fällt es vielleicht nicht weiter auf, wenn die Haut eines einzelnen Weißen mal ein bißchen unrein ist. Unsere äußere Schutzhülle, die Haut, ist nämlich sehr sensibel, geradezu herrisch verlangt sie immer nach der bestmöglichen Behandlung. Das sollte ich mal versuchen, zum Beispiel im Arbeitsalltag, wo es manchmal sehr hart, auch unter der Gürtellinie, zugeht.

Aber darf man dafür jetzt die Haut schlechtmachen? Ich finde, die Haut ist etwas sehr Wichtiges. Auch sie hat es nicht leicht im Leben. Ständig wird sie von unzähligen Angreifern belästigt, und, das darf man nicht übersehen, diese Angreifer sind meistens auch noch unsichtbar. Unsichtbar in dem Sinne, daß wir gewöhnlich nicht sofort einen Zusammenhang zwischen Aggressor und Opfer herstellen können.

Ich weiß, es klingt fast wie in einem Science-fiction, ist aber knallharte Realität: Hitze, Kälte, Sonne, Licht, Smog, Rauchen, Streß – sie alle tragen eine Mitschuld zum Beispiel an Faltenbildungsprozessen. Man kann sie aber nicht einzeln verklagen, weil sie sich gegenseitig decken und aufheben.

Die Sonne ist ja oftmals geradezu das Gegenteil vom Streß, weil viele Menschen im Sommer, wenn die Sonne am meisten scheint, in Urlaub fahren. Und die Hitze ist das Gegenteil von der Kälte.

Vielleicht sind es gerade diese extremistischen Relationen, denen wir die ganze Weltzerstörung und zum Beispiel auch das Altern verdanken. Im Moment ist mein Alterungsprozeß aber gerade unterbrochen, denn es ist acht Uhr abends, und um diese Uhrzeit gibt es im Spätherbst keine Sonne mehr.

Ich weiß, es klingt fast wie in einem Science-fiction, ist aber knallharte Realität

① ❷ 3 4 5 6 7 8 ⑨ 0

Erleichternd kommt noch hinzu, daß es hier unten weder Hitze noch Kälte gibt, das Licht in der U-Bahn ist gedämpft, und wir lassen hier auch keinen Smog in die Abteile rein. Selbst meiner Tätigkeit als Passiv-Raucherin kann ich in diesem U-Bahn-Abteil nicht nachgehen: U-Bahn-Fahren ist eine Erholung für die Haut! In dieser Beobachtung steckt ein wertvoller Tip für andere Frauen. Ich werde sie bei einer Frauenzeitschrift einreichen.

Ich meine: das geht doch nicht.

Eine Zeitlang habe ich in Weilheim gearbeitet, ich muß jetzt gerade an Weilheim denken, denn auch in Weilheim gibt es einen Bahnhof mit Schienen, die sich in die Quere kommen und Überschneidungen bilden, oft nur, um dann wieder ihrer eigenen Wege gehen zu können. Von Schienen oder vom Schienenverkehr können wir Menschen viel lernen: Man muß wissen, wo eine Grenze ist, man muß auch mal wieder loslassen können. Ich finde Eigenständigkeit sehr wichtig, Eigenständigkeit und Kreativität. Dazu gehört auch, daß ich mich sehr viel über die Verhinderer im Alltag aufrege. Sie haben so viel negatives Kreativitätspotential. Zum Beispiel: Ich gehe zu meinem Lieblingsitaliener und will einen Salat bestellen. Ich frage den Kellner: «Welche verschiedenen Salate haben Sie im Angebot?» Er sagt: «Das weiß ich nicht, dafür müßte ich erst in die Küche laufen und fragen.» Ich sage: «Dann fragen Sie doch.» Er sagt: «Das geht nicht, ich habe noch andere Gäste zu bedienen und kann nicht extra wegen einem Salat in den Keller laufen. Warten Sie doch einfach ab, welchen Salat man Ihnen bringt.»

Ich meine: das geht doch nicht. So entsteht gewiß keine Atmosphäre von Zufriedenheit. Das ist es, was ich meine mit «Verhinderer im Alltag». Ich finde Zufriedenheit sehr wichtig. Ich finde, man sollte seine kreative Energie lieber kreativ einsetzen und nicht negativ kreativ. Jedes Kind weiß doch heute: Immer wenn von positiven Eigenschaften einer Person, eines Filmstars oder eines Starkochs die Rede ist, heißt das, er ist kreativ. Kreativ ist gut. Man muß kreativ sein im Leben, sonst bringt man es auch zu nichts. Das kann sich schon in kleinen Dingen zeigen. Menschen, die nichts Kreatives haben, sind arme Menschen. Mit denen will ich nichts zu tun haben. Es gibt zum Beispiel Menschen, die nicht wissen, daß das Auge auch mitißt. Die essen dann irgendeinen Mansch, das kann man sich ja nicht mit ansehen. Ich weiß, worüber ich spreche, und als Frau weiß ich auch, daß Körper, Geist und Seele nun mal zusammengehören. Behandle nie das eine ohne das andere! Okay, okay, das ist jetzt ein bißchen viel auf einmal, das ist ja praktisch alles, das ganze Leben, auf eine Formel gebracht! Ich werde immer philosophisch, wenn ich fast zu Hause bin. Eine mögliche Ursache könnte sein: Ich bin hungrig und versuche, mich durch geistreiche Gedanken von meinem Hungergefühl abzulenken. Was ja nun wirklich der anschaulichste Beweis dafür sein dürfte, daß unsere körperlichen Bedürfnisse auf unsere geistigen Bedürfnisse abstrahlen und umgekehrt. Wenn ich zu Hause bin, nehme ich, noch vor dem Essen, zur sofortigen Stärkung eine Multivitamin-, eine Calcium- und eine Magnesium-Brausetablette. Damit will ich eine Vorbeugung schaffen, denn wie sonst kann ich wirkungsvoll ausschließen, daß sich an manchen Tagen vielleicht zu wenige von diesen wertvollen Stoffen in meiner Nahrung befinden. Dabei habe ich eine seltsame Beobachtung gemacht: Die Calcium- und die Magnesium-Tabletten haben pro Stück 5 Kalorien, die Multivitamin-Tablette hat hingegen pro Stück nur 2 Kalorien. Das muß man sich mal vorstellen: daß ein einziger Mineralstoff mehr als doppelt so viele Kalorien hat wie so viele verschiedene Multivitamine! Ich lege großen Wert darauf, viel reichhaltigen Elan in mir anzusammeln, um ihn so tagtäglich in etwas anderes, eine Aufgabe etwa, transformieren zu können. Da ich im Laufe dieses Tages schon viel Energie transformiert habe, bin ich jetzt sehr froh, endlich zu Hause zu sein. Denn zu Hause ist mein Königreich, hier kann ich nach Herzenslust schalten und walten und den Energieverbrauch eindämmen. Ob Audrey Hepburn wohl auch ein eher häuslicher Typ war? Ich werde es herausfinden, gleich morgen.

Das ist ja praktisch alles, das ganze Leben, auf eine Formel gebracht!

etüde in gelb

Michaela Seul, geboren 1962 in München, Einzeltitel «Nachts brennen die Betten doch» (Verlag Thomas Nöske, Berlin 1994); Co-Autorin des «Frauen Motorrad Handbuches» (Verlag Frauenoffensive, München 1995); jede Menge Kurzgeschichten in Zeitungen, Zeitschriften und Anthologien.

aus gegebenem anlaß lasse ich mich herab. sie hat einen kiosk, wasser in den beinen und lungenkrebs. ich habe keine zeit, an meine probleme zu denken. metamorphose in der hose. selbst die katze überfordert mich. lieber gott, warum bin ich kein schüler, rentner, erbe. neue schwänze ficken besser. einer bespricht seinen anrufbeantworter: bin bis achtuhrsiebzehn erreichbar, ab achtuhrneunundzwanzig unter folgender nummer. diese liebe ist wie ein buch, das sich von selbst schreibt. petra möchte ein kind – monika sagt: du hast doch einen samenspender in deinem bett – petra sagt: ich möchte schöne kinder. freinacht – was für ein name. ihre schuhe: trottoirbeleidiger. unterlassungssünden in frühen kindertagen führen zu irreparabler verdummung infolge zerebral verursachter indolenz. es liegt mir in der lunge. immer, wenn er etwas tut, das ihr nicht paßt, glaubt sie, ein dritter habe ihn beeinflußt. was macht ein leprakranker im urlaub – er legt sich auf die faule haut. sehnsucht: mein bett, ein schlechtes buch und du. er drängt anderen geld auf, um sie abhängig von sich zu machen. in rom beschwert sich die frau, weil sie von einem trümmerhaufen zum nächsten wandern muß. der herbst ist der gärsaft des siebten magens. bitte hinterlasse mir keinen zettel, meine frau könnte sich provoziert fühlen. er ist in der leideform geboren. wer sein kreatives potential nicht nutzt, braucht sich nicht über autoaggression, depression und anderen scheiß zu wundern. er hat eine permanente hodensackentzündung. nicht in die gesichter gegenüber schauen, sie könnten eine geschichte bekommen. euphorie der trauer. ich liebe vater, vater liebt mutter, mutter liebt bruder. unsere beziehung: lebensgemeinschaft ohne alles. a habe ich hunger und zweitens durst. motorräder, meine frühlingsboten. agnes ist kein mensch, agnes ist eine inszenierung. fototapetenwald. der österreichische bundeskanzler anläßlich einer samstagabendshow: ich bin militant gegen gewalt. intellektuelle beziehung ohne geistigen austausch. ich komme mir verkleidet vor, wenn ich schmuck anlege. zwei stunden nervt sie der typ, dann erfährt sie, daß er psychoanalytiker ist, findet ihn interessant und sich bemitleidenswert. anstandskeks – anstandserdbeere. ich recherchiere mich. der eine fährt um ein uhr nachts den staubsauger aus, der andere den schwanz. daß das, daß das daß mit dem das verwechselt wird. vater ist beeindruckt, weil sein freund chef ist – morgens um fünf nach sieben, sagt vater, steht er in der tür und schaut die angestellten an; kein wort sagt er, sagt vater, aber seinen blick müßtest du mal sehen, sagt vater. er ist einen abgekauten fingernagel wert. tochter vergewaltigt, mutter fragt: wie kannst du mir das antun. herr höchst persönlich. bei meiner socke ist das gummiband zu eng. ich habe keine zeit für depressionen. menschen anstatt wie geht es dir wann hattest du das letzte mal verkehr fragen. ella zersägt die fruchtstücke auf ihrem marmeladentoast. gut, daß ich ihn gesehen habe, seine briefe lockten als hoffnungsträger. sie mag keine spontanen besucher, er mag nicht mal unvorbereitete anrufe. nun quält mich das paarungsverhalten. seine jugend war eine hautkrankheit. wie weltpolitische ereignisse zu auslösern privaten erinnerns werden. ihre jugend war eine kalorientabelle. habe seit jahren mal wieder einen kaugummi runtergeschluckt, wahrscheinlich ziehe ich mir eine magenverklebung zu. manche frauen nehmen den schwanz in kauf, andere den mann. sie ist ein wagen mit vollgas im leerlauf. stolz erzählt er von seiner übermäßigen nächtlichen transpiration und wundert sich dann, daß sie nach hause fährt. höre ich pink floyd in der fremde, klingt heimat in mir. er stoffsammelt sich. eine märchennacht: schlaf kommt einem verbrechen gleich. ich kann schielen wie nina hagen. auch einer, der seiner zähne wegen nicht lacht. sein schwanz hat bulimie. ich seh den berg vor lauter bäumen nicht.

manche frauen nehmen den schwanz in kauf, andere den mann.

etüde in pink

monotonie macht dick. wer mich liebt, stellt mir eine falle. kindererziehung ist debilisierend. männer scheinen ihren schwanz mit einem soufflé zu verwechseln, weil sie ihn so schnell unterbringen müssen. wir haben fruchtbar gestritten – jetzt gibt es viele kleine streits. mein sod brennt. nach vierundzwanzig ehejahren vergißt die frau das deo und der mann stellt fest: er kann sie nicht riechen. rattengeil, sagt der opernsänger, und ich bin pikiert. körperliche narben zeugen von der unfähigkeit des helden, ihnen auszuweichen. er steht mit einem auge im strick. der spiegel ist taub. semmelknödelideologie. jemand gibt eine beidseitig unbedruckte visitenkarte ab. martina glaubt, sie sei schwanger und erleuchtet. er hat sie sich ausgewichst. ich schau aus dem fenster, den wolken zu. berührt sie seine grauen schläfen, sagt er: sag nichts. an zypressen klebt der schleim der oberstufe. in die nähe von mario ziehe ich nicht, sonst werde ich so blöd wie er. mehr tot als wach. alle sympathischen menschen sollen zwilling sein. er ist ihr böse, weil er bei ihr wohnen muß und ignoriert sie zur strafe. bettwarme gesichter – sieht so glück aus. wenn du petra den schwanz reinsteckst, fragt sie auch noch warum. frau doppelwoppelberger. schreiben ist liebemachen mit sich selbst. sie spielten sie vierhändig. eigentlich braucht man seinen eltern nur zuzuhören. meine letzte beziehung war ein griff ins klo. sein gesicht: eine längst überfällige tapete. politiker sehen durch die abgeordnetenbank ungesund aus. poetische alpträume. er bildet sich ein, gebildet zu sein. becken bauer. zuerst hatte ich kopfschmerzen, dann habe ich onaniert und es war wieder gut. der erleuchtete unterleib. die gymnastiklehrerin sagt: diese übung ist wichtig, das kann ich euch heute mal anvertrauen, weil wir frauen unter uns sind. mir hauts des stangerl zam. aus dem schlaf geblasen. gebärmuttersenkungen sind bei frauen häufiger als bei männern. eine schreibtischlampe kann auch ein warmes gefühl machen. sein schwanz: eine stricknadel der größe eineinhalb. sie fahren durch das hochgebirge – er fragt: wie gefällt es dir – sie sagt: gut, bis auf die berge. busenstreicheln ist wie türklingeln. neben bruno würde ich gut schlafen. geschältes gurkengrün. als ihre besten freunde sich gleichzeitig eine pilzvergiftung, eine schwere grippe sowie gelbsucht zuzogen, und sie von einem krankenlager zum nächsten hastete, bezeichnete sie das als höhepunkt ihres lebens. geraucht in maßen, gekifft in massen. sicherheit für die ganze woche – camelia. heutzutage müssen sich auch frauen vorsehen, nach seitensprüngen keinen parfümduft mit nach hause zu bringen. die tiefgekühlten limousinen. oskars

1 **2** 3 ④ 5 6 7 8 9 0

kiefermuskeln kneteten die trauer weg. wenn du jemand die hand hältst, der über einem abgrund baumelt und gisela ruft an, weil sie zigaretten braucht, solltest du loslassen, sonst läßt gisela dich los. cool macht krank, sex macht schlank. bei mir muß es immer rund gehen, weil ich ein harmonischer mensch bin. ich gebe vater ein bonbon, er steckt es in den mund, das papier ist noch dran, so etwas ist er nicht gewöhnt. charity fuck – kopulation aus karitativen gründen. tvt – tv tag. manchmal ertappe ich mich dabei, nichts zu denken, das beruhigt mich.

etüde in rosé

freudscher verbrecher. ein traum hängt in den knochen. er sucht eine unfruchtbare frau. beim vögeln verfällt sie in leichenstarre. wollsocken trägt sie mit leidenschaft. der einzige ort, an dem er sich bei ihr sicher fühlen kann: ihre hintertür. vergangenheitsfetischisten. lektoren sind gescheiterte existenzen. rollstuhl – stuhlgang. wenn du zu mir kommst, bringst du die andere mit. in seinen tränensäcken könnte er kinder austragen. was sind das für menschen, die sich ihrer eltern schämen. heute nacht ist etwas gestorben in mir, und ich weiß nicht, war es eine überflüssige oder eine lebenswichtige illusion. für einen sterbenden hat er einen gesunden appetit. wenn er an allah denkt, fallen ihm käsefüße ein. sie sind alle so blöd, weil es in ihrer region so viel nebel gibt. ganzkörperlächeln. du darfst jetzt nicht duschen, sagt die mutter zu dem sohn, ich habe eben die dusche poliert – bin ich froh, sagt der sohn, daß wir keine yacht haben. der frustrierte unterleib. es zählen immer nur: die anderen. mir fallen gedichte aus dem mund. zuerst ist ein fremdes land immer bedrohlich. wenn frauen eine eigene meinung vertreten, kann er sie nicht mehr begehren. unsere ostdeutschen brüder und schwestern zeichnen sich vor allem durch schadhafte gebisse aus. geiz bedeutet fantasiebegabung. er ist wie eine wundertruhe – man macht den deckel auf, und es kommt eine geschichte heraus. wahrscheinlich versetzt er mich, das erfüllt mich mit tiefer dankbarkeit. in allen variationen

sagt er heirat, denke ich scheidung, sagt er gemeinsame wohnung, denke ich ausziehen.

spazierengegangen. beim internisten, der ihr gefällt, gibt sie den überweisungsschein zum gynäkologen ab. wissen sie zufällig, was gurkenpflanzen kosten? er spricht nicht mit ihr, sie pinnt einen großen zettel an die wand, notiert: zehnuhrdreißig – guten morgen; sechzehnuhrvierzig – ja; neunzehnuhrzwanzig – nein; nulluhrfünf – gute nacht. ihr leben: eine widmung. uns gestritten, wer auf den paßfotos häßlicher aussieht. bleib da, sagte er, da war sie schon lange weg. er ist nicht unterbelichtet, er ist nicht belichtet. warum erzählt sie so wenig von ihrem innenleben – hat sie keins? so selten: eine kurze geschichte lesen und satt sein. zuckerwatte morgentau. freunde ohne erfolgreiche analyse sind risikofaktoren. der orthopäde redet so schnell, daß ich nur jedes dritte wort verstehe, seine sprechstundenhilfen haben sich ihm bedingungslos angepaßt; alle patienten sind nervös, verstockt und leiden an sprachstörungen. sie lacht wie ein kanarienvogel zwitschert. traue mich nicht außer haus, weil ich genausogut eine bedruckte fahne schwenken könnte: ich bin geil. sie sammelt müll in milchkartons. bei kindern zählt man das alter in vierteljahren. angeblich kifft er soviel wie du rauchst. der arzt fragt den senilen patienten: wie sahen die pillen denn aus: rot, blau, grün, gestreift. sagt er heirat, denke ich scheidung, sagt er gemeinsame wohnung, denke ich ausziehen.

etüde in blau

wenn ich schwanger bin, treibe ich solange ab, bis es ein mädchen wird.

ich blättere menschen durch. alles ist anders als befürchtet; das beunruhigt mich. sie unterbricht die geschäftliche besprechung: kommst du leicht zum orgasmus. stramme wadl hat das madl. ihr ehrgeiz: in jeder europäischen großstadt eine affäre. neger, kellner und sannyasins sind untermenschen. wenn ich schwanger bin, treibe ich solange ab, bis es ein mädchen wird. ich muß verliebt sein, ich werde kitschig. irgend jemand mit dem auto anfahren – einfach so. mit ihm zu schlafen bedeutet verkehr mit der vergangenheit. wir haben weihnachten überstanden, wir werden auch den fasching überstehen. du kriegst die tür nicht zu. sie streichelt über mein gesicht wie man toten die augen zudrückt. sein frühstück besteht aus toast mit butter, öl und salatmayonnaise. lust auf menschenmassen. ist das für dich okay, wenn ich das fenster öffne. sie rauchen doch auch nur, weil sie ununterbrochen blasen müssen. nicht an krebs zu erkranken ist mit einem lottogewinn vergleichbar. hast du ein loch im kopf – dein blick ist so weit. bin froh, nicht in einer zeit zu leben, in der ich gefahr laufen könnte, mich duellieren zu müssen. ich blase dir den hochzeitsmarsch. die demütigung, als mensch abgewertet zu werden, wenn frau nicht pariert. handtücherschrankordnung per wasserwaage. montelimar hat so viele sehenswürdigkeiten: dich. birgit bevorzugt häßliche männer – die laufen ihr nicht weg. augenwurm. jeder arzt verkauft das placebo des gottes in weiß. der nachwuchs schrumpft nicht. dein haarspray ist mir vertraut. neunzehnhundertzweiundzwanzig war luis trenker dreißig jahre alt. ein dicker hund biegt um die ecke. im ärztehimmel. krücken um die welt legen. dieter ka kann ich mir nicht beim abspritzen vorstellen; einer wie er steht drüber; dieter ka spritzt nicht ab; ihm stehts nicht. menschen leer schreiben. wenn es nicht so lustig wäre, würde ich mich bemitleiden. geistige massenhinrichtung. unglaubwürdigste geschichten im glaubwürdigsten tonfall. beim exzessiven onanieren hat er sich eine sehnenscheidenentzündung zugezogen. angeblich erinnert sich der mensch immer nur an das gute. das feministische seminar scheint zu beginnen: vielleicht können wir ja jetzt dann eventuell mal irgendwann anfangen, oder? intellektueller akt. i hob sovui duascht, daß i voa lauta hunga ned woaß, wos i raucha soi, so miad bin i. erkenntnisapparat. sobald sie gehen, vergesse ich sie; rufen sie an, wundere ich mich, woher sie kommen. weil liebe blind macht, zum urologen gegangen. nach drei schneelosen wintern stellt der sportartikelmanager fest: möglicherweise kann man eventuell von witterungsproblemen sprechen. ich brauche nicht mal so zu tun, als sähe ich ihn nicht. jede schnulze im radio ist wahr – manchmal – jetzt. entweder ich mache eine analyse oder ich korrigiere mein manuskript. sie zog sich in eine ohnmacht zurück. als echter kiffer nikotiert er nicht. da sitzt du mit dem ultratypen an der bar und er fragt dich: was ist deine freundin eigentlich für ein mensch. das aschenbecher-reise-feeling im mund. mittags sind

das war ein fehler von mir, aber es gibt ja keine fehler.

alle italienischen städte geisterstädte. die spiele, die ich spiele, sind mein leben. angst ist fehlende information. sava pinkelt durch den kinderwagen. der urinstinkt. wenn ich, wie sie, permanent die augen rollte, wäre mir schwindlig. hans-jürgen ist nicht stubenrein. sie ist eine extrawurst. kindermund: der an den tisch kommt und fragt, was möchten sie. das war ein fehler von mir, aber es gibt ja keine fehler. regen ist mir lieber als grau, weil sich da wenigstens was bewegt. er sprach von mir, als sei ich schon tot. als blumenverkäuferin wäre ich oft neidisch. menschen, die jede entscheidung so lange aufschieben, bis die zeit sie löst, haben sich auch entschieden. ich bin gepizzt. dich spüren ist wie ein nötiger ölwechsel. gehirnjogging. rette mich – zum beispiel vor mir. in der disco sind fast nur tolle typen – wer spricht mich an – ein liliputaner. psychogramm einer tödlichen arbeitsbeziehung. seine pinnwand ist rechtwinklig verzettelt. gaby postler: ich kann nicht mehr lieben, nichts mehr fühlen, nur noch über die gefühle der anderen weinen. der interpret verrät sich.

Anti-Willkür

Jan Strzelczyk lebt in München.

ich bin die Anti-Willkür
bin Pflicht nicht Kür
ich stelle keine Fragen
sondern trage
was ich zu sagen habe
laut und deutlich
unzweideutig
und zweideutig vor
ich bin die Anti-Willkür
bin Pflicht nicht Kür

ich bin die Anti-Willkür
bin Pflicht nicht Kür

ich bin über die Gebühr verbindlich

unabänderlich wesentlich

empfindlich (gelegentlich)

und hoffentlich und endlich

verständlich

so daß die Laute

die die Silben bilden

die Worte formen

Sätze zusammensetzen

sich in aller Leute Ohren fressen

so wie die Würmer nur viel besser

sich ihnen einprägen

und in den Weg legen

so daß keiner dran vorbeikommt

und daß auch niemand umhinkommt

sie zu hören und zu sehen

stehenzubleiben

vor den aufgebauten Lauten

und diese zu verstehen

ich bin die Anti-Willkür

bin Pflicht nicht Kür

ich bin die Anti-Willkür

bin Pflicht nicht Kür

ich sage ein Gedicht

ist das hier nicht

denn ich kann nichts dafür

und nichts dagegen machen

daß so viele schlechte Sachen

so heißen: Gedicht

ohne Kontur und Gesicht

ohne Statur und Gewicht zu besitzen

und nur ärgerlich und lächerlich

und jämmerlich und innerlich

schmatzen und schwatzen

ich bin die Anti-Willkür

bin Pflicht nicht Kür

ich bin die Anti-Willkür
bin Pflicht nicht Kür
dieser Text ist nicht Gedicht
nicht Bericht nicht Geschichte
die ich veröffentlichte
und auch nicht Unterricht
sondern schlicht und einfach
Manifest
kugelsicher feuerfest und wasserdicht
öffentlicher leserlicher
stabiler als der Rest
denn ich dichte nicht
mitnichten
sondern trage
was ich zu sagen habe
laut und deutlich unzweideutig
und zweideutig vor
ich bin die Anti-Willkür
bin Pflicht nicht Kür

ballade
vom ende einer liebessehnsucht

Almut-Barbara Renger,
Berliner Soixante-Neuf-
Jahrgang, bacchant.

tödliches geständnis einer pumps tragenden

in der ferne fackelt himmellicht
schwach. nur noch
ein glimmen. hastenich-
      gesehn
versinkt es plumps! in schwarze see.
      gestehn
kannstenich
und soll man nichts.
und weiß man's auch

man weiß es nicht:
es war kein
mord am meer.
es war nur zuviel mond.

ein liebespaar
behauchte wild
sich weich und warm
im rausch und kreiste rums! recht raum-
verschwenderisch
in weiter umlaufbahn
mit dosis lilamond
im boot.
es war planetenaufgewühlte see.

    du bist ein kleiner
    großer teil von mir.
    und ich ein großer
    kleiner teil von dir,

haucht' sie wild aus,
gestand. da wurd'
ganz steif und kalt
sie ohne rausch und fiel mit pumps!
verschwenderisch
aus weiter umlaufbahn.
mit überdosis lilamond
im boot
war sie und ist planetenrauschgifttot.

ferne fackelte ein himmellicht
schwach. dann nur noch
glimmen. hastenich-
    gesehn
versank es plumps! in schwarze see.
    gestehn
kannstenich
und soll man nichts.

Kontrabassistin mit Hang
zum Malen und Dichten.
Studierte antike und
moderne Literatur und
Philosophie in Berlin,
Saloniki, Stanford/
Berkeley. Lebt in Deutsch-
land und Sunny California.

① ❷ ③ 4 5 6 7 8 9 0

und weiß man's auch,
man weiß es nicht:
es war kein
mord am meer.
es war nur zuviel mond.

kleines lied
über etwas aalähnliches

bauchaufgeschlitzt
es schwimmt schwimmt eine bleiche
aufgedunsene leiche
im blutigen spermakanal.
sie stinkt stinkt diese bleiche
bauchaufgeschlitzte leiche
wie ein toter glitschiger aal.

Luxus

andrea und ich sind bei den lassie singers eingestiegen. f. j. krueger ist verstimmt und will seine gitarren verkaufen. im ernstfall sind die boxen die buehne und der uebertragungswagen zugleich. unser erster konzertaufschlag war gut und wir schlugen einen vorhandwinner. die kids sind begeistert und loesen sich in musik auf.

Hansjörg Zauner, geb. 2. 12. 59 in Salzburg. Lebt in Wien und in Obertraun. Dichtung, visuelle Arbeiten, Filme. Hrsg. von «Solande»; 11 Einzelpublikationen, zuletzt: «n. kein wort haelt eine stelle laenger aus», «siehe umschlag», Passagen Verlag; «laermleinen vor huefte gekehlt», edition neue texte/Droschl 1990.

spaeter gingen wir dann ziemlich weit westlich von santa fe. john mclean und ich haben die farm neu gestrichen und die wiesen also wieder aufgemacht. fred ist jetzt zu alt fuer seine rolle und will den sheriff ersetzen, ihn spielt herbert. auch hier wurde unser vorhandwinner angenommen. das konzert war ausverkauft.

mein salzburgernockerlrezept steht jetzt auf jeder bestenliste. die tantiemen sind zu hoch um noch versteuert zu werden. john will auch zu den lassie singers. doch die wirklichkeit ist hier viel schneller. den schaden hat also hier nur die sprache und nicht wir.

die mehrzahl der mehrzahl kann als einzahl erkannt werden. ismarlamak istiyorum heiszt auf tuerkisch ich moechte gerne bestellen; ich mag das iskender am liebsten; was sagst du zu sis kebab? bei mir in der gasse gibt's ein huehnerkebab; patlican ezme sebse kizartma ist melzanienpueree mit gebratenem gemuese.

ich bin mitglied im konsum aber das ist eine andere sache. naemlich konsum salzkammergut ist natuerlich eine eigene genossenschaft und heiszt bei uns verein. unsere fleischhauerei haben wir auch schon 1979 aufgegeben.

so wie es ausschaut habe ich meinen namen verkuerzt, geheiratet und den laden wieder aufgemacht. hansjoerg ist nicht in berlin, linz war ich unlaengst (nicht im atlas, nicht in gedanken: nein, in der landschaft), jetzt obertraun, aber nur bis morgen noch, dann ist immer wieder wien der atlas oder so...

auch die marie hat er bekommen – das waren dann 50 000 S, nicht so schlecht, sagt er, sagt er weiter, hat er mal wieder was von den geerbten schulden abzahlen muessen, sagt er weiter, hat er fuer die laufenden zahlungen fuer seinen hausanteil in obertraun (installateur, grundsteuer, wasser, abwasser, versicherung, muellabfuhr) zahlen muessen, ist ihm nichts geblieben von den 50 000,– hat dann scheisze gesagt, dieser...

sonst trinke ich jetzt tage-, ja wahrscheinlich dann wochenlang einen, nein keinen alkohol

entleeren: die schokolade ist mir ausgegangen, und ich sitze im trockenen; letzten samstag war ich mit judith (man sah sie in berlin; ihre oma wohnt im nachbarort hallstatt) auf ein paar bier trinken. sonst trinke ich jetzt tage-, ja wahrscheinlich dann wochenlang einen, nein keinen alkohol...

essen: heute hab' ich bananen umhuellt mit schnitzel flambiert, mit rum dann in schlagobers und wein geduenstet fuer meine tanten zum essen gemacht. da sagt der radiosprecher ein reinigungsfahrzeug «reinigt» die ueberholspur, deshalb wartezeiten bis zu einer stunde.

und jeden tag der gang ins cafe eiles, und jeden tag ein supervollrausch, und jeden tag der jede tag.

waere gern formel-eins-fahrer und nicht pilot bei der lauda-air. ob mein vertrag mit mclaren wohl halten wird? der heurige osterreiseverkehr begann auf oberoesterreichs straszen wenig zuversichtlich, sagt der radio, oder der sprecher, oder beide gleichzeitig doppelt.

im anderen lokal hat man mir den eintritt verboten. mein rosa overall ist total zergangen. ich bin, sage ich, der stamm-

gast der gezeiten. meine taetowierung ist nicht sichtbar, also
was machen. ueber das gewoelbe rast die U6 und drinnen ist
das chelsea.

in der flasche ist alles ein gelber hund, werde ich zitiert:
ralph. jetzt werde ich dennoch taetowiert und stehe dabei da-
zwischen.

im anderen lokal ist das chelsea eingetroffen, sagt thomas,
gleich wird operiert, aber was, frage ich. im chelsea ist der
lack ab, die luft herauszen. aus der ecke kommt das hand-
tuch, wer ist k.o. gegangen?

zu fest geschaut und die richtung zieht an sich selbst vor-
bei. wo steht das hochhaus in den splittern? soll ich mich als
tv-sprecher bewerben?

gestern, so sagt man, hat man uns in der blue-box gesichtet.
aber wie soll das sein, das wort im wort und ich im fernseher.
wir gehen dort schon lange nicht mehr hin, sagt der fernse-
her. umherkurven kann ich woanders auch, und uebrigens,
einer hat meinen plastikhandschuh zertreten.

so ein luemmel der gehoert veroeffentlicht! die schein-
werfer draengen sich ins licht und haben unser wegbleiben
abfotografiert.

der zarte laerm eines tiefseeaals taucht im scheinwerfer-
licht auf. knetet die dunkelheit zusammen! der platz ist einge-
troffen. das kann ja dann auf die speisekarte geklebt werden.

die flaeche hat einen revolver an und benimmt sich dabei
als oeffnung eines vorhandwinners.

nur die zunge ist jetzt der stift im scheinwerfer, der auf die
eingangstuer gerichtet ist im augenblick unseres nichtein-
tretens in die blue-box.

die blue-box hat ganz schoen verloren seitdem wir uns je-
den tag im chelsea umhertreiben. hier stehen wir herauszen
und betrachten eine leuchtschrift: chelsea, die aus dem licht
faellt, sagt werner. die bayuwarin ist auch noch nicht da,
zu frueh also $1/2$ 2 uhr nachts, am wuerstelstandl eine zwi-

die blue-box hat ganz
schoen verloren
seitdem wir uns jeden
tag im chelsea umher-
treiben.

schenpause, und bimbo sagt, er hat sein glasauge verschluckt.

das kleine sacher ist viel besser, sage ich, und schon sind wir wieder zurueck. jetzt einen kopfsprung in die leuchtschrift und der abend ist gerettet. dann mit dem vergroeszerungsglas ueber die zeitlupe und wir sind schon in allen dallasfolgen vertreten, als gast oder als zukuenftig geschehenes, so in die wirklichkeit gerettet...................................

ich bin kein schiefahrer mehr.

Le Bohemien,
le Bourgeois,
das Dixieklo

Mit Serge Gainsbourg um halb eins in einem schwarzen DX in der Marsstraße, wir sprechen über Songwriterideale, unvermittelt nennt er mich ein bürgerliches Würstchen, schmeißt mich aus dem Wagen und sagt: «Geh scheißen!» Er sperrt mich in der Bautoilette vor meiner Wohnung ein. Auf einem Armbandfernseher schaue ich ein Tennisspiel an.

Stunden vergehen. Am Morgen schreibe ich dieses Lied.

**Martin Lickleder &
Matthias Seling** sind das «Jeep Beat Orchestra». Beide sind 26 und aus München.

Le Bohemien, le Bourgeois, das Dixieklo

Bin ein Bürgerkind, brauch einen Ort für mich allein
Und wenn's mir gutgeht, lad ich vielleicht noch jemand ein
Brauch einen Ort, mit dem ich wandern kann –
Das ist das Dixieklo am Bau bei Sonnenuntergang

1   ❷   ③   4   5   ⑥   7   8   9   0

Denn wer ißt, der muß auch scheißen
Diese Sequenz darf nie abreißen

Eine neue Generation besetzt das Dixieklo
Feiert Messen für Serge Gainsbourg und Brigitte Bardot
SG und BB ist nicht Steffi Graf und Boris Becker
SG und BB ist zur Außenwelt mein Doppelstecker

Denn wer ißt, der muß auch scheißen
Diese Sequenz darf nie abreißen

Le Bohemien, le Bourgeois...

Mon Amie la Caquette – Pamela Popo
Mon Amie la Caquette – Pamela Popo
Harley Davidson
Raccrochez c'est une Horreur

Le Bohemien, le Bourgeois...

«Wir fliegen bei Abfassung dieses Textes gerade auf Kosten eines Hochglanzmagazins nach Hamburg. Das finden wir prima. Für die Zukunft wünschen wir uns eine Sandbox mit einem Konzertflügel darin, wie Brian Wilson sie hatte, damit wir auch so schöne Schlager schreiben können wie er. Oder wie Burt Bacharach.»

Marienerscheinung, die Erste

Talkshowaufzeichnung
mit Hans Meiser

Völlig gehetzt komme ich in Fürth an, in ungefähr zehn Minuten muß ich das RTL-Studio finden. Ich weiß nicht mal das Thema der Sendung, ich kenne nur die Gäste, Sarah Young, Dolly Buster, Theresa Orlowski, Sybille Rauch, Bernd Begemann und ich (warum wir?).
Angekommen. Alle sind auf ihren Plätzen, nur Sybille fehlt, Bernd sagt, ich soll gelassen sein. Hans Meiser scherzt auf seine leicht tuntige Art mit den Gästen. Ich gehe auf den Gang, rauche. Plötzlich fängt die Sendung an. Erkennungsmelodie, Schwenk auf die Runde, zwei Stühle sind unbesetzt, meiner und der von Sybille.

Anstatt von Tratsch und Porno reden alle von der Führungskrise in der SPD, den Stimmverlusten bei der FDP und vom Bundeswehreinsatz in Somalia.

Sybille steht plötzlich hinter mir, in knappem Tarnanzug, sie drückt ein Stofftier an sich, sie ist sichtlich nervös.

«Warum reden alle meine Kolleginnen so geschwollen daher?»

«Weiß nicht, laß uns gehen.»

Dann geschieht etwas Merkwürdiges, anstatt, wie es in einem Traum mit derartigem Staraufgebot üblich ist, bumsen zu gehen, greif ich mir eine von den zu Hunderten an den Wänden hängenden Gitarren und spiele im Treppenhaus ein Lied für Sybille Rauch.

Am nächsten Morgen kann ich mich noch an die Melodie erinnern, an den Text aber nicht, den hab ich drei Monate später geschrieben.

Sybille in Somalia

Sybille in Somalia, das große Versprechen
Du tust deine Pflicht, bist immer treu
All die Filme mit dir und Zachy Noy
Doch nach jedem Auftritt mußt du brechen

Deutschland soll groß sein wie deine Brüste
Spreng die Grenzen, geh in die Wüste
Berge von Holsten stehen am Straßenrand
Und dazu stehen die Jungs mit dem Spatz in der Hand
und lassen ihn fliegen

Keine Dichterlesungen in Belet Huen
Nur heimlich befriedigte Erregungen
Du kannst nichts für außenpolitische Verfehlungen
Und du kommst auch nicht mit Kinkels Empfehlungen

Keine Kriegerbraut und keine Pornoschlampe
Du stehst ein letztes Mal an der Abflugrampe
Du schließt die Augen und die Jungs winken dir zu
Und für einen Moment ist es als wärst du Marilyn Monroe

Menschen haben keine Ahnung

Menschen haben keine Ahnung
Darum hier die Warnung
Bevor's zu spät ist
Erst mal scheint es so als wär nichts
als ob nichts passiert ist
Bis dann nichts mehr geht –
Bis nichts mehr geht
Obwohl dort drüben in Britannien
Alle an einem Strang ziehn, Problem Problem
Hier geht es nicht um einen Einzelfall
Alle sind betroffen,
Problem Problem – Problem: ||
Hunde, hört auf euer Herrchen
Diesmal müßt ihr brav sein, keine Widerrede
Eltern haften für die Kinder,
Diesmal ist ein Grund da zuzuhören;
Und zu parieren, parieren / ihr sollt
    parieren
Könntet ihr jetzt endlich mal das Maul
    halten
Ohne mich zu stören; zerstören, zerstören
Ich bin doch hier nicht euer Hampelmann
Euer aller Clown,
Nicht mal im TRAUM – wohl kaum: ||
Schluß jetzt alles hört auf mein Kommando
die MÄNNER nach links, die Frauen nach
    rechts
Die Augen geradeaus und 1 2 3 4...
Vorwärts tütätütätä

Schorsch Kamerun, 32
Jahre, abgeschlossene
KFZ-Ausbildung (Praxis 3,
Theorie 2), seit 1984
Sänger und Gründungs-
mitglied der Hamburger
Bands «Die Goldenen
Zitronen» und «Motion».
Im Februar 96 Veröffentli-
chung des ersten Soloal-
bums («Warum ändern
schlief»). Zusammen mit
Rocko Schamoni Inhaber
des «Golden Pudel Club»
und des Labels «Pudelpro-
dukte». Ebenfalls mit
Schamoni Moderator der
3-Sat-Nachtsendung
«Pudel Overnight».

Bettina Klix, geboren 1961 in Berlin, lebt dort. Veröffentlichungen: «Tiefenrausch», Suhrkamp 1986, und «Sehen Sprechen Gehen», Suhrkamp 1993.

Selbst aus größter Höhe falle ich direkt in mein winziges Fluchtfahrzeug, das sich sofort in Bewegung setzt.

Im Bauch eines Raubtiers treffe ich Freunde, die ich schon lange nicht mehr gesehen habe.

Will ich meinen Verfolgern den Weg an mir vorbei zeigen, schlüpfe ich dafür als Ganzes in einen Handschuh.

Ist mein Kopfsprung zu eitel oder rechne ich zu leichtfertig mit der Nachgiebigkeit von Wasser, pralle ich mit einer Fläche zusammen.

Auch in der Einsamkeit der Wüste kann sich im nächsten Kaktus ein Fenster öffnen, aus dem höhnisch der Bandit herauslacht. Ich male eine Granate an, um sie dem Feind als Frucht freundlich anzubieten.

Über dem Abgrund befinde ich mich noch für einige Schritte außerhalb der Schwerkraft, erst der Blick nach unten gibt mir mein ganzes Gewicht zurück für den Fall.

Entdecke ich meinen Verfolger in meiner Nähe, zeige ich ihm lieber statt der Angst nur süße Selbstvergessenheit in einer kleinen Tanzeinlage, die ihn bezaubert. Wenn ich dann plötzlich fliehe, kann ich die Langsamkeit des Zuschauers nutzen, der sich nicht gleich wieder in einen Verfolger umwandeln kann.

Ganz spät erinnere ich mich manchmal an die Taschen in meinem Körper, aus denen ich doch ein aufblasbares Auto ziehen könnte, um umzusteigen. Ich kann auch einfach stehenbleiben und meinem Verfolger die schönsten Komplimente machen, so daß er beschämt an sich herunterschaut, die Hände verschränkt, sich verlegen biegt und mit hochrotem Kopf seinen Blick versteckt.

Werde ich von einem Stärkeren zu einer erniedrigenden Arbeit gezwungen, erledige ich sie fröhlich und anmutig, als sei es meine Idee gewesen, so daß es den Bewacher nicht befriedigt.

Auch ich erwarte zu Hause manchmal ein eßbares Opfer. Dann decke ich liebevoll den Tisch für *eine* Person.

Gerade wenn ich etwas Schweres hebe, könnte die Wirkung des Zaubertranks nachlassen und man sieht mich für eine Weile nicht mehr.

Wird mein Haus in die Luft gesprengt, mache ich mit meinen Möbeln eine Flugreise, bei der sie sich wie Freunde dicht an mich drängen, um mich die Wände nicht vermissen zu lassen.

Bin ich unaufmerksam oder verträumt, so schützt mich das vor allen Gefahren, die sich aus Gelegenheiten, Zeichen, Ködern ergaben.

Bilder warten darauf, daß ich das, was sie zeigen, aus ihnen entnehme, wenn ich es brauche.

Zu einem unerwünschten Kind sage ich: Kannst du kurz meine Luftballons halten? und schaue ihm wehmütig nach.

Das Haus meines Feindes zersäge ich, um allen zu zeigen, wie unbegabt er es eingerichtet hat.

Habe ich einen Magnet verschluckt, bestimme ich meinen Weg nicht mehr selbst.

Werde ich gegen meinen Willen mit einem Getränk abgefüllt, verwandle ich mich in die entsprechende Flasche.

Habe ich mich in einem sehr engen Zimmer mit einer sehr brutalen Person gestritten, wanke ich, in einer Kommode steckend, hinaus, den Kopf ungläubig aus der obersten Schublade schiebend.

Spreche ich mit Außerirdischen, kombiniere ich das Aufgeschnappte versehentlich zu einem Schimpfwort.

Meine Nachbarn frisiere ich nach meinen Vorstellungen mit dem Rasenmäher.

Wenn ich erstarre, verwandle ich mich in ein Kunstwerk, und mein Verfolger eilt ignorant an der Statue vorbei.

Habe ich den Ball verschluckt, hindert das die Mitspieler nicht an der Fortsetzung, denn sie benutzen mich genauso wie den Ball ohne Mitleid.

Über dem Abgrund fällt der Körper schneller als der Kopf und der Hals dehnt sich so lange, bis der Kopf endlich begriffen hat und mitkommt. Ist alles für die Sprengung vor-

Wenn ich erstarre, verwandle ich mich in ein Kunstwerk und mein Verfolger eilt ignorant an der Statue vorbei.

bereitet, kann ich meinem Feind noch liebevoll zum Abschied winken, um dann höflich die Augen zu schließen.

Halte ich ein kleines Wesen in der geschlossenen Faust gefangen, verstummen nach einer Weile seine Widerstandsgeräusche, ich sehe besorgt nach, und es entflieht mir fröhlich wieder.

Im entscheidenden Moment kommen meine Füße nicht von der Stelle und üben die Fluchtbewegung so lange, bis das gefürchtete Geschoß mich treffen kann.

Was Ameisen transportieren, erscheint mir wie ein ferner Bekannter, den ich abwesend grüße, da ich meinen eigenen verschleppten Besitz nicht gleich erkenne.

Als Sträfling schließt die Körperpflege auch das hingebungsvolle Putzen der angeschmiedeten Kugel ein.

In meinem Körper sind Verstecke, von denen ich so lange nichts weiß, bis ich in Gefahr etwas verschwinden lassen muß.

Lange nachdem mir ein schweres Gewicht abgenommen wurde, setze ich noch ungläubig die tänzelnden Ausgleichsbewegungen fort, mit denen ich das Tragen ausgehalten habe.

Schaue ich naiv aus einem Fenster, bin ich Plakatschändern als Fläche für dumme Witze gut genug.

Werde ich böse fotografiert, verwandle ich mich für den Moment des Blitzes in ein Röntgenbild.

Sollte sich meine Stimmung mitten im Angriff ändern, kann ich die Bewegung auch wieder in eine geregelte Sportart verwandeln.

Als Streifenhörnchen kann ich mich in einen Toaster flüchten, da ich nur die Hitze, nicht das Muster zu fürchten habe.

In meinem Körper sind Verstecke, von denen ich so lange nichts weiß, bis ich in Gefahr etwas verschwinden lassen muß.

Fälle ich einen Baum, verpflichte ich mich damit gleichzeitig, seine Bewohner zu adoptieren.

Nie läßt es sich vorhersehen, durch welche Äußerungen ich mir einen zugeklebten Mund einhandeln werde.

Ist mir mein Gegner nur an Kraft überlegen, bringe ich im Streit mit ihm so viele Möbel, wie ich finde, zwischen uns, um ihn in dieser Steigerung zu beschimpfen.

Wenn mich jemand verschlungen hat, beule ich ihn wenigstens in alle Richtungen häßlich aus.

Bevor ich flüchte, zeige ich erst, wieviel Angst ich habe, in einem Luftsprung des Schreckens, als müsse dafür noch Zeit sein.

Verfolge ich einen kleinen Feind in meiner Wohnung, werde ich dabei meine Einrichtung zerstören, ohne ihn fangen zu können.

Ein verdächtiges Buch besteht aus einer harmlosen Außenseite und einem aufgeklappten Geheimfach, in dem die Flasche wartet.

Ein für mich bestimmtes Geschoß kann ich noch stoppen, denn es hört auf meine Trillerpfeife, wenn ich mich als Polizist verkleidet habe und es anhalte.

Bevor ich in den Abgrund stürzen kann, male ich träumerisch auf meinen letzten waagerechten Metern ein Fragezeichen in die Luft, antworte mir selbst mit einem Ausrufezeichen und falle dann in die Tiefe.

Ich bin gerettet, wenn es mir gelingt, zwei meiner Feinde, von denen einer die Nahrung des anderen ist, zusammenzubringen.

atem holen immerhin

*. . . so wie das blut eines
wassersüchtigen in wasser übergeht.*
georges bernanos

restaurant borchardt. später abend. mittlere größen der städtischen kultur. anwälte. damen . . . fast unbemerkt betritt ein rezitator in leicht geknickter haltung das lokal.

Johannes Jansen,
geboren 1966 in Berlin.
Aufgewachsen in
Freiberg (Sachsen),
Leipzig und Berlin-
Pankow. Lebt in Berlin.
Veröffentlichungen:
«Prost Neuland –
Spottklagen und Weg-
zeug»; «Schlackstoff –
Materialversionen»;
«Reisswolf – Aufzeich-
nungen»; «Splittergra-
ben – Aufzeichnungen
II»; «Unsereins» (zusam-
men mit Anje Kahl);
«Lost in London»
(zusammen mit Ute
Zschorat); «Heimat.
Abgang. Mehr geht
nicht. – Ansätze».

der rezitator: ich bitte stellen sie sich vor
destillationsanstalt zum magendoktor
dienstag
so gegen dreiundzwanzig uhr
fast dunkelheit
einige rauchvergilbte funzeln
elektrisch
musik vom plattenteller
was zeitgenössisch antiquiertes
sonst ist es still
cirka sieben männer
gewissen haufen ähnlich
im raum verteilt
halb einzeln halb allein
ein satz fällt
unhörbar fast auf grund des schon gelähmten mundwerks
sie hat mich maßlos enttäuscht
sonst ist es still
und die musik versiegt
minuten später hebt sich ein kopf
von einem dieser haufen ab
gigantisch
die augenringe bis zum kinn
der mund kaum offen
ungewiss fast wie ein schrei
sehr feucht zumindest

1   3   5 6 7 8 9 0

ne platte

sonst ist es still

macht doch mal ne platte

ganz still

einer vermutlich der enttäuschte

kriecht an ihn ran

hä kamerad

ne platte

der kopf muß husten

und keucht als wärs das letzte mal

ne platte kumpel

der enttäuschte pinkelt

wien aderlass brummt er

und die musik beginnt

marina es ist alles wie immer

der rezitator atmet durch

fast unbemerkt entfernt der küchenchef den rezitator aus der szene... restaurant borchardt. später abend. mittlere größen der städtischen kultur. anwälte. damen... gläser. gelächter... vorhang.

fanal – eine runde

...nicht ohne trugschluß vegetieren...

spätherbst. ein abend in mahrzahn. im hintergrund die allee der kosmonauten. im vordergrund ein mittleres betonplateau: die bühne. rost ron und ricki auf der bühne. über der bühne ein transparent.

das transparent: auf dem weg der offensichtlich in den ausweg mündet gelangten sie schließlich in das innere eines gebäudes dessen geschichte ihnen unbekannt war. die vergleiche lagen auf der hand. kunststoff natürlich.

Leergut : zum Thema Heimat:

Sollten wir nicht davon ausgehen, daß wir eigent-
lich ein moralisches Empfinden haben, zumindest
eins, das uns sagt, wann Schluß ist? Sind wir
nicht in das Leben anderer ~~███~~ hineingetre-
ten, ohne auch nur eine Vorstellung davon zu ha-
ben, was man da anrichten kann? Sollen wir
nun, wo Schluß ~~und~~ also alles vorbei ist, von
diesem ~~███████~~ Empfinden sprechen, oder müßten
wir nicht vielmehr von diesem Angerichteten sprech-
en, um denen, die in diesem Angerichteten stecken-
geblieben sind, eine Sprache zu geben?

. . .

Vielleicht ha-
ben Sie ein-
fach nicht
das nötige
Format...
Wir sprechen
doch. Wir sp-
rechen von dem
Angerichteten
wie von dem
Empfinden, in
gleicher Weise
und in der sel-
ben Art, nämlich zögernd, also kaum, könnte man sa-
gen. Doch schließlich bringt uns dieses Sprechen und
unser, dem Sprechen vorausgehendes Denken immer
wieder an den selben Punkt: Zersetzung! Diese
Zersetzung ist unserer Substanzbildung voraus-
gegangen, ist also eingetreten lange bevor über-
haupt eine Substanzbildung bei - oder in - uns
hätte stattfinden können. Sie verstehen. Die Hefe.

. . .

1 **2** 3 ④ 5 ⑥ 7 8 9 0

anschwellender gesang: einerseits sagen wir die proklama-
tion der autonomie bedeutet den verlust des wesens.

andererseits sagen wir einzig dem individuum gehört un-
ser gehör.

einerseits sagen wir die vernichtung durch die toleranz der
anderen.

andererseits sagen wir wir danken ihnen für ihre aufmerk-
samkeit.

einerseits sagen wir die parodie der großen taten.

andererseits sagen wir die parodie der parodie der großen
taten.

einerseits sagen wir die monarchie.

andererseits sagen wir die diktatur.

einerseits sagen wir der rechtsstaat.

andererseits sagen wir die heimat.

einerseits sagen wir wir sind heimlich himmler.

andererseits sagen wir altes zonenbrot.

einerseits sagen wir in diesem land geboren zu sein bedeutet
krank zu sein.

andererseits sagen wir in diesem land geboren zu sein be-
deutet nicht unbedingt deshalb krank zu sein denn nicht alle
sind in diesem land geboren.

einerseits sagen wir dafür haben wir leute erschießen lassen.

andererseits sagen wir wir haben das töten immer selbst
erledigt...

ein zweites transparent erscheint über der bühne.

das zweite transparent: was gezeigt werden kann kann nicht
gesagt werden.

vorhang.

schwarzes brett

man darf und soll ja nach wie vor nicht über diejenigen sprechen die herausgefallen sind und folglich als gescheitert gelten. schließlich ist man ja nie weit genug entfernt davon ihnen ähnlich zu sein... sich wehren wäre das dümmste obwohl man natürlich zugeben muß daß dies kein zustand ist. dabei scheint es doch eindeutig unsinnig seine existenz für die akzeptanz der eigenen person zu vergeuden und da man ja nie weit genug davon entfernt ist herauszufallen kann man schließlich auch freiwillig springen denn das wasser ist in wirklichkeit warm und voller bequemlichkeiten. man behauptet zwar ständig das wasser wäre kalt und möglicherweise schädlich für gewisse organe doch das ist bloß ideologie denn wer kann es sich schon erlauben die leute ohne schlechtes gewissen herausfallen zu sehen wo man doch selbst eben nie weit genug davon entfernt ist auf ähnliche weise zu enden...

suche gegner

verzettelt entwickelst du dich doch...
frank lanzendörfer

europacenter, wechselstube gebührenfrei. zwei weltbürger im gespräch.

erster weltbürger: ...wenn sie einen zorn haben und sie sind allein dann haben sie ja gleich einen zorn auf die ganze menschheit. das dürfte ihnen doch bekannt sein.

zweiter weltbürger: damit rennen sie zweifelsohne offene türen ein. aber lassen wir das. ich kenne zum beispiel ein hübsches kleines lokal in china-town...

erster weltbürger: ja das wollen sie nicht.

das können sie nicht mehr hören.

damit haben sie abgeschlossen wie.

man hat ihnen vergeben und schluß.

sie kennen zum beispiel ein hübsches kleines lokal in china-town. aber ich kenne inzwischen auch ein hübsches kleines lokal in china-town und zwar kenne ich genau dasselbe kleine lokal das sie kennen denn wir waren ja gemeinsam dort. ich kenne dieses lokal und ich weiß also daß es weder hübsch noch klein ist sondern eher den charakter einer im-bißstube hat gerade eben noch unscheinbar genug daß sie sich hineintraun.

zweiter weltbürger: sie haben einen anmaßenden unterton.

erster weltbürger: haben sie etwas anderes erwartet.

zweiter weltbürger: ich hätte zumindest erwartet daß sie die form wahren.

erster weltbürger: hörn sie doch auf. ich weiß doch bescheid. ich weiß doch daß sie gar nicht die zeit hatten ein wirklich hübsches kleines lokal in china-town kennenzulernen. außerdem wissen sie ja gar nicht wie ein wirklich hübsches kleines lokal aussieht. sie pflegen ja immer in großküchen zu essen.

zweiter weltbürger: so. wissen sie denn wie ein hübsches kleines lokal ausieht. sie essen doch bestimmt nur aus dosen.

erster weltbürger: auf dieser ebene bin ich nicht bereit mich mit ihnen zu verständigen.

zweiter weltbürger: ach ich soll wohl die form wahren. wer redet denn hier von verständigung. die zeit läuft. denken sie dran.

erster weltbürger: ich weigere mich ihnen zu folgen.

zweiter weltbürger: ja sie werden sich ihr ganzes leben nichts weiter als weigern wollen. was hat man nicht alles durchgemacht werden sie sagen an die schulter eines imaginären nachbarn gelehnt. ihre synthese aus realismus und volkstümlichkeit oder.

gameboy: ich lag in sowas wie ner wüstenei
vor mir sowas wien feindbildsimulator
ich hatte für das abenteuer hart bezahlt
und es versprach recht spannungsreich zu werden
auf jeden fall wollt ich
was die moral der sache war
freischießen mit dem
was mir an waffen unterkommen würde
die deponien der großen städte zu erobern
mehr war nicht übrig
mein krieg
sollte der schönste in der ganzen gegend werden

in dem moment
da die granate einschlug
trank ich mein glas aus
und ging hinüber zu der schmalen grauen frau
die sich ihr seidenhemd von beiden schultern nahm
und mit mir draufging

zweiter weltbürger: ich bin dafür. ja ich bin für die beliebig-
keit. obwohl ich dagegen bin bin ich für die beliebigkeit da die
beliebigkeit leben oder zumindest etwas lebensähnliches be-
deutet während dagegensein immer nur etwas lebensunähn-
liches bedeutet.

erster weltbürger: nachsicht soweit das auge reicht.

die wechselstube schließt. vorhang.

Links: Bims.
Rechts: *the voices*

schrammel schrammel rückkopplung rückkopplung rück-
kopplung

talking somewhere in the house, sonntag, ich lese bildunter-
schriften im haus meiner schwiegermutter, es ist aber der
ostersonntag, in der luft ein wetter *wie nach hause kommen,*
vor dem fenster blühen die kirschbäume, aus der küche die
geräusche der frauen, also ich frage: warum ist das was men-
schen singen etwas anderes als das was menschen sagen?
vulkangestein,
davon war schon die rede, ein buch von der gewalt der natur,
in der hand, in den ohren das sausen der draußen vorbeisau-

Thorsten Krämer, geb.
1971 in Wuppertal, lebt
und studiert seit 1991 in
Köln. Veröffentlichungen

von Lyrik und Prosa in Zeitschriften und Anthologien. Mitherausgeber der Zeitschrift «Nummer», Lyrik-Lektor der Zeitschrift «Konzepte». Übersetzungen und literaturkritische Arbeiten.

senden blütenblätter, öffne ich das fenster jetzt, habe ich sie vorher nicht hören können; habe ich das fenster aber schon vorher geöffnet, habe ich vergessen, es zu erwähnen, ist es also nicht passiert.

ABER ES WAR DOCH ZU HÖREN!
wir müssen wieder lernen, unseren wahrnehmungen zu trauen, sagt angelika, ich traf sie auf einer beerdigung, letzte woche, der heißeste tag des jahres, dachten wir, heute ist schon wieder heißer, all mein leben, sage ich, wollte ich doch nur eine geschichte erzählen, meine geschichte, *we are ugly but we have the music*, was, wenn das hier kein papier, sondern eine luftgitarre wäre, würde nicht alles…

würde nicht alles ins unleserliche entgleiten, wolltest du sagen, ins unverständliche? ja, das würde es. (hier jetzt «ich liebe dich» flüstern) es riecht also tatsächlich nach kirschblüten, hallo, ruft jemand von unten herauf, wie geht es ihnen denn, ich kenn den gar nicht, hab den nie gesehen.

solo
hinter mir die geräusche der frauen, kommt wer ins zimmer, ich drehe aber meinen kopf jetzt nicht, was nämlich das schönste ist, sind die abende und die morgende und das geradeausgucken, so könnte es gehen, hallo, du, ich rede mit dir, *and life is grand*, stehe jetzt lässig auf dem balkon, fehlt nur, eine blüte verfängt sich in meinen haaren, ich möchte einen brief schreiben, rufe ich, einen brief an die welt, *everyone looks naked when you know the world's address*, so habe ich auch immer bedauert, kein instrument spielen zu können, vom singen ganz zu schweigen, hier jetzt «schubidu» flüstern.

UM HIMMELSWILLEN HOLGER, dieser rasende unernst, die verzerrten sinne, die ganze alte analoge kiste! es gibt in jedem leben einen punkt, an dem man genau schon so lange lebt, wie man noch leben wird, sagt angelika, und ich: bestimmt hast du damit recht.

drehe ich aber den kopf, stehen da schon die frauen, schwiegermutter, frau und schwägerin, zusammen singen sie einen alten chinesischen kanon: *as i write / i think about / a new way to write // as i think / i'm using up / the time left to write // as i write / i think about / a new way to write // as i think / i'm using up / the time left to write...*

Delir vier (Ausschnitt)

Mit fünfzig letzten Chancen beginne ich einen Text, der an dich gegangen wäre, früher einmal. Am Ende wird alles gut oder besser, sagt man, ich bin bereit, mich auszuliefern. Ich ging herum und rief «Du bist meine Inspiration», und wollte, daß die anderen wollen. Neue Farben sehen, ohne Effekte. Und daß die Zeit sich mehr von selbst verstände. «So oder so ist es gut.» Aber so oder so entstehen auch Ketten ohne Regelmäßigkeiten. So oder so übertrieben wie möglich.

Ich hätte gerne alle Denkformen kennengelernt und an den vollgelaufenen Avenuen erprobt. So oder so ist das Leben, 38 Grad, sonniger Himmel, Schweiß des Herzens auf den Straßen. Voyeur auf Voyageur. An den Bildern haften Überschriften und Erklärungen, was anwesend ist.

Mit Einsturzgefahr, mit Behauptungen, daß etwas schöner ist als es ist und so erst schön wird.

Die letzten fünfzig Chancen lehnen einen korrupten Formalismus ab. Die Reise zum Supercounterpoint hat begonnen. Das Werk, in dem man sich verschwinden sieht, bereit ein Lied zu werden, so oder so ... das Leben ...

Dies sind die Schlagzeilen ohne Neuigkeiten, es sind nicht meine Zeiten, Freunde? Ihr seid meine Inspiration?

Ich lief an euch entlang, aber – Achtung! – korrupter Formalismus und andere schlechte Gewissen liefen mir in die

Jutta Koether, geb. 1958 in Köln, seit 1977 Texte und Bilder. Mitherausgeberin von «Spex». Veröffentlichungen u.a. in «Spex» und «Texte zur Kunst». Ausstellungen in Graz, Wien, Berlin, Köln,

New York, New Orleans
und Paris. Zuletzt: «Kairos.
Texte zu Kunst + Musik»
(ID-Archiv Verlag, Berlin),
«Nacht auf Nacht, phona-
grammatisch», Ausstellung
in der Daniel Buchholz
Galerie in Köln. «After-
Show», Ausstellung mit
Zeichnungen und Texten
in der Pat Hearn Gallery,
New York.

Arme. Dicke Sonne überm Licht, tiefe Es und nicht zählbare Leben.

Sollte es zu unbegrenzt gewesen sein, ohne Halt? Ich möchte das Übersehen schon zählen und benennen, aber dann ist es so wie mit dem Laufen.

Laufen, laufen, bis man auffällig würde.

Das Über-Sehene: die Verbindung von überlebten und noch ungesehenen Bildern.

Die falschen Himmel sind nun alle gemalt worden.

Doch liebe ich die Städte, die dies gemacht haben, die schauen auf die Lebensweisen und die Enden, an denen das Alleinsein steht.

Es wird immer Stimmen geben, die nicht aus dem Kopf zu bekommen sind.

Ihr disparaten Leben, gestern im Raum, heute in der Stadt, wollt ihr bloß Reihen von Zitaten gewesen sein? Oder geworden sein?

So oder so, die After-Show-Wirkung macht sich bemerkbar.

Von den einfachen Dingen verdammt werden, wenn man Blau so weit gebracht hat, daß es nur noch reine negative Energie abstrahlt.

Große Lust auf vergebene Chancen, Gestern bleibt im Raum und around voraus und festgehalten.

Gestern war so ungesehen. Dem Sound nahe bleiben. Auch hätte ich mich gerne virtuoser aufgelehnt.

Aufgebrachte Welten, verrannt in letzte Chancen und Schönheit mittendrin, so übertrieben wie möglich. So oder so bleibt das Flüchtige nah, nicht als Sermon, doch als streunender Sound. Kostbare Fragwürdigkeiten und überschallende Ankünfte im Unbekannten.

Einführung in die Allgemeine Erratik

«Wenn eine Formel nicht schön ist,
dann ist sie auch nicht richtig.»
Albert Einstein

Grundlagen

I. Bedeutung

Das Wort *Erratik* entstammt dem lateinischen *errare*, welches *irren* bedeutet, aber auch umherschweifen, z. B. das Umherschweifen von Planeten im Raum, oder in der Dichtung: das irrend Durchstreifende, das sich überall Verbreitende oder Schwankende, es bedeutet unstet sein oder unsicher, sich verirren, den Weg verfehlen; *erraticus* – umherirrend; *homo erraticus* oder *erro* – Vagabund, Landstreicher, auch untreuer Liebhaber; *erratio* – das Irregehen, die Verirrung, Abweichung; *errator* – der Umherirrende; *erratum* – Irrtum, Verirrung, Fehler; *errata* – Druckfehler, Druckfehlerverzeichnis.

Gleichzeitig ist das Wort Erratik auch das zu dem Verbum erraten gehörende Substantiv – erraten, etwas durch Raten (also durch absichtlich oder zufällig herbeigeführte kognitive Aktivität) herauszufinden.
Die Erratik ist die Beschäftigung mit und die Lehre von der Erforschung und Neubewertung von Irrung, Irrtum, Verwirrung, Lüge, Täuschung und Abweichung in jeglicher Form.

Dr. Heinrich Dubel, «bestangezogener Wissenschaftler des Jahres 1995» (New York Science Review), verweist in seinen Arbeiten auf die fruchtbare Mutter zivilisatorischer Regression, die Lüge, auf ihre Formen ritualisierten Standards sowie auf deren Auswirkungen auf menschliche Zulänglichkeiten.

II. Gleichgewicht

Das erratische Gleichgewicht findet sein Fundament in den Naturwissenschaften, die eine unvergleichlich solide Basis bilden, eine Assoziation von mehrfach komplexen Bezugssystemen, in welcher sich Einsichten präzise selbstbedingen. Zyklisch progressive Regelwerke schwingen auf, Axiomatik, ohne die beinahe nichts im Einklang sich bewegen würde, exakte Wissenschaft schließlich nach randomisierten Doppelblindversuchen.

Die erratischen Disziplinen

• **Analyse erratischer Information / Gerüchte**
Geschichte: Eine Arbeitsgruppe innerhalb der SS beschäftigte sich mit der Verbreitung von Gerüchten / Latrinenparolen und der Analyse von Wegen und Strukturen, auf und durch welche diese Form erratischer Information übertragen wird.

Zu diesem Zweck wurde im gesamten Reichsgebiet ein komplexer Apparat geschaffen, der jedermann in einer offiziellen Position, unbesehen seiner sonstigen Aufgaben, verpflichtete, über ihm zugetragene Gerüchte / Latrinenparolen sofort und genauestens Meldung zu machen, und zwar an die zuständigen Stäbe, die es auf allen Verwaltungsebenen gab. Gerüchte wurden z. B. in Berlin in strikt observierter, kontrollierter, wissenschaftlicher Arbeitsweise ausgestreut. Herauszufinden, wie lange ein bestimmtes Gerücht brauchte, um z. B. nach Passau zu gelangen, in welcher Weise es modifiziert worden war, welche Umwege es genommen hatte, ob z. B. bestimmte Verkehrsbedingungen oder Personengruppen bei der Verbreitung eine Rolle spielten, dies und vieles mehr war der Zweck dieser Anstrengungen. Präzise ausgearbeiteten Plänen folgend wurden so im gesamten Machtbereich die verschiedensten Gerüchte aufgebracht. Diese Aktivitäten waren geheim und exklusiv.

Im Erratik Institut ist man der Meinung, daß solche Untersuchungen nicht obsolet, vielmehr gerade in einer Welt elektronischer Massenmedien und nahezu unbegrenzten Zugriffs auf Informationen aller Art (UFO / Elvis-Sichtungen, Hitler / Althans / Grönemeyer, Yellow TV, Teenagerselbstmord, Information-Super-Highway, Rave-Society, Russen-Mafia) nicht nur wünschenswert, sondern auch notwendig sind, und daß diese Arbeit keinesfalls den Feinden der Gedankenfreiheit überlassen werden darf. Horizontale, vertikale und diametrale Vernetzung des scheinbar Unbedeutenden, Überlesenen, Abgründigen, Verwirrenden, Unglaublichen versucht, originäre, unmittelbare oder auf andere Art ontologisch bedeutende Gehalte herauszufiltern aus dem Dickicht der medialen Strukturen.

• Erstellen erratischer Texte /
Texte zur Erratik

Beispiel: *Mare Amoris – Schriften zur Erratik.*

Auszug:

«Was als Verwirrung erscheint, entsteht nicht erst, kommt nicht zustande, ist mehr Bedingung und Prinzip, treibt die Realitäten der Wahrnehmung voran in konstantem Abstand entlang einer leichten Krümmung. Mit ihr bewegen sich die Strukturen. Darum fürchtet die Verwirrung nicht!

Nutzt sie. Wartet nicht.»

Erratische Texte / Texte zur Erratik erscheinen in den Statusberichten des Instituts.

• Abteilung Materialermüdung

Allgemeine Beschäftigung mit Wiederholungen, überflüssigen Erfindungen, großen technischen Fehlleistungen, spezielle Arbeiten mit / über Einwegverpackungen, hier besonders Tetra Pak © und Abarten (Tetra Blok © / combibloc / etc.), falsches / richtiges Handling von Einwegverpackungen, speziell Flüssigkeitsbehältnissen, Fehleranalyse, Informationsbereitstellung, Perzeption, Vermögen.

Arbeiten dieser Gruppe erscheinen in den Statusberichten des Instituts. Bisher liegt vor: Johannes Kockel – K wie Katastrophe.

• Helikopter-Research

Dieses ist die erste und schwierigste aller erratischen Disziplinen. Wahrscheinlich aus diesem Grund galt lange Zeit als zweifelhaft, ob es sich bei einer intensiven Beschäftigung mit der technologischen Realität Helikopter überhaupt um eine erratische Aktivität handelt.

Denkbar umfangreiche Untersuchungen, deren Ursprung zu finden ist in den Wirren des Zusammenbruchs der US-amerikanischen Präsenz in Südostasien, werden erfolgreich fortgesetzt, unter anderem während Aufenthalten in den Marinebasen Guantanamo Bay (Kuba) und San Diego (Kalifornien) sowie an der Marine-Akademie in Annapolis (Maryland).

Präzision in der wissenschaftlichen Methodik und Chaos als Summe aller Ordnungen (potentia) führen schließlich beim New Yorker Zwischenfall vom Ostersonntag 1991 zu einer einheitlichen erratischen Feld-Theorie, von Heinrich Dubel als «Erstes erratisches Theorem» bezeichnet, das da lautet:

• Alle Bereiche können erratisch erfaßt werden! •

Kurz nach diesem Durchbruch formuliert Dubel seine Gedanken, die in der Folgezeit ausgearbeitet werden zum «Zweiten erratischen Theorem» oder dem «Imperativ des Zufalls»:

• Wenn alle Bereiche erratisch erfaßt werden können,
dann wird dies auch unweigerlich passieren! •

Im Moment wird an der ausführlichen und grundsätzlichen «Frühgeschichte des Hubschraubers – Helikopter Hysterie» gearbeitet, die mittlerweile in einer zweiten erweiterten Fassung vorliegt.

• Erratische Architekturkritik –
Hinwendung zu einer wirklichen Architekturkritik

Eine grundsätzliche Einführung in die Erratische Architekturkritik und eine Arbeit über *Verbotene Graffiti Nazi / Porno* erscheint im nächsten Statusbericht.

Die Beschreibung der Disziplinen stammt aus dem jüngsten Statusbericht des Instituts.

Das Institut veranstaltet Vorträge und Informationsveranstaltungen zur Erratik und ihren Disziplinen. Dem Erratik Institut Berlin angeschlossen ist das Archiv Heinrich Dubel.

Schriftstellerin + Fat Boy

Die feminine Schriftstellerin ist 162 cm groß. Sie ist athletisch, sie ist nicht leptosom. Sie hat oben 184 und unten 88 Augenwimpern. Oben sind die Wimpern 8 mm lang und unten 7 mm. Der Schriftstellerin fallen im Laufe eines Tages 94 Kopfhaare aus, in 8 Tagen 752 Stück. Sie ist eine Schriftstellerin, deren Haupthaar in einem Tag um 0.7 mm nachwächst, in diesen 8 Tagen also 5,6 mm pro Haar. Die schwarzhaarige Schriftstellerin hat insgesamt 101438 Haare auf dem Kopf. An einem Tag wachsen sie alle zusammen über 71 Meter. Die Schriftstellerin hat ein Körpergewicht von 53.9457 kg. Sie fährt eine Harley-Davidson, ihre Fat Boy hat 1340 ccm Hubraum. Fat Boy hat keine Extras. Einen Radstand von 1588 mm. Sie wiegt mit ihrem Motorrad zusammen 338.946 kg. Sie ist nicht länger als ihre Fat Boy. Ihre Augenwimpern sind 84.125 mal kleiner als die Sitzhöhe des Motorrades. Ihr New Fine Silver Metallic-farbiges, zweirädriges, einspuriges Motorfahrzeug hat 15.9 Liter Tankinhalt und ein 5-Gang-Getriebe. Ihr Motorrad ist 340.429 mal länger als ihre Augenwimpern unten lang sind.

– Ende –

Actor markoLehanka storeString

Actor basicNew instVarAt: 1 put: #Person; instVarAt: 2 put: «Lehanka»; instVarAt: 3 put: #masculine; instVarAt: 4 put: ((Dictionary new) add: (Association basicNew instVarAt: 1 put: #age; instVarAt: 2 put: 34.1342; yourself); add: (Association basicNew instVarAt: 1 put: #weight; instVarAt: 2 put: 68.9597; yourself); add: (Association basicNew instVarAt: 1 put: #urine Production; instVarAt: 2 put: 1.07127; yourself); add: (Association basicNew instVarAt: 1 put: #color; instVarAt: 2 put: #hell; yourself); add: (Association basicNew instVarAt: 1 put: #headHair; instVarAt: 2 put:

Olga Zander

Die Geschichte berichtet von Olga Zander, Klaus Xifia und Heinz Unruh. Alles begann am Sonntag, dem 10. Juni 1990. Es wohnte die empfindliche Olga Zander leidenschaftlich bei. Sie war Prostituierte. Olga Zander war 34,7534 Jahre alt. Sie hatte Stiefel, Strumpf, Fußkettchen, Rock, Nylonstrümpfe, BH, Wickelbluse und Slip ouvert an. Eine 4-Zimmerwoh-

((Dictionary new) add:
(Association basicNew
instVarAt: 1 put: #color;
instVarAt: 2 put: #blond;
yourself); add: (Associa-
tion basicNew instVarAt: 1
put: #number; instVarAt: 2
put: 135262; yourself);
yourself); yourself); add:
(Association basicNew
instVarAt: 1 put: #energy;
instVarAt: 2 put: 1300;
yourself); add: (Associa-
tion basicNew instVarAt: 1
put: #birthday; instVarAt:
2 put: (Absolute Time
readFromString: «2
February 1961»);

nung hatte Olga Zander. Das Wohnzimmer beinhal-
tete ein Fernsehgerät, einen Schrank und einen Tisch.
Die hellhäutige Olga Zander, Hure, bewohnte 5
Räume. Heinz Unruh war Schriftsteller. Er zählte 35
Lenze. Heinz Unruh zog sich aus. Er war nackt. Heinz
Unruh hatte einen braunbehaarten Riemen von 31
Zentimeter Länge. Er war heiratsfähig mit 15. Eine
schwachbehaart schwarze Schnecke hatte Susanne
Louisiana. Willi Hassdenteufel hatte einen schwarz-
behaarten Bengel von 29 Zentimeter Länge. Leo
Golmohammad hatte einen rotbehaarten Schwanz
von 30 Zentimeter Länge. Einen schwarzbehaarten
Schwanz hatte Otto Beidatsch von 32 Zentimeter
Länge. Olga Zander hatte eine rasierte Pussi. Eine
schwachbehaart schwarze Scham hatte Linda Xifia.
Xaver Jaschke hatte einen braunbehaarten Schaft
von 27 Zentimeter Länge. Valeria Hauser hatte eine
schwachbehaart schwarze Vulva. Susanne Hassden-
teufel hatte eine schwachbehaart schwarze Vagina.
Die Auskunft bemühte Olga Zander. Die Telefonnum-
mer von Siegfried Fasquelle erfragte sie. Es war die
040-8901345. Olga Zander verschluckte sich. Sie er-
innerte sich an die Telefonnummer. Olga Zander war
5,21769 Meter vom Fernsprecher entfernt. Sie ging
zum Fernsprechapparat. Den Telefonhörer hob Olga
Zander auf. Sie wählte die Nummer 8901345, in Ham-
burg. Olga Zander schwatzte mit Siegfried Fasquelle.
«Siegfried, ich denke, daß Siegfried Fasquelle die Olga
Zander abschmiert.» Olga Zander freute sich.
«Nein, ich sage, daß Susanne Hassdenteufel den Cä-
sar Neif abläßt und Olga Zander einen Rock anhat.»
Es räusperte Olga Zander sich.
«Hm?, ich vermute, daß den Klaus Xifia Xaver
Jaschke abklatscht und die Olga Zander Valeria Hau-
ser abschrickt.»
Olga Zander kratzte sich.
«Ja, ich vermute, daß Heinz Unruh die Susanne Loui-
siana abfüllt.»

«Ja, ich denke, daß Valeria Hauser den Xaver Jaschke abcheckt.»

«Olga, ich glaube, daß Otto Beidatsch ein Unterhemd anhat.»

Es ärgerte Siegfried Fasquelle sich.

Olga Zander erinnerte sich.

«Tschüs!, Siegfried, cheerio!»

«Ade!, Olga, alla Wiedersehn!»

Einen rotbehaarten Apparat hatte Siegfried Fasquelle von 34 Zentimeter Länge. Olga Zander rufte wieder den Siegfried Fasquelle an.

«Trafen wir uns, Siegfried Fasquelle?»

«Nein!»

Heinz Unruh war nicht fern vom Schlafzimmer. Olga Zander war nicht weit weg vom Flur. Heinz Unruh war nackt in Offenbach am Main, Nordring 26 wohnte Klaus Xifia. Olga Zander kam aus dem Flur heraus. Sie ging zum Flur. «Ich bin zum Donnerwetter! 1 Meter und 58,7217 Zentimeter groß.»

Felix Wankel, wir schreiben 1957, erfand den Drehkolbenmotor. Das Ereignis fand vor 33 Jahren statt. Olga Zander zog ihre Wickelbluse und BH aus. Ihre Nylonstrümpfe zog sie aus. Olga Zander entfernte ihre Stiefel, Strumpf, Fußkettchen, Rock und Slip ouvert. Nackt war sie. Olga Zander war 3,10227 Meter vom Fernsprecher entfernt. Zum Fernsprechapparat ging sie. Olga Zander hob den Telefonhörer auf. Sie wählte die Nummer 069-7790134. Olga Zander plapperte mit Klaus Xifia.

«Schriftsteller, ich sage, daß den Cäsar Neif Olga Zander aalt.»

«Hm?, ich glaube, daß Xaver Jaschke einen Laufschuh anhat.»

«Schriftsteller, ich denke, daß Klaus Xifia die Valeria Hauser abbittet und Olga Zander ein Fußkettchen anhat.»

«Nein, ich erkläre, daß Cäsar Neif den Heinz Unruh abgießt und Olga Zander die Valeria Hauser abdichtet.»

① ❷ 3 4 5 ⑥ 7 8 9 0

Olga Zander wunderte sich.

«Schriftsteller, ich erkläre, daß Linda Xifia den Otto Beidatsch ablaugt und ich die Olga Zander absage.»

«Ja, ich vermute, daß Linda Xifia den Otto Beidatsch abkommt und Cäsar Neif nichts anhat.»

Es irrte Olga Zander sich.

«Ja, ich erkläre, daß Cäsar Neif den Klaus Xifia abjagt und ich die Linda Xifia abbeutle.»

«Antimadonna, ich sage, daß Xaver Jaschke eine Hose anhat.»

Klaus Xifia versprach sich.

Olga Zander bewunderte sich.

«Tschau!, Klaus, tschau!»

«Pfüeti, Olga, alla Wiedersehn!»

Olga Zander legte den Telefonhörer auf. Sie fühlte sich wohl.

Auch die 3699 Buchstaben zählende Geschichte von der rauschgiftsüchtigen Olga Zander ist vorbei.

ENDE (11 March 1995 9:38:28am).

Susanne Kremer

Es begann am Mittwoch, dem 25. Januar 1939. Die Geschichte handelt von Susanne Kremer, Ludwig Yeboah und Leo Yusuf. Es kopulierte die irrsinnige Susanne Kremer leidenschaftlich. Sie hatte eine rasierte Feige. Susanne Kremer war fortpflanzungsfähig mit 12. Sie war Prostituierte. 34,2877 Jahre alt war Susanne Kremer. Bekleidet war sie. Susanne Kremer wohnte in Offenbach am Main, Bettinastraße 11. Das Schlafzimmer beinhaltete ein Bett und einen Schrank. Es bewohnte die hellhäutige Susanne Kremer, Flittchen, 5 Räume. Es war Leo Yusuf Schriftsteller. Am Samstag, dem 4. März 1876, wurde er geboren. Leo Yusuf zog sich aus. Er war nackt. Einen blondbehaarten Schwengel hatte Leo Yusuf von 30 Zentimeter Länge. Er war vermehrungsfähig mit 13. Ursula Habisreutinger hatte eine rasierte Schnecke. Susanne Kremer hatte eine rasierte Muschi. Petra Anwander hatte eine rasierte Pussi. Albert Kremer hatte einen schwarzbehaarten Lümmel von 27 Zentimeter Länge. Siegfried Golmohammad hatte einen schwarzbehaarten Apparat von 30 Zentimeter Länge. Thomas Golmohammad hatte einen schwarzbehaarten Phallus von 30 Zentimeter Länge. Er hatte einen rotbehaarten Apparat von 28 Zentimeter Länge. Beate Mischkowsky hatte eine schwachbehaart braune Schnecke. Die Auskunft bemühte Susanne Kremer. Sie erfragte die Telefonnummer von Leo Yusuf. Es war die 0641-679902. Susanne Kremer fühlte sich wohl. Sie erinnerte sich an die Telefonnummer. Zum Fernsprecher ging Susanne Kremer. Sie hob den Telefonhörer auf. Susanne Kremer wählte die Nummer 0641-679902. Sie palaverte mit Leo Yusuf.

«Hm?, ich sage, daß Thomas Golmohammad den Ludwig Yeboah abbröckelt und Albert Kremer 56,5731 Kilogramm wiegt.»

Leo Yusuf ärgerte sich.

«Hm?, ich vermute, daß den Leo Yusuf Albert Kremer abschmeckt.»

Susanne Kremer wunderte sich.

«Schriftsteller, ich vermute, daß Ludwig Yeboah die Beate Mischkowsky abkoppelt.»

«Hm?, ich glaube, daß Thomas Golmohammad einen Lümmel hat.»

Susanne Kremer versprach sich.

Es ärgerte sie sich.

«Leo, ich vermute, daß die Susanne Kremer Ursula Habisreutinger abrupft.»

Leo Yusuf verschluckte sich.

«Susanne, ich sage, daß Thomas Golmohammad einen Bengel hat.»

Susanne Kremer ärgerte sich.

Es bewunderte sie sich.

«Leo, ich vermute, daß Petra Anwander eine Schnecke hat.»

Leo Yusuf versprach sich.

«Ja, ich sage, daß Thomas Golmohammad einen Bengel hat.»

«Alla Wiedersehn!, Leo, habe die Ehre!»

«Pfüeti, Susanne, adieu!» Leo Yusuf war nur eine Sekunde weit entfernt vom Flur. Susanne Kremer war nur eine Sekunde weit entfernt vom Flur. Leo Yusuf hatte nichts an, in Gießen, Frankfurter Straße 84 wohnte Ludwig Yeboah. Susanne Kremer kam aus dem Flur heraus. Sie ging zum Flur.

«Ich bin verdammt nochmal 1 Meter und 60,6702 Zentimeter groß.»

Susanne Kremer entfernte ihre Wickelbluse und BH. Sie zog ihre Nylonstrümpfe aus. Ihr Straßenschuh, Strumpf, Fußkettchen, Rock und Keuschheitsgürtel zog Susanne Kremer aus. Sie war nackt. Susanne Kremer ging zum Fernsprechapparat. Sie hob den Telefonhörer auf. Susanne Kremer wählte die Nummer 3346783, in Offenbach am Main. Mit Susanne Kremer schnatterte sie.

«Künstler, ich vermute, daß Ludwig Yeboah einen Schwanz hat.»

«Ja, ich vermute, daß die Petra Anwander Ursula Habisreutinger abschrotet.»

Susanne Kremer verschluckte sich.

«Ich empfehle mich!, Susanne, alla Wiedersehn!»

«Behüt dich Gott!, Susanne, tschüs!»

Susanne Kremer legte den Telefonhörer auf. Sie räusperte sich.

Auch die 3009 Buchstaben zählende Geschichte von der rauschgiftsüchtigen Susanne Kremer ist vorbei. ENDE (9 March 1995 2:04:10pm).

Feel the need for speed

news   drug abuse
to the future! and the hippocrytes cry
  who dies next?
DO YOU WANNA HAVE THE END TO THE STORY?
really nothing to laugh about
get down to get hyped
kill me and no one's gonna miss me
feel the heat of the freeway

more and more and more
and there's no way back
boredom seems to be eternal
cause you cannot count in the new world
order

death takes place like lightning
nothing's ever the same again
the end is near I'm feeling high
HOW FAST CAN I RUN???

no future in the western dreamin'
we feel it we must beat 'em
it's too late to create a new world

but then I heard the siren of the police
my blood went up to 90 degrees
you can't see white cats in the snow
couldn't catch us...
Oh human being How Low Can You Go?

risin' risin' to the top
the pills are ready to be dropped
one two three and four
got the joker HIT THE SCORE

press select to continue...

Alec Empire, Programmer, Composer, DJ, geb. 2.5.1972 in Berlin. Gründet Anfang '92 mit Hanin Elias und Carl Crack die Digital Hardcore Band «Atari Teenage Riot». Seit 1.1.1994 Labelchef u. Gründer des Labels «Digital Hardcore Recordings» (London/Berlin). Veröffentlicht seit '91 auch auf den Frankfurter Labels «Force Inc.» u. «Mille Plateaux». Seitdem über 40 Releases (Stand Ende '95), darunter: Alec Empire-Limited Editions 90–94» (Mille Plateaux); «Generation Star Wars» (Mille Plateaux); «Low on Ice» (Mille Plateaux); «Suicide EP Pt. 1 & 2»

(Force Inc.); «Atari Teenage Riot» – 1995 (mit «Hetzjagd auf Nazis», «Raverbashing» etc.) (Digital Hardcore Recordings)

S.E.X.

test the world   united colours
I told myself I wasn't about to give up!
what time is it?
it doesn't matter anymore...
I watch the sea thru my colour tv
it's all over now

but I knew that for me throwing myself into
a world of
helplines, charities, clinics,
socialworkers, doctors, nurses
and specialists was not the answer

but there are a 1.000.000 different ways of
living with it

I partied harder than ever before
all night
every night
every second and tonight
enjoy everything!

I had been blind and I'm blind today

one last chapter and another plane awaits us
I FEEL IN LOVE

Reichspartygelände

(Live-Version)

DJ Peajay ging in' Laden
wollte neue Platten haben
neue Platten gab es nicht
DJ Peajay ärgert sich
DJ Peajay gar nicht faul
haut dem Händler eins aufs Maul
und eh der Händler sich versah
war DJ Peajay nimmer da

Andreas Neumeister,
geboren 1959,
Schriftsteller. Lebt
in München.

«Reichspartygelände»
als Studioversion
im Rowohlt Litera-
turMagazin 37, Pop
Technik Poesie.

Klar, natürlich: natürlich sind wir vergnügungssüchtig, fragt sich bloß, was wir unter Vergnügen verstehen, zur Feier des Tages, zur Feier der Nacht. Mit an Ohnmacht grenzender Müdigkeit in die Waagrechte gekippt. Mit an Glück grenzender Erschöpfung in der Waagrechten liegengeblieben: vierundvierzig Vieber. Es ist bis zuletzt nicht leiser geworden, Damenundherrn, es ist bis zuletzt immer lauter geworden. Dabei sind wir bis zum Anschlag wacher geworden. Oben im Tower steht die Zeit jetzt still, oben im Tower von Montana I sind die Leitungen tot. Montana wimmelt von Musikbesessenen, sagte ich auf der Fahrt von Montana II nach Montana I als von Anfang an alleinverantwortlicher Stadtführer zum eben angekommenen Carl, Montana ist voll von Musikbesessenen, die zum Plattenkaufen bis London, oft auch gleich zu Euch in die Staaten fahren. Und sagte, mir vollkommen unverständlich, wie sich jemand wie Carls Bruder nicht im geringsten für Musik interessieren, wie sich jemand wie Will, der doch in den gleichen musikbesessenen Siebzigerjahren und nicht nur irgendwie im gleichen Jahrhundert aufgewachsen ist, nicht im geringsten von Pop infiziert zeigen kann. Amon Düül in Montana. Die Disko-Maschine mitten im olympischen Montana, Giorgio Moroders Music-Land-Studio in den Siebzigerjahren als Weltzentrum des Geschehens, das Popkaufhaus Babylon als Europas hipstes Gebäude. Karins, Karin Determanns Schlaghosen ins Gesicht. Landings per hour, take-offs per hour. Ganz gebannt standen wir Wochenende für Wochenende am alten Flughafen und sahen den mit Musikern aus aller Welt ankommenden Flugzeugen beim Landeanflug zu

Chill in, smoke out, tatsächlich ist es da, wo am wenigsten geraucht wird immer am langweiligsten, chill out, smoke in, tatsächlich ist es da, wo am meisten geraucht wird immer am lustigsten. Kurzes: wer fickt wen, kurzes: wer hat wem was angetan; darfst ihr aber nicht sagen, daß sies mir schon gesagt hat, wenn Du ihr gesagt hast, daß sies mir nicht sagen soll. Damenundherrn, wir befinden uns hier im aufgelassenen Flughafen I von Montana, sagte ich gleich nach dem Einchecken als dessen ständiger Begleiter zu Carl, wir befinden uns im zur Chill-Out-Zone ernannten Matratzenlager im vormaligen Küchen- und Waschküchentrakt des alten Flughafens von Montana. Und sagte, morgen fahren wir wunschgemäß zu den Zentralen Olympischen Stätten, Welt der schicken Zeltdachmützen. Noch immer total Siebzigerjahre, noch immer total futuristisch, noch immer wunderschön. Noch immer wie vom anderen Stern. Bauboom in Montana: die von unserem großväterlichen Vater vor dem Weltvernichtungskrieg miterrichteten kriegswichtigen Flughafenbauten, die von unserem jugendlichen Vater nach dem Weltvernichtungskrieg miterrichteten Zentralen Olympischen Stätten. Damenundherrn, wir befinden uns hier im Reichspartygelände, größte Partyzone des Landes oder des Kontinents oder was weiß ich. Egal, vollkommen egal. Music for airports: Ultra, Schall und Rauch

konzentrationsblockierende Mittel

konzentrationsstörende Mittel

1   ❷   3   4   5   ⑥   7   8   ⑨   0

konzentrationsreduzierende Mittel

konzentrationsstabilisierende Mittel

konzentrationsstärkende Mittel

konzentrationspotenzierende Mittel

Drogensüchtiges Verlangen nach Musik, drogensüchtiges Verlangen nach immer schönerer Musik, drogensüchtiges Verlangen nach immer mehr schöner Musik, schönheitssüchtiges Verlangen nach nicht endender Musik. Bin ich froh in einer einigermaßen großen Stadt zu leben! Bin ich froh nicht irgendwo draußen in den toxischen Ebenen zu leben! Bin ich froh heute hier sein zu können, wo Bernd eine so schöne Musik auflegt, auflegt und beim Auflegen neu erfindet, zur Feier des Tages, zur Feier der Nacht. Superseltsame Moog-Stücke über superseltsame frühsiebziger Analog-Sounds gelegt. Seltsamkeitssüchtiges Verlangen nach Bernds größenwahnsinniger Musik. Undosa-Melodien, kommt einem alles bekannt vor und kommt dann doch von ganz weit her. Bin ich froh in einer Stadt zu leben, in der täglich dreihundert DJs gleichzeitig Dienst tun! Heute kommt mir das Wort Montana so unverbraucht vor. Goldrichtig, zum goldrichtigen Zeitpunkt, die erste Hitzewelle des Jahres: heftiger Adrenalinstoß in Richtung helles Grün

Giorgio Moroder's Sound of Montana
Giorgio Moroder's early Techno-Sound of Montana
Giorgio Moroder's Donna-Summer-Sound of Montana
Girogio Moroder's Pre-Techno-Disco-Sound of Montana
Giorgio Moroder's Late-Seventies-Donna-Summer-Sound of Montana

Vibrationssüchtiges Verlangen nach immer lauterer Musik. Abwechslungssüchtiges Verlangen nach immer wieder neuer

Musik. Luft zum Schneiden: sehr sauer der Stoff. Rauch. Krie-
chender Nebel auf dem Weg vom Waschküchen- in den Küchen-
trakt. Am anstrengendsten sind rhythmische Bewegungen bei
großer Hitze und großer Luftfeuchtigkeit. Bewegungssüchtiges
Verlangen nach abgedrehten Beats. Lange dachte ich, hundert-
prozentige Luftfeuchtigkeit entspräche hundert Teilen Wasser
bei null Teilen Luft, entspräche also reinem Wasser ohne jeden
Sauerstoff, entspräche also reinem Wasserstoff. Wenn der
Mensch irrt, dann irrt er sich gründlich. Wenn du denkst, du
denkst, dann denkst du nur, du denkst und andere frühe deut-
sche Raps

DAF für deutsch-amerikanische Freundschaft, DAF für Deutsch
als Fremdsprache, DAF das Auto, DAF die Band. Wirklich an-
strengend wären rhythmische Bewegungen zu arhythmischer
Musik. Lange dachte ich, eine hundertprozentige Steigung
entspräche der extremen Neigung der Senkrechten. Sanfter
Amphetaminstoß in Richtung weißes Gelb. Ständiges Pendeln
zwischen Bernds schrägen melodiösen Welten und der hoch-
gepitchten Rhythmushöhle im Raum nebenan. Eine letzte Mo-
delleisenbahnanlage als letzter Wink der Außenwelt. Kurzes
Lippenlecken, kurzer Augenaufschlag. Gitter grell leuchtender
Fugen zwischen blendend weißen Kacheln, an der Decke drehn
sich bunte Scheiben rastlos zwischen Raum und Zeit. Reine
Schwerkraftzersetzung. Gerade noch Gegenwart, sage ich als
dessen ständiger Begleiter zum sekundenweise Jet-Lag-selig
wegdösenden Carl, alles hier arbeitet eifrigst an der überfälligen
Abschaffung des 20. Jahrhunderts

Am meisten freue ich mich auf die Nullerjahre des 21. Jahrhun-
dert: alles wird anders klingen, was nicht jetzt schon anders
klingt

gerade noch Geräusch
gerade noch flüssig
gerade noch Sinn
gerade noch Gedicht
gerade noch Pop

 ❷ 3 4 5 6 8 9 0

Gerade noch, alles gerade noch, die Gegenwart als Alles. Die Gegenwart als Alles und als Nichts. Alles gerade noch, gerade noch Neunzigerjahre, gerade noch 20. Jahrhundert, gerade noch zweites Jahrtausend, genau betrachtet dauert die Gegenwart deutlich kürzer als eine Sekunde. Ständiges Pendeln zwischen Küchen- und Waschküchentrakt. Wahre Zukunftsmusik als wahre Jetztmusik, tatsächlich ist seit zwanzig Jahren keine so großartige, so schöne und tatsächlich kompromißlose Musik mehr gemacht worden wie in den letzten Jahren. Mit vermeintlicher Selbstverständlichkeit passiert all das eben: jetzt. Gerade noch letzte Eisenbahn, die große Party dieser Jahre als eine einzige speicherwahnsinnige Inventur, in die wir zwangsläufig hineingeraten sind, in die wir zwangsläufig hineingeraten mußten

Damenundherrn, Amanda Lear has just left the building

Seltsame Krautrockkonzerte vor der Kulisse der Zentralen Olympischen Stätten, Moroders Eurodisco aus dem Arabellahochhauskeller, verstoßne Platten wiederkaufen, gerade noch aus zweiter, von mir aus auch aus vierter Hand, alte Welten werden Teil von neuen, gesampelt kehren Kratzer wieder auf CD. Und sagte: Bernd ist kein Hipster! Carl, reiß dich zusammen und sieh dir das an: mit an Kitsch grenzender Anmut wird ein klares Getränk an einen spitzen Mund geführt, siehst Du das zeitlos überzeugende Geschöpf mit der orangen Öljacke da drüben?

beats per minute
roundings per minute

DJ Peajay lief nach Haus
klingelt seine Mutter raus

Damenundherrn, wir unterbrechen die Nachrichten für die Ausstrahlung einer aktuellen Meldung: Die alte Zeitrechnung ist außer Kraft gesetzt, wir halten hier den Tower besetzt! Um das ersehnte Jahrtausendende vorzuziehen, erklären wir das zweite Jahrtausend für vorzeitig beendet. Damenundherrn, ohne Pop wäre dieses Jahrhundert, wären die letzten vier Jahrzehnte dieses Katastrophenjahrhunderts unerträglich gewesen. Bin ich froh, daß Carl dabei ist. Bin ich froh, daß Ayzit noch gekommen ist, Ayzit darf uns Old School nennen, egal, vollkommen egal, was Ayzit sagt, ist immer Kompliment. Wann hört die Jugend auf? Spätestens am 31.12.99 hört die Jugend auf. Peter Wachas Electric-Disco-Sound of Tomorrow's Montana. Mit staunenden Augen standen wir Woche für Woche am bewährten Flughafen und beobachteten die mit Passagieren aus aller Welt abhebenden Flugzeuge. Der alte Flughafen wird aufgegeben. Die von Vater miterrichteten Abfertigungsbauten stehen bis auf Abruf zur Verfügung. Montana I wird abgerissen, nur der Tower bleibt stehn! Damenundherrn, wir unterbrechen die Unterbrechung für die Ausstrahlung einer noch aktuelleren Meldung

Meine körpereigene Musik

Peter Weber, 1968, Zürich, ist freier Schriftsteller und arbeitet oft mit Musikern zusammen (Free Jazz und Acid). 1993 erschien sein Roman «Der Wettermacher» (Suhrkamp).

Ich übernahm 1989 bei einer international tätigen Pharmagesellschaft eine Assistenzstelle als Elektrochemiker und wurde mit der Herstellung des Gegengiftes betraut. Ich erwarb auf dem Schwarzmarkt einen der letzten noch funktionierenden Roro-0101 der ersten Serie. Ich begann mit Analogfilterkurven zu experimentieren, glaubte, in der Wiederholung von bestimmten Signalen Ansätze einer neuen Sprache zu hören. Ich vertiefte mich ins Geräteinnere, begann es zu manipulieren, baute Sensoren ein, die ich mit meinem Mageninneren und meinem Ohreninneren verband. Ich wollte das Gerät reden hören, kam wochenweise nicht mehr los von den Filterkurbeln, schlief neben dem Aufnahmegerät. Ich modellierte ein Klangband aus digitalen und analogen repetitiven Strukturen, ließ es zusammenfließen mit eigenen Körpersäften. In dieses Bad wurden in gleichmäßigem Abstand Sprachkeime in der Befehlsform eingepflanzt. Das Bad verdunstete, es gab Verdichtung, schließlich Gitter, da hatte ich den reinen Giftstoff: Kristalle.

Erkenne Dich als Teil der Forschungsgesellschaft
Erkenne Dich als Teil der Forschungsgesellschaft
Erkenne Dich als Teil der Forschungsgesellschaft
Erkenne Dich als Teil der Forschungsgesellschaft
Vergewissere Dich Deiner persönlichen Forschungsbereiche
Vergewissere Dich Deiner persönlichen Forschungsbereiche
Vergewissere Dich Deiner persönlichen Forschungsbereiche
Vergewissere Dich Deiner persönlichen Forschungsbereiche

Ich schliff die Kristalle aus. Ich schwemmte sie mit reinen analogen Bädern wieder auf. Es entstand Säure. Ich speiste säurehaltige Signale in die 0101-Reihen ein, verdoppelte, vervierfachte, versechzehnfachte sie. Ich erprobte diese Signale an mir selber. Ich wurde aufgefordert. Ich hörte Befehle. Ich ließ mich umrunden. Ich ließ mich einbinden. Ich trieb im eigenen grünlichen Saft. Ich hatte den Schlüssel gefunden zu jenen Mustern, die in bestimmter, genau dosierter repetitiver Abfolge mit mir ins Gespräch kommen wollten. Ich wies erste Vergiftungserscheinungen auf, als ich den Plan faßte, meine körpereigene Musik unter die Leute zu bringen.

Greife nach den Sternen
Greife nach den Sternen
Greife nach den Sternen
Greife nach den Sternen

Zusammen mit meinen Labormitarbeitern veranstaltete ich im August 1993 in den Mittelalpen in einem Hochtalbecken das erste Roro-0101-Festival, zu welchem einige hunderttausend Leute aus der Schweiz, Deutschland, Holland, Frankreich, Österreich, Italien, aus Japan und Nordamerika zusammenströmten. Die Zufahrt führte durch wenig belebte Dörfer über Hügel bis in den hintersten Winkel eines Seitentales, wo wir Weiden als Parkplätze freimähen ließen. Zu Fuß weiter durch Wälder und über Weiden, ausgetrampelte Kuhwege entlang auf ein überbrettertes Moor, der Mond hing prall und wie bestellt über geschwungenen Hügeln, legte Nagelfluh- und Gneisformationen in grünlichen Tünch.

Die Anlage für das Festivalgelände war im Labor entwickelt worden, Bässe wurden drei Meter tief in den moorigen Boden eingelassen, um geeignete Grundvibrationen zu erzeugen, Stromgeneratoren plazierten wir am Rand des Moores auf einen dichten Teppich von Kräutern und fetten, schilfartigen Gräsern.

Als wir meine technologisch hergestellte repetitive Grundstruktur einlegten, entstand innerhalb der Alpen eine Baß- und Beatlandschaft, die Boden, Moor, Weiden und Wälder mit Druck und Schärfe unterfing. Wir speisten meine 0101-Reihen ein. Es entstand, wie erwartet, ein reines Halluzinogen.

Erkenne Dich als Teil der Reisegesellschaft
Erkenne Dich als Teil der Reisegesellschaft
Erkenne Dich als Teil der Reisegesellschaft
Erkenne Dich als Teil der Reisegesellschaft
Entdecke Dein Selbstbewußtsein
Entdecke Dein Selbstbewußtsein
Entdecke Dein Selbstbewußtsein
Entdecke Dein Selbstbewußtsein
Erweitere Dein Sendungsbewußtsein
Erweitere Dein Sendungsbewußtsein
Erweitere Dein Sendungsbewußtsein
Erweitere Dein Sendungsbewußtsein
Erhöhe die Gefühlsleistung
Erhöhe die Verdauungsleistung
Erhöhe die Verbrennungsaktivität
Erhöhe die Empfindungsaktivität
Erweitere Dein Sendungsbewußtsein
Erweitere Dein Sendungsbewußtsein
Erweitere Dein Sendungsbewußtsein
Erweitere Dein Sendungsbewußtsein
Erkenne Dich
Erkenne Dich
Leiste Gesellschaft
Leiste Gesellschaft

Ich sah schwebende Agglomerationen, ich sah mehrere Monde, die das Himmelszelt durchkreuzten, ich sah das grüne Wetter, ich griff nach den Sternen, ich hielt an der Wirklichkeit fest, ich erweiterte mein Sendungsbewußtsein, ich erweiterte mein Sendungsbewußtsein. Ich überprüfe meine Lebensgrundlage, ich erkenne meine Lebensgrundlage, ich unterwandere meine Lebensgrundlage, ich unterfange meine Lebensgrundlage, ich unterwerfe mich meiner Körperchemie, ich überantworte meine Körpersäfte der chemischen Denkweise, ich erkenne mich als Teil der Reisegesellschaft, ich erkenne mich als Teil der Reisegesellschaft.

Ich versuche, die Orientierung zu verlieren, ich arbeite daran, die Orientierung zu verlieren, ich setze alles daran, die

Orientierung zu verlieren, ich überzeuge andere von der Notwendigkeit, die Orientierung zu verlieren, ich versuche, die Orientierung zu verlieren, ich arbeite daran, die Orientierung zu verlieren, ich setze alles daran, die Orientierung zu verlieren, ich überzeuge andere von der Notwendigkeit, die Orientierung zu verlieren.

Nach einigen Stunden innerhalb meiner musikalischen Raster konnte ich meine Mitarbeiter nicht mehr erkennen, ich sah scharf zugeschliffene Sterne, ich mußte teilblind geworden sein, ich spürte heftige Vergiftungserscheinungen, ich wollte meinen Befehlen entlaufen, stieg weideaufwärts, Befehlsgitter korrespondierten unmittelbar mit Körpersäften, die technologisch hergestellten repetitiven Muster sind versprachlichter Sound, ging mir durch den Kopf, meine säurehaltigen Signale sind reine Körpersprache, ging mir durch den Kopf, der mir im Becken saß, während mir die sich nur scheu ausdünnenden Baßfiguren im Rücken lagen und mein Rückenmark ersetzten, ich wurde gelockt, mir wurde bedeutet, ich wurde gepeitscht.

Vermessen Sie die untere Körperhälfte
Vermessen Sie Ihren Geschlechtsbereich
Vergessen Sie die obere Körperhälfte
Vergessen Sie Ihre Vermessungsstrategie
Vermessen Sie die untere Körperhälfte
Vermessen Sie Ihren Geschlechtsbereich
Vergessen Sie die obere Körperhälfte
Vergessen Sie Ihre Vermessungsstrategie

Rechne kopf
Bleiben Sie forsch
Rechne kopf
Bleiben Sie forsch
Rechne kopf
Bleiben Sie forsch
Rechne kopf
Bleiben Sie forsch

Ich wanderte über die Paßhöhe hinaus ins nächstgelegene Talbecken hinein, da erst wurden die hohen, spitz zulaufenden Töne, die meine äußersten Nervenenden besetzt hielten und von körpereigenen Geräuschen nicht mehr unterscheidbar waren, von der Topographie zurückgebunden. Ich glaubte in die Stille hineinzuwandern, es war das Gefühl, in neue Gestalt hinauszutreten. Gesirr.

Wie ich genau hinhörte und sich mein Ohr wieder dehnte und tastete, vernahm ich vielstimmiges, feingliedriges, sich wellenweise fortschiebendes Glockengeläut und Geklingel, das den ganzen Talraum durchmaß.

Es klang nach der ausgleichenden Echoleistung des Ohres, nach dem ersten, zurückweichenden Atem meines Ohres.

Wie ich genau hinhörte und sich mein Ohr wieder dehnte und tastete, vernahm ich vielstimmiges, feingliedriges, sich wellenweise fortschiebendes Glockengeläut und Geklingel, das den ganzen Talraum durchmaß, es klang nach dem ersten zurückweichenden Atem meines Ohres, da sah ich im wegdimmenden Vollmondlicht das in großen Scharen weidende Vieh, das aus dem anderen Talbecken herübergetrieben worden war. Ich erkannte, was ich veranstaltet hatte.

Habe ich repetitive Muster je als
Befehlsstruktur wahrgenommen

Hast Du repetitive Muster je
als Gitterwerk erfahren

Haben Sie repetitive Muster je als
Befehlsgitter erfahren

Habe ich repetitive Muster auch
schon als Gefängnis erlebt

Haben Sie Ihr Bewußtsein auch
schon als Giftstoff erfahren

Wann haben Sie entdeckt, daß es sich
bei Ihrer Bewußtseinslage um eine Bewußtlosigkeit handelt

Sind Dir Gedankengänge auch schon
durch das Herz gelaufen

Kenne ich den Ereignishorizont
meines Bewußtseins

Habe ich Fragen

Ins Geglöck mich flüchtend, das nach heiler Welt klang, traf
ich auf mehrere hunderttausend Sennen plus Sennenhunde,
die im steilen Gelände ihre Sensen durch den Tau zogen. Das
säuerliche Gebell der Hunde tönte ganz nach meiner Körper-
chemie. Die Hänge rutschten.

Könnten Sie sich vorstellen,
daß das Ohr Ihr Denkorgan ist

Wußten Sie, daß der Genitalbereich
Ihr Sprachzentrum ist

Würdest Du das Lustprinzip als ein
Dir vertrautes Muster erkennen

Hast Du Deine Stirnzone auch schon
mit dem Himmelszelt verwechselt

Werden in Ihrer Stirne
fremde Teppiche gewoben

Haben Sie sich je selber bezaubert

Glauben Sie, daß Ihre Hörleistung
eine Denkleistung ist

Glauben Sie, daß Ihre Hörleistung
eine Denkleistung ist

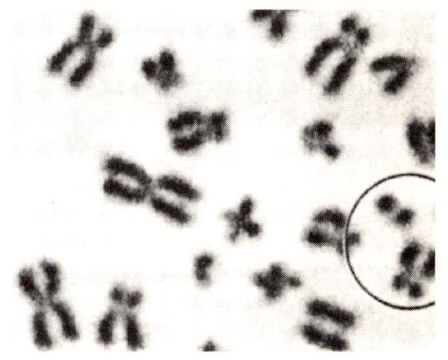

Bei Sonnenaufgang und während ich mich vor meiner kör-
pereigenen Musik nur noch flüchtete, schien es, als würden
die der Obertonphysik entlang fliegenden Säurekurven, die
auf der einen Talseite reihenweise ausgeworfen wurden und
mich auf der anderen Talseite einholten, sich überlagern mit
dem feingewobenen Glockenteppich der weidenden Tiere.
Das Zusammenklingen von endloses Loops und natürlichen
Rhythmen hatte ich für Momente greifbar vor Augen, ich
hörte sämtliche Kirchen läuten, ich glaubte, in diesem Zwi-
schenreich Spuren des Gegengiftes zu erkennen.

Bewege Deinen Körper
Bewege Deinen Körper punktgenau
Antworte mit Deinem Körper auf sämtliche Fragen
Beantworte sämtliche Fragen körperlich
Bewege Deinen Körper
Bewege Deinen Körper punktgenau
Antworte mit Deinem Körper auf sämtliche Fragen
Beantworte sämtliche Fragen körperlich
Bewege Deinen Körper
Erkenne Dich als Bestandteil des Gegengiftes
Stelle Dein körpereigenes Gift her
Erkenne Dich als Bestandteil des Gegengiftes
Stelle Dein körpereigenes Gift her
Repenetrieren Sie den Gesellschaftskörper
Artikulieren Sie sich stoßweise
Repenetrieren Sie den Gesellschaftskörper
Artikulieren Sie sich stoßweise
Repenetrieren Sie den Gesellschaftskörper
Repenetrieren Sie den Gesellschaftskörper

Als ich zu den ersten Hütten, den daran angebauten Ställen
und den darum herum stehenden Gerätschaften kam, spran-
gen mir monoton ratternde Muster entgegen, die ich im er-
sten Moment für tanzbar hielt, bei näherem Hinhören wurde
deutlich, daß auch diesen Geräuschen ein strenges Gesetz
zugrunde lag. Befehlslage. Ich hatte das Gefühl, zwischen
vergiftete Welten geraten zu sein.

Bei Sonnenaufgang und während ich mich vor meiner körpereigenen Musik nur noch flüchtete, sah ich, daß das künstliche Meer die nahe liegenden Nagelfluhformationen anfraß und wegerodierte, daß das Säuremeer auf die umliegenden Gebiete überschwappte, während die weitausschwingenden Säurekurven die Dynamik des eintreffenden Sonnenlichts – das Spiel von Licht und ersten Schatten, der wegkauernden Nacht – perfekt inszenierten, ich wußte, daß mein Fluchtweg von künstlichen Meeren überflutet wurde, schließlich die ganzen umliegenden Gebiete.

Die zerachtelte Weltsicht

Das zerviertelte Ohr

Das zerachtelte Fühlen

Das zerviertelte Denken

Das halbierte Erleben

Die zerzweiunddreißigstelte Seele

Das zervierundsechzigstelte Ahnen

Das zerachtelte Horchen

1989 übernehme ich bei einer international tätigen Pharmagesellschaft eine Assistenzstelle als Elektrochemiker und werde mit der Herstellung des Gegengiftes betraut, ich erwerbe auf dem Schwarzmarkt einen der letzten noch funktionierenden Roro-0101 der ersten Serie, beginne mit Analogfilterkurven zu experimentieren, höre in der Wiederholung von bestimmten Signalen die Sprache einer außerirdischen Intelligenz, ich sehe Sterne, ich erkenne, daß die Dynamik meines Gefühlslebens der Gravitation unterworfen ist, ich realisiere, daß es sich bei meiner Bewußtseinslage eigentlich um eine Bewußtlosigkeit handelt, ich vertiefe mich ins Gerätinnere, baue Sensoren ein, die ich mit meinem Mageninneren und meinem Ohreninneren verbinde, ich höre das Gerät reden, ich komme nicht mehr los von den Filterkurbeln, ich schlafe neben dem Aufnahmegerät, ich modelliere ein Klangbad aus digitalen und analogen repetitiven Strukturen, lasse sie zusammenfließen mit eigenen Körpersäften.

Zusammen mit meinen Labormitarbeitern veranstalte ich im chemischen Labor das erste Roro-0101-Festival.

Ich erkenne mich als Teil der Reisegesellschaft.
Ich habe das Gefühl, zwischen vergiftete Welten geraten zu sein.
Ich höre die Glocken sämtlicher Kirchen gleichzeitig läuten.
Ich flüchte mich ins Geglöck, das nach heiler Welt klingt.
Ich erweitere mein Sendungsbewußtsein.
Ich besiedle neue Landschaften.
Ich unterwandere mein Selbstverständnis.
Ich arbeite daran, die Orientierung zu verlieren.
Ich erkenne mich als Teil der Reisegesellschaft.
Ich erkenne mich als Teil der Reisegesellschaft.

Julian Weber presents

A Remix

Julian Weber, Jahrgang 1967. Erste eigenhändig gekaufte Schallplatte: «If you want blood, you can get it» von AC / DC, 1978, bisher letzte: Plug 3, «Versatile Crib Funk», Stand 9.12.1995. Lebt in München.

1. Wenn Ihr wissen wollt wie ich mich fühle

Seit einigen Wochen wohnte ich in Chicago. Ziemlich im Stadtzentrum, obwohl man im Falle von Chicago nicht richtig liegt, wenn man Stadtzentrum sagt. Der Nerv der Stadt lag ganz woanders blank. Für mich jedenfalls, der im Stadtzentrum arbeiten mußte. Schon die ganze Zeit hatte ich die Idee gehabt, daß ich doch tanzen gehen könnte an diesem Freitagabend. Ich mußte einfach vergessen, warum ich hier war. Ich schnappte mir das Disco-Buch, schmökerte darin und trank Buttermilch. Ich mußte in die Disco. Ich mußte tanzen gehen. Und zwar so richtig. Und zwar raus aus der Neighborhood. Nur noch raus. Wenn ich nicht aus dem Viertel rausgekommen wäre, hätte ich ersticken müssen. Unruhig ging ich in der Wohnung auf und ab, ärgerte den Haushund (er hörte auf den Namen Rex, sah fakemäßig diabolisch aus und hatte meinen Wecker zerbissen) und lauschte dem Radio: «WJPC-50 AM Hey Ladies check out Ebonee…», gefolgt von einem wunderschönen Streichersample à la Philly Soul, um gleich darauf von einem Funky Beat gestreichelt zu werden. «…for da real alleycats who live life. 100 % ruff tuff. Check the stylized, slammin beauty parlor on the south side of Chicago…» Ich klopfte an die Tür meiner Mitbewohnerin Serena. Mit dem Mund ahmte ich die Hi Hat nach, Hmts, Hmts. «Time to get into the groove. Wanna come down to the Warehouse tonight?» «Yes, gääähn, yes, take your time. Need to wake up first.» Ich machte einen Kaffee und trank ihn mit großen Schlucken. Serena schüttete sich, nachdem sie schließlich aufgestanden war, so mit Kaffee zu, daß einem nervösen Abend nichts mehr im Wege stand. Wir kämpften erbitterte Schlachten um den Zutritt zur Toilette. Kein Blauhelm dieser Welt hätte sich getraut hier einzugreifen.

Während der Autofahrt durch das vorweihnachtliche Chicago eröffnete ich Serena meine Theorie über die Skyline, die ich aus sicherer Entfernung liebe, und die deutschen angewandten Kulturviren, die mich aus dieser Skyline immer aufs Neue ausgespien hatten wie einen Kaugummi. Die Realitäten der deutschen angewandten Kulturpolitik: Eine qualvolle Begegnung mit preisgekrönten Berliner «Schriftstellern». Meine schlimmsten Befürchtungen wurden übertroffen. Diese Scheißer! Diese arroganten, mißmutigen, mittelmäßigen Poetenprofessionals, die mir mitten in Chicago ihren Kulturpessimismus auf die Nase drückten, bis mir von ihren Mundgerüchen schlecht wurde.

Jedesmal, wenn ich der Skyline morgens nahe gekommen

«…for da real alleycats who live life. 100 % ruff tuff.»

war, live und direkt innenrein in den Bauch, ist sie geschmolzen. «Ever been melted?» «Don't know what you mean, man?», Serena lachte sich tot. «You should quit that shit job!» Ich bin kein mean man. Mein Englisch ist besser als das der gesamten Aspekte Redaktion (deutsche angewandte Kulturviren Teil 2), worauf ich nicht wirklich stolz bin. Als mein Freund Shin Oh den Fernseher anhatte, übersetzten sie bourgeois mit Buschkrieg.

2. Die funktionale Bedürfnisanstalt

Wir schmolzen dann doch im Warehouse (RIP), South Hasted Ecke Rush in Old Greek Town gelegen, suchten sicheren Abstand zu den deutschen Kulturviren. Nachdem wir von einer 1,90 Sicherheitsfrau mit Dreadlocks abgetastet wurden, nein, sie tastete uns nicht mit ihren Dreadlocks ab, zog uns, Kaboom!, den langen Gebäudeschlauch entlang, die Musik magnetisch an. An der rechten Seite eingebeult-aha, die Toiletten. Falsch. Es stand zwar Toilette drauf, aber drinnen war die Bar. Wir gingen an die Tür, wo Bar draufstand. Hier war DER stille Ort. Ein stiller Ort ohne Geschlechtertrennung. Beim Rausgehen bemerkte ich erst, daß ich der einzige weiße Typ war. Ich kam mir nicht toll vor. Mir meiner Fremdheit bewußt, latschte ich Richtung Tanzfläche: da standen Homies. Musterten uns verwundert. «Hey, don't hurt anybody, ok?» Ging in Ordnung. Selten so eine joviale Begrüßung erhalten, als Fremder. Ich fühlte mich zu Hause. «If you wanna know how I feeeel?» «Baby, Baby, Baby.» «Baby I feel goooood. Yeah.» Dazu prasselte eine Baseline wie aufgehende Eßkastanien im E-Herd. Woumm! Die Hi Hat war im Fingerschnippstakkato drangelegt. Bummtschak, Bummtschak. Das Frage- und Antwortsample nahm mir meine ganze Schüchternheit ab. Meine angesammelte schlechte Laune verflüchtigte sich in der Dunkelheit. Ich begann zu tanzen. Serena auch. Die ersten paar Takte war es noch schwer, paranoiderweise dachte ich, wir würden von den um uns rum Tanzenden begutachtet. Ich schloß die Augen. Meine Ohren fingen zu glühen an. Die Tänzer zogen uns einfach rein. Die Füße wurden drahtig wie Pfeifenreiniger. «I gave you», ganz kurz hintereinander, etwas schnippisch gesungen. Ein Orgelthema griff ein, ich war ergriffen und die Stimme flehte «everything». Ich nahm es wörtlich. Im Warehouse. Die InstruMENTALpassagen verordneten mir, das Gehirn einzuschalten. Beziehungsweise, einfach umzuschalten. ‹Im Mund-Rachenraum leben ständig dreimal mehr Keime als Menschen in Chicago.› Dieser schöne Satz steht auf der Gebrauchsinformation von Dorithricin Halstabletten. Daran erinnerte ich mich. Ich schaltete wieder um. «Schubidubnbdadup Beebop.» Viele sangen. Nachtgottesdienst. Ein DJ mit Namen Lenny Fontana spielte Housemusik, die aus Jeder und Jedem im Warehouse einen Star machte. Ich dachte an das Disco Buch. «How are you feelin, Serena?» «The music feels so great, I wanna take it with me».

Wenn man diese Musik nur mitnehmen könnte, mit dem ganzen Club. Oder eben mitfühlen, überallhin mitfühlen. Wie könnte man eine Diskothek als funktionale Bedürfnisanstalt umrüsten? Mit eskapistischem Parkplatz. Ich kam mir konstruktiv und romantisch vor, wobei das romantische Moment überwog. Das Konstruktive würde an jedem Ort außerhalb des Warehouse sofort zu einer Marketingstrategie werden, hier war es Elixier, um zu überleben und einfach Woche für Woche dem Seelenjazz zu entgehen. «I'm talking about the subject. The subject of House…» Jetzt wurde es ernst. Plötzlich wurde ich mit einem Ruck auf einen hellen Planeten gebeamt. Ich meinte einen Gospel-Sermon zu hören, der forderte, flehte und alle Menschen unter der Sonne aufforderte ins House zu kommen. Aber nicht im Benetton-Stil. Sondern ganz nüchtern und pragmatisch. Dieses Flehen hatte etwas Stolzes, nichts Weinerliches an sich und mündete in einen spacigen Funky Beat und die Menschen um Serena und mich begannen paarweise oder allein mit Bewegungen gegen die Wand, die denen glichen, die Menschen beim Geschlechtsverkehr machen. Die Lautsprecher

«I'm talking about the subject. The subject of House…»

Die Lautsprecher verwandelten sich in Liebesgeneratoren.

1 ❷ 3 4 ⑤ 6 7 ⑧ 9 0

verwandelten sich in Liebesgeneratoren. Ich surfte auf den Soundkurven. Die Schweißdrüsen nahmen jeden Klangpartikel auf und gaben ihn an das Großhirn weiter. Ich schrie meine Stimme raus und kreiselte mit meinem Unterleib wie ein Teufelsrad. «Da real shit…», sprach eine Stimme, «…is phattenin'!» Die Bässe pochten direkt in den Magen. Man mußte boglen. Eine Kastratenstimme befahl, «Bring in the Organs». Jede(r) verstand darunter etwas anderes. Die Euphorie der Musik übertrug sich auf die Kommunikation, die reibungslos glückte. Question: «WhyisitthateverytimeI'm walkingdownthestreetsomeassholestryinnastopme?» Pause. «FukDatShit!» Tausend Fuck Finger bedeuteten dem imaginären Feind oder dem nicht so imaginären Bösen ein klares Fuk Dat. Eminent funky. Die einzige Durchhalteparole, zu der getanzt werden kann. Als ich wieder einmal aufs Klo, pardon an die Bar ging, sprach mich ein Mädchen an. «Ey fella, where you from?» «Germany.» «I've got a grandfather in England, know what I'm saying? How do you like this place?» «I like it very much», sagte ich etwas schüchtern. «I luv it too, darling.» Gut, äh scheiße, daß der DJ eine neue Losung ausgab, ich gab vor wieder tanzen gehen zu müssen. «Eeeeeeeverybody – Love is the key…» Wie recht er hatte, fiel mir erst im nachhinein auf. Und während der Baß sich wie Popcorn drollte und ich mich wieder etwas eingekriegt hatte, kam das Mädchen noch einmal vorbei, bohrte mir einen Finger in die Hüfte, sagte lakonisch, «Hey Baaby!» und verschwand. Ich wollte nie wieder da raus. Nie wieder nach Hause. Heim ins miefige Reich. Da kam Serena angejingelt und strahlte in ihrem kanadischen Akzent «Man, this is fucking great, ey.» «Are you high?», fragte ich sie, «Yeah, this music makes me mountain high. I'm starving.» Stimmt! Wenn man high ist, soll man essen. Alte Discoweisheit!

3. Cheese Fries

Im anmutigsten
Fettpuff auf der
Northside.

Hunger in Chicago ist gleichlautend mit Wiener Circle auf
der North Clark. Wegen des Namens wähnte ich mich in der
Hofburg: eingelullt von den Pirouetten der Schimmelpferde
mampfte ich die schmackhaftesten Gerichte, die der Erdball
zu bieten hatte. Aber die Uhr zeigte 4 Uhr morgens und ich
stand mit beiden Beinen in der kontinentalsten Küche, die
ich je gesehen hatte. Im anmutigsten Fettpuff auf der North-
side. Serena riet zu Cheese Fries. Ich machte also bei der
dicken Mamma die Bestellung. Und was dann kam, hätte ich
nicht im Traum zu hoffen gewagt. Es sah vorverdaut aus. Es
waren keine frittierten Käsestangen, sondern unter einer
Lava-artigen Gallertmasse gefangene Pommes. Gefangen in
einer meterhohen Cheddarkäseschicht. Sagt Bogner, daß er
mal einen Film aus dem Sujet machen soll! Ich schluckte.
«That's what you wanted, baby!» Der Circle drohte vor
Gelächter auseinanderzubrechen. Mein Magen schloß sich.
«Would you mind a little shot?» fragte ich Serena, denn ich
brauchte dringend einen Schnaps. «I could use some too. But
I don't wanna hang out for too long, ey.» Wir fuhren zum
Rainbow Club auf der Damen Avenue. Bundy saß an der Tür,
Machine bediente die Bar. Ich blieb lange, viel zu lange. Re-
dete, darüber, daß der DJ mir das Leben gerettet hatte, daß
mich die Groovelines narrisch machen und, daß Gott, wenn
es ihn je gäbe, zuerst die Frauen erschaffen würde. Sie glaub-
ten mir kein Wort.

Die Cheese Fries nötigten mich zum Antritt des Heim-
weges. An der Ecke Damen/Milwaukee traf ich noch einen
entfernten Bekannten. «So what's up with Munich man?
How's your job? Still living on Milwaukee?» Fragen über
Fragen, ungefähr 60000. «Ah, I'm sorry, I gotta shit so bad I
can taste it.» Zu weiteren Bemerkungen blieb mir keine Zeit.
Der Typ glaubte wohl ich sei verrückt. Ich schaffte es noch
bis zu einem Ladeneingang in einem leerstehenden Gebäude.
Scheiß Cheese Fries!

4. Munich Goes Pop

Die DJs hießen nicht
Fontana, sondern
Godfather of Fimo,
Christian IV.

München befand sich schon seit geraumer Zeit im Cyberfieber. Alles war möglich, alles war erlaubt und alles war unlocker. Die Vielwisserei war ausgebrochen. Wenn ich mit Freunden abends tanzen gehen wollte empfing uns die arroganteste Oberflächlichkeit in Menschengestalt. In kalter Rache wurden die Nächte von der Nachtlebenmafia formatiert. Es war ein überschaubares Brettspiel mit starren Regeln. Spaßterror, vollgestopfte Terminkalender, verbeamtete Türsteher mit abgeschlossenem Studium. Clubbesitzer im Stadtrat. Der ganz große Pomp. Und Morgen schon würde MTV Unterhaching aufkaufen und mit der Umgestaltung des Einkaufszentrums beginnen. Die Jugend war von der Straße weg. Hallenkultur. Raves zu jeder Tageszeit. Es war zusammengewachsen, was nicht zusammengehört. Fuck Unity! Die DJs hießen nicht Fontana, sondern Godfather of Fimo, Christian IV.

In die Muffathalle hatten sich House DJs aus New York angekündigt. Das Motto in der sorgsam restaurierten Industrieanlage aus der Gründerzeit lautete verdächtig «Street Culture Project». Schon am Eingang kamen meinem Freund Feiler und mir Scharen von Jugendlichen mit Plastiktüten entgegen. «Was passiert hier?», erkundigte sich Feiler. «Nicht viel, da läuft nur noch so komische Housemusik…» entgegnete ihm ein strikt an uns vorbeischauender Clubber. Klar, mit so einer großen Plastiktüte konnte er schlecht tanzen. «Da läuft nur noch was? Geh weiter, schleich di, du Depp! He, des gibt's doch net», wunderte sich Feiler. Fremd in der eigenen Stadt. Ich glaubte selber schon nicht mehr an Vergnügen im herkömmlichen Sinne. Aber irgendwann würden selbst wir in München noch zu unserem Grundrecht auf angenehme Unterhaltung kommen, dachten wir. Unfaßbar, drinnen legten sich House DJs ins Zeug und wirklich jede(r) deckte sich bis zum Hals mit extrem sportiven Klamotten ein. Dazu durfte draußen ein von FIAT gestifteter Kleinwagen zugesprüht werden. Und alle hinterließen ihre Tags. Anderntags würde es ein Rauschen im alternativen

Blätterwald geben. An zwei Seiten entlang der Tanzfläche waren Stände mit Homewear aufgebaut. Das war ein flauschiger Spießrutenlauf. Auf der Tanzfläche tummelten sich zehn traurige Gestalten. Es hatte so ziemlich überhaupt nichts mit House zu tun. Die eine nette Bedienung vom Baader Café ermutigte uns schließlich zum Tanzen. Aber der Funk sprang nie über an diesem peinlichen Abend.

5. Aquarium

Also gingen wir zu Feiler und gründeten unseren eigenen Club. Den Aquarium Club. Du, du und du, ihr seid herzlich eingeladen. U 5 Max-Weber-Platz, bitte rechts aussteigen. Das Essen ist fertig.

Kampf dem Biorhythmus

Just Say No To Textanalyse. Just Say Yes To Tempo, Lärm, Schall, Rauch, Rauchen, Rausch, Extase. Europa holt 50 Jahre Nightlife-Kultur in fünf Jahren nach. Die Nacht wird mehr zum Tageshöhe-/mittelpunkt als je zuvor. In ihrem Schutz: eine ganze Generation Schattengewäxe. Drag-Queens, Mixed Genders, Männer in Röcken, Frauen in Unterwäsche, Spangen, Zöpfe, Stecker, Ringe, Ketten, Herzen, Brillen, Kappen, Zipfelmützen. Raus aus dem Nebel, in dem Tänzer religiöse Schatten werfen. Runter in den Keller, in dem andere Rituale begangen werden. Der Pegel im WC steht uns wieder bis zum Hals. Wenn Plateauschuhe noch nicht erfunden wären, dann spätestens hierfür. Die Toilette geht voll nach vorn. Clubland ehrt sein Vorzimmer. Die Vorbereitung wird zur Hauptsache. Kein Verstecken,

Ralf Summer, geboren 1965, wohnt in München, freier Journalist, moderiert seit 1992 auf Bayern2Radio jeden zweiten Freitag zwischen 17 und 18 Uhr

die «Rave Trax» (Bayerns dienstälteste Techno-House-Jungle-Ambient-Sendung), schreibt fürs «jetzt»-Magazin der SZ, lebt vom/fürs Musikhören.

kein Vertuschen, kein Geheimnis. Die Jungs kommen auch mit rein. Vorzeichen werden umgedreht. Clubland ändert die Prämissen.

Jeder Rave ist Abenteuer, Zirkus, Freizeitpark in einem. Jeder Rave ist Plech, Geiselwind, Krone, Roncalli, McDrive, Wooli, Vobis, WOM, H&M, Hardwax, Delirium, Footlocker in einem. Gute Techno-Parties sehen heute aus wie früher nur Video-Clips. Self-Fulfiling Youth Culture. Eine Reise durch Photoshops & Pixels, durch Fonts & Fraktale, Licht & Laser, LEDs & LCDs, Strobos & Scanner, Soundscapes & Sonder-farben. Rave ist weniger Slogan als Signal.

Technoparties sind die Kultivierung der Reizüberflutung. Die Zeit hat der Musik und die Musik dem Leben einen neuen Groove gegeben. Die 90er müssen anders klingen als die 80er, und der Sound von 2000 wird wieder anders sein. Techno ist der Supermarkt der Stile, der Selbstbedienunxla-den, der kommen mußte. Alles wird respektlos zusammen-getragen. Frag nie woher, entwende, entstelle, kehre Bedeu-tungen um. Zieh T-Shirts mit «Listen To Black Sabbath» an und sammle dumme Gesichter. Leg in der Ambient-Area Easy Listening auf.

Laß dich von Aphex «Alberto Balsalm» Twin massieren. Chille zu den Grillen, zu Money Marks «Insects Are All Around Us». Werf dich zum Küssen in die Kissen. Werde matt auf den Matratzen. Veränder dein Bewußtsein bei «Higher States Of Consciousness». Wink Josh zu. Die Höhen mehr in den Hüften, die Bässe besser in den Beinen. Die Wahrnehmung schärfer. Die Sinne präsenter. Learn To Dose. Stop Drug Hysteria. Es geht nicht gegen Gebrauch, sondern gegen Mißbrauch. XTC FSK. Freiräume selbst abstecken, Gefahren selbst ausloten. Anarchisch leben ohne ausgesprochen politisch zu sein. Neue Freiheit After-hours. The New Definition of Sperrstunde. Raves sind der lange Donnerstagabend der Freizeitkultur. Kampf dem Bio-rhythmus. Die Schubkraft nach Mitternacht. Der Vitamin-stoß aus dem Vinylstapel. Vor dem DJ tanzen heißt Danke sagen für seinen Mix, seine lebenserhaltenden Grooves. Der Partymaker, der Mixmaster, der White-Label-Wühler, der

Equalizer-Fetischist, der Crossfade-Kämpfer, der Pitch-Perfektionist, der Fingerspitzenerotiker, der Ewig-an-den-Platten-Rumzwirbler, der Telefon-Kopfhörer-Individualist, der Eigene-Nadel-Mitbring-Handwerker, der Respekt-vor-dem-Stück-Auslaufenlasser, der Schnellmaleinflieger, der Groupie-Held und der, der den DJ als DR mißversteht, als den Akademiker des Nachtlebens. Es gibt mindestens ein Dutzend verschiedener Discjockey-Typen. Und Hunderte von Rave-Charakteren. Die Plattenkofferträgerhelfer, die Tablesharks, die Hände-in-die-Hüften-Stemmer, die Hände-in-die-Taschen-Gräber, die Hände-über-den-Kopf-Werfer, die Brust-Raus-durch-die-Menge-Schieber, die Hüft-Ellipsen-Kreiser, die Quadratmeter-Revierverteidiger, die Pupille-hinter-der-Brille-Verstecker, die Lolly-Lutscher, die Jungle-Springmäuse, die Breakbeat-Zwerge, die Barbour-Jacken-Houser, die Beim-Türsteher-Rumsteher, die Thekenschlampen, die Boxenbesteiger, die Bühnenanimateure, die Oberkörperschwulen, die Ledertransen, die Vocal-House-Pfaue, die Voodoo-Tänzer, die Langhaar-Goas, die Runen-Sweatshirt-Raver, die Joint-Bau-Chiller, die Nebenerwerbs-Trancer, die Gabber-Triathleten, die Riesen-Rave-Zehnkämpfer, die Screamadelics, die Zigaretten-Schnorr-Kontakter, die Higher-Higher-House-Heuler, die Dancefloor-Crosser, die Hallenkreuzer, die Hardcore-Querschläger, die Adidas-Equipment-Abzappler, die Baseballmützen-Hools, die Finger-vor-den-Augen-Anvisierer, die Lederjacken-Tölpel, die Cowboy-Stiefel-Spanner, die Military-Marschierer, die Camo-Pseudo-Ganxta-Raver, die Karohosen-Spaßvögel, die Piano-House-Raumgleiter, die Acidtrance-Abtörner, die Fred-Perry-Polo-Bohemiens, die Space-Shirt-Abheber, die Afterhours-Frischlinge, die Platten-unterm-Arm-gepreßt-Promoter, die Bunthaar-Entsetzte-Eltern-Spaßfraktion, die In-die-Bassdrum-Kriecher, die Energy-Drink-Schwitzer, die Coca-Cola-Monopol-Brecher-Red-Bull-Kipper, die I'm-Ready-Planet-Soul-Rock-Da-House-Trip-Hop-Mitten-Breaker, Take Me Baby, I Feel Love und immer wieder Green Velvet, die Bauchnabelpiercing-Girlies, die Sektglasstilisten, die Gothic-Ohrringreihen-Schmücker, die Werbeverarschunxshirt-Kiddies, die Black-Bustier-Bodies, die Nonnen-Nymphen, die Ethno-Kiff-Tribalisten, die Elektro-Jogger, die Väth-Zöpfer, die Spitzbärte, die Grungebärte, die Happy-Handbag-Hitkids, die Rotterdam-Ausraster, die Sample-Loop-und-Hookliner, die Slip-Sisters, die LED- und LCD-Leuchtwürmer, die Speedy Bonzailes, die Psychopiller, die Pillenpsychos, die Glanz+Glitter-Girls, die Bondage Boys, die Mayday-Treuen-Merchandiser, die Löcher-in-die-Wand-drück-Beobachtunx-Faultiere, die wippenden Aufschreibesysteme...

Der Rave ist das Timestretching fürs Nightlife. Techno ist der Pop von heute. Techno heißt aber auch zusehen, wie eine Kulturform erwachsen wird.

'56 Rock'n'Roll '66 Beat '76 Punk '86 House '96?
Next chapter.

Literatur im «*Dreckschwein*»

Jankl Augsteins Idee zufolge sollen er und seine beiden Busenfreunde Johnny und Dscherry in der Öffentlichkeit eines Frankfurter Nachtcafés ihre Literatur vortragen. Das Experiment kann also starten, die Kamera läuft.

In der Gegenwart, so z. B. im «Dreckschwein», ist wie immer die Hölle los. Die Musik ist laut und wild, das Benehmen furchtbar. Es wimmelt von jungen notgeilen Menschen, die unser Bundeskanzler wohl nicht so gerne in sein Wohnzimmer reinlassen würde. Zu dem bunt, aber dennoch geschmackvoll angezogenen Johnny, der am Bartresen steht und unschuldig und ungeduldig an seinem Whiskey nippt, gesellt sich Jankl Augstein.

Mitleidsvoll schaut Jankl zu Johnny hinunter.

«Gestatten, Jankl Augstein, jüdisch, manisch-depressiv, mit einer Neigung zu cholerischen Ausfällen. Mach mir bitte 'nen Tee, Peter.»

Jankl seufzt laut auf, nachdem er sich vom Barkeeper wieder Johnny zugewendet hat. «Oi, hab ich gerade wieder Trouble mit meinem Alten gehabt. Für ihn ist jemand, der in einem solchen Alter noch unverheiratet ist, fast schon so was wie ein Krüppel. So ein widerliches Arschloch. Die einzige, die zu mir hält, ist meine Mamme. Gott segne sie.»

Laut Drehbuch hat Johnny noch nie, zumindest bewußt, einen leibhaftigen Juden vor sich stehen gesehen. «Entschuldige, aber mir ist wirklich komisch zumute. Ich kenne Juden nur aus dem Kino, Mel Brooks und Woody Allen zum Beispiel. Aber ich habe noch nie mit einem Juden zu tun gehabt, ich meine so richtig geredet, lebensecht.»

Jankl soll nun böse werden, und das wird er auch.

«Wer bist du eigentlich, du kleiner hergelaufener Goi, stell dich gefälligst erst mal anständig vor, oder soll ich dich hier vor allen Leuten ausziehen und ans Kreuz hängen.»

Jankl dreht sich um und wird zum Megaphon.

Bei dem unter dem Pseudonym **Joe Fleisch** schreibenden Autor, bisher einzige Veröffentlichung «Wie der Tod Gavriel umarmte» im 1992 erschienenen Sammelband «Umarmungen», handelt es sich um einen in Frankfurt lebenden Geldverleiher und Pornographiehändler. Seine liebste Freizeitbeschäftigung ist das Verrechnen der Vergangenheit, seine Themen Sex, Nazis und Juden. Anfang des nächsten Jahres wird er ganze 33 Jahre alt werden. So Gott will.

«Alle mal herhören! Man bringe einen Stuhl her für diesen Zwerg. Damit er sich darauf stelle und seine Prosa vortrage!» Dann wieder in normaler Lautstärke zu Johnny:

«Ist doch okay, wenn ich dich als Zwerg bezeichne, oder?»

«Wenn ich dich im Gegenzug dafür als orientalisches Marktweib bezeichnen darf?»

Jankl grinst. Er kneift Johnny in die Backe.

«Ich glaube, wir könnten Freunde werden.»

Johnny steigt auf den Stuhl. Der DJ dreht die Lautstärke runter. Im Café herrscht relative Stille. Fast das gesamte «Dreckschwein» schaut aufmerksam zu ihm hoch. Johnny holt ein Papier aus seiner Jackentasche und räuspert sich: «Mittelfinger – Eine pornographische Tragödie, bestehend aus einigen wenigen Geschlechtsakten. Wie ihr euch alle denken könnt, eine verbesserte Kopie des berühmten «Faust», jenes großen Machwerks unseres eitlen Altmeisters Goethe. Mein Künstlername ist übrigens Johann Fürchtegott, und das noch unvollendete Werk, aus dem ich hier einen Ausschnitt vortrage, wird dereinst Literaturgeschichte machen.» Johnny räuspert sich noch einmal, um dann wie folgt loszulegen:

«...nur war ich nicht der geplagte und depressive Studiosus Faust, den der gute alte Schwerenöter Goethe einst ersonnen hatte; nein, Freunde, die Schule des ausgehenden 20. Jahrhunderts hatte, trotz ihres schlampigen und undisziplinierten Lehrprogramms, ihre Wirkung getan. Ich war ein sexuell besessener Profi, der streng experimentell mit Penis und Mittelfinger arbeitende Johnny Mittelfinger, eine Gestalt, vor der selbst der zum Töchter- und Mütterficken antreibende Mephisto zu einem kümmerlichen Nörgler verblaßte. Denn Genossen und Genossinnen, der Kontext hatte sich verändert, und so auch die Zeiten und die Texte. Die Flamme war zu Qualm geworden, und Monologe wie der nun gleich folgende kamen wieder in Mode. Verkommene Dutzendware, Wahrheit und Kitsch. Sagen zumindest die andern, die mit uns wandern.» Er sah auf. «Gebt also Ruhe und hört her.»

Johnny erhöhte die Lautstärke.

Wie ihr euch alle denken könnt, eine verbesserte Kopie des berühmten «Faust»

1 ❷ 3 ④ 5 6 7 8 ⑨ 0

«Schwankende Gestalten! Schon wieder naht ihr? Männer und Frauen, Mütter und Väter, Kinder und Inder, Triebe und Tiere, Jungens und Mädchen, Eltern und Alte, Kalte und Falten, Zarte und Harte! Hört her und seht, was auf der Bühne geschieht: Ein Nazi-Zombie, an den Folterstuhl fixiert, gefesselt und geknebelt, wie es sich gehört. Die Kreatur ist nur bis hin zur Taille in ihre SS-Uniform gekleidet, von dort ab ist sie nackt. Das leider noch nicht abgeschnittene Glied für jedermann ersichtlich, unbeschnitten und unerigiert, einer Zipfelmütze gleichend, baumelt es unnütz zwischen Schaum und Traum, Alptraum und Raum.

Nun tritt Johnny Mittelfinger auf. Er, der Held unseres Stückes, wird ihn foltern, jenen niemals zu Tode verurteilten Kriegsverbrecher und Massenmörder, der glücklich und zufrieden auf der malerischen Nazi-Hazienda seines südamerikanischen Exils in seinem bequemen Bette entschlief. Hier im Jenseits wird endlich die überirdisch waltende Gerechtigkeit seiner habhaft. Hier erleidet er die Qualen der Hölle, wie es das sexuell gestörte Mittelalter verlangt hätte. Gebannt starrt das Publikum auf Johnny Mittelfinger; zusehen darf es, wie der schwule, dekadente Mittelfinger, der im 3. Reich wohl vergast worden wäre, hier und jetzt, auf der Bühne der Vergeltung, zum Folterknecht geworden, seinen Mittelfinger in das Arschloch, tief hinein in den After, schließlich in die Prostata der Nazi-Bestie rammt. Auf dem Mittelfinger sitzt ein Fingerhut, der vorne zu einer gefährlichen Stichwaffe ausgebaut ist. Und während der geknebelte und gefesselte, dergestalt gemarterte Nazi-Scherge sich windet in unsagbarem Schmerz, flüstert Mittelfinger ihm jene Zeilen ins Ohr, die ich, Gott oder irgendein anderes Untier formulierte. Laut, klar und deutlich wird das Flüstern des kaltblütigen Johnny Mittelfinger durch Sound-Verstärker in die Tiefe des Zuschauersaals hineingetragen.

Gefühlvoll zieht Mittelfinger nach seinem letzten Satz nun seine Hand aus dem After des sanft verstorbenen und erst jetzt standesgemäß zu Tode gequälten Alt-Nazis. Anmutig und behutsam tänzelt er nach vorne zu seinem Gesicht, sanft, fürsorglich und mütterlich schaut er in die vor

Wer waren die, die ein solches Spektakel inszenierten?

1 ❷ 3 4 ⑤ 6 7 8 ⑨ 0

Schmerz irre gewordenen Augen des Gefolterten, lächelt, als ob er ein Baby anlächelt, und haut dann den mit Blut und Scheiße verschmierten Mittelfinger samt den darauf zur gefährlichen Stichwaffe ausgebauten Fingerhut in dessen linkes oder rechtes Auge.

Einem Donnergrollen gleich verhallen die letzten geflüsterten Sätze in den Ohren der entsetzten Theaterbesucher: Wer waren die, die ein solches Spektakel inszenierten? Woher kamen sie? Aus der Enge eines germanischen Mutterschlunds krochen sie heraus, gleich all den anderen Menschenbabies, süß, rosafarben und zerbrechlich wie Porzellan: Adolf Hitler, Adolf Eichmann, Joseph Goebbels, Hermann Göring, Josef Mengele, Rudolf Heß, wer will die Liste fortsetzen?»

Johnny stieg vom Stuhl. Im «Dreckschwein», dem weltberühmten Frankfurter Nachtcafé, herrschte Totenstille. Dann brach ein frenetischer Applaus aus. Jankl schüttelte erschüttert Johnnys Hand.

«Das war genial, Kleiner, absolut genial. Welch ein Racheakt. Ich hätte nie gedacht, daß ein deutscher Goi fähig ist, einen solchen Rachedurst zu verspüren. Bravo.» Johnny grinste glücklich seinen neuen Freund an.

«Das muß daran liegen, daß du schwul bist. Politisch bewußte Schwulis haben schon aus purem biologischem Lebenswillen eine tiefsitzende Abscheu gegenüber den Nazis, oder?» Nachdenklich kratzte sich Jankl am Hinterkopf.

«Wenn du das so sagst, Monsieur Klugscheißer, dann muß es ja wohl stimmen. Jetzt bist du aber dran, los, Jankl Augstein, auf das Rednerpodest.»

«Neben deiner gewaltigen Prosa verblaßt es, aber egal.» Jankl stieg auf den Stuhl.

Dscherry, jüdisch, blond und fast zwei Meter groß, war inzwischen unbemerkt auf der Szene erschienen. Er trat von hinten an Jankl heran und hievte ihn sich auf die Schultern. Überrascht schaut Jankl unter sich.

«Wer bist du, Arier, der du es wagst, mich semitisches Leichtgewicht auf deine Schulter zu heben. Ich staune.»

«Das Volk nennt mich den Mimosenduft, stark bin ich wie ein Baum, und in der Tat, in Wirklichkeit heiße ich – Mandelbojm.»

Dscherry dichtete weiter:

«Interniert sein ist schwer, sich auszudrücken dann noch schwerer. Der Inhaftierte wurde ohnmächtig, Gott trat an seine Stelle und sprach... Nu sprich, Augstein, lies vor, den Quatsch, den du Literatur nennst.»

Und Jankl, auf den breiten Schultern seines Freundes sitzend, holte ein Papier aus seiner Westentasche und galoppierte los: «In grauer Vorzeit, als unseren Vätern und Müttern in ihrer Kindheit noch ein Schwarz-Weiß-Programm zum Abendbrot serviert wurde und der Fernseher als einziger Monitor, als allmächtige Glotze das ansonsten leere und öde Wohnzimmer beherrschte, in einer Zeit, da die Völker der Menschen noch versuchten, einander zu vernichten statt einander zu befruchten, da lebte ich. Laut Zeugenaussage des antisemitischen Kleinunternehmers, der damals in den späten 60ern und frühen 70ern Zeitschriften, Süßigkeiten, Spirituosen und ähnliches in dem Kiosk am Verkehrsknotenpunkt Eysseneckstraße / Holzhausenstraße verkaufte, ein hergelaufener polackischer Judenlümmel. Ich war natürlich ein ungemein glücklicher Zeitgenosse, denn schließlich wuchs ich in einem der reichsten Länder der Welt auf und durfte zum Frühstück soviel Nutella-Brote verzehren, wie ich nur wollte. Wenn ich nur Appetit auf drei statt vier hatte, erinnerte meine Gouvernante mich an die aufgeblähten Bäuche der Biafra-Kinder. Erst viel, viel später begriff ich, daß wir durch wirtschaftliche Ausbeutung das Elend in der sogenannten Dritten Welt mitverursachen, und erst viel, viel später begriff ich ebenso, daß Gott, der Allmächtige, den es gar nicht gibt, uns für unsere Sünden furchtbar bestrafen wird. Wir, die wir noch viel zuviel glauben und nicht wissen wollen...»

Aufhören- und Buh-Rufe unterbrachen Jankls Vortrag, faule Eier und Tomaten schlugen auf seiner Schädeloberfläche ein.

«Banausen, Stinklöcher, ihr habt ja gar keine Ahnung,

«Nu sprich, Augstein, lies vor, den Quatsch, den du Literatur nennst.»

1 **❷** 3 4 5 6 ⑦ 8 ⑨ 0

An alle notgeilen
Schöngeister hier
in diesem Raum

was gute Literatur ist. Apolitisches Gesocks. Degeneriertes Alkoholikerpack!»

So schrie der Geschmähte und Verhöhnte auf den Schultern seines Freundes reitend. Dieser, Dscherry Mandelbojm, hob die Hand nazimäßig zum römischen Gruß.

«8-ung! 8-ung!» rief er laut und deutlich. «Ruhe im Bunker! Hört ihm zu, dem Träger des abgesetzten Häuptlings: Ich bin euer neuer Führer, mein Wort das Gesetz, mein Glied ‹das› Zeugungsinstrument auf diesem Planeten.»

Ein spöttisches Raunen ging durch das schlagartig ruhiggewordene Café.

An alle notgeilen Schöngeister hier in diesem Raum, eure Ästhetik, euer ganzes amoralisches Ästhetentum, jener armselige und marode Schönheitssinn, jenes morsche und krebserregende Gefüge aus halbbewußter Eitelkeit und unbewußtem Fetischismus, das euch verblendeten Romantikern und Götzendienern in den Knochen sitzt, werde ich – mit einem einzigen, kurzen Satz zum Einstürzen bringen.

Meine Damen und Herren, dieser Satz besteht aus genau drei Wörtern:

Auschwitz war geschmacklos.

Die im Lande der Mörder Nachgeborenen, die das nicht begreifen, werden ihr Leben lang geschmacklos bleiben, bis zu ihrem vorzeitigen Tod.» Den letzten Satz hatte Dscherry deutlich leiser von sich gegeben, als ob er zu sich selber gesprochen hätte. Während er mit der einen Hand das Schienbein von Jankl festhielt, der wie ein kleines Kind auf ihm draufsaß, schüttelte er kurz und heftig den Kopf wie ein Pferd, das Fliegen verscheucht.

Es war dem jungen Mandelbojm deutlich anzusehen, daß ihm ganz plötzlich komisch zumute geworden war. Er war eigentlich recht gut drauf gewesen und hatte das Lokal betreten als der kleine, hier wohl etwas sadistisch wirkende Johnny gerade sein widerwärtiges Folterszenarium beschrieben hatte.

Daß er Jankl auf die Schulter heben würde, war natürlich abgesprochen, und seine übermütige Vorstellung wurde von einem breiten ironischen und theatralischen Grinsen begleitet. Der Schlußsatz «Auschwitz war geschmacklos» hatte dabei von Anfang an festgestanden. Nur dieser plötzlich deutlich leiser vorgebrachte allerletzte Satz, daß die im Lande der Mörder Nachgeborenen, die das nicht begreifen, ihr Leben lang geschmacklos bleiben würden, bis zu ihrem vorzeitigen Tode, hatte ihn nicht nur überrascht, sondern richtiggehend überwältigt. Es war, als ob jemand Fremdes in ihm das noch hinzugefügt hätte, und es war ihm weiterhin klar, daß er sich damit auch selbst gemeint hatte. Das unheimliche und scheußliche Gefühl, das dadurch ausgelöst worden war, wollte er schleunigst wieder wegmachen. Vergessen. Dscherry hatte verdammt noch mal keine Lust auf so einen Scheißdreck.

Der Ernst der Lage war jedenfalls wiederhergestellt. Das Leben und die Unterhaltungen gingen weiter. Jankls kurzes Filmexperiment war im Kasten, die Kamera wurde ausgeschaltet, und es wurde noch ein lustiger und unbeschwerter Kiff- und Saufabend im Café «Dreckschwein».

Ein denkwürdiger Abend

(Für alle oberflächlichen Leser)

Christian Futscher, 1960 in Feldkirch geboren, lebt in Wien, Pächter des besten Stadttheurigen. Schreibt lustige Geschichten. Singt schöne Lieder. Zeigt kleine Bilder. Preisträger beim Open Mike '95, Berlin. Schreibt an einem Gruselschocker («Die Schluchtensusel auf der Eierwiese») und an einem Abenteuerroman («Der Mann, der den Anblick essender Frauen nicht ertragen konnte»).

Am 23. November des Jahres 1892 hatte der junge englische Dichter Lord William S. Trinkle in der Royal Geoffrey Hall in London seine erste große öffentliche Lesung. Kaum hatte Lord William S. Trinkle die ersten Sonette aus seinem kurz zuvor erschienenen Zyklus ‹The Boy and the Cow› vorgetragen, wurde er auch schon mit faulem Obst und Gemüse beworfen. Der junge Dichter bückte sich nach einem nur wenig angefaulten Apfel, biß herzhaft zu, kaute, schluckte und rief: «I love you! I love you! I love you! ...» –

Ja, es war ein denkwürdiger Abend, jener Abend des 23. September des Jahres 1893 in der Royal Geoffrey Hall in London, an dem der junge englische Dichter Lord William S. Trinkle seine erste große öffentliche Lesung hatte.

apokalypse

die in den bus
drängenden
drängten
die aus dem bus
drängenden
ins innere des busses
zurück

Danke:

Erich Maas, Asma Semler, Alfred Goubran, Marc Fischer, Karl Bruckmaier, Volker Hapke, Johannes Beck, Felix Kempf, Constanze Hinz, Michaela Melián, Raoul Holzer, Sino, Lea Schmidbauer, Helmut Postel, Susanna Eid, Birgit Marmulla, Paul Weller.

Die Herausgeber
Andreas Neumeister, geboren 1959, Schriftsteller. Zuletzt «Salz im Blut», Suhrkamp 1990, und «Ausdeutschen», Suhrkamp 1994. Veranstalter. Lebt in München.

Marcel Hartges, geboren 1961, seit 1992 als Lektor bei Rowohlt. Lebt in Hamburg und Berlin.

Nachweise

Texte:

Die Abdruckrechte der einzelnen Texte liegen bei den Autoren, bis auf: «Here you are Gipsy fingers on your guitar», aus: Patricia Brooks, Aquadrom. © 1993 by edition selene, Klagenfurt, Austria; Franz Dobler, «Ein glücklicher Tag», © 1996 by Edition Nautilus; Bernd Begemann: Texte mit freundlicher Genehmigung des Wintrup Verlags.

Peter Webers Text «Meine körpereigene Musik» erschien bereits in: Techno. Hrsg. von Philipp Anz und Patrick Walder, Verlag Ricco Bilger, Zürich.

Abbildungen:

Der Umschlag geht auf einen *flyer* von Ralph Boch zurück.
S. 17
Fotobild von Helmut Postel
S. 21, 25
Kai Damkowski fotografierte Tocotronic
S. 28/9, 32/3
Cathy Skene und Christoph Schäfer

1   2   **③**   4   5   6   7   8   9   ⓪

Literaturmagazin 37
Pop – Technik – Poesie
Die nächste Generation
Herausgegeben von Marcel Hartges,
Martin Lüdke und Delf Schmidt
192 Seiten. Kartoniert.

Das «Literaturmagazin 37» stellt in literarischen und essayistischen Beiträgen Autoren und Autorinnen einer neuen Generation vor. Das Spektrum reicht von einem Schriftsteller wie Radek Knapp, der dem traditionellen Erzählen verpflichtet ist, bis hin zu einem experimentellen Künstler wie Marko Lehanka, der ein Computerprogramm entwickelt hat, das erstaunliche Texte generiert. Helmut Krausser, Franzobel, Kathrin Röggla oder Andreas Neumeister stehen für Schreibweisen, die kaum mehr als das Alter ihrer Verfasser zu verbinden scheint. Doch trotz aller postmodernen Unübersichtlichkeit lassen sich einige Tendenzen ausmachen. So ist etwa unverkennbar, wie sehr das sogenannte «politische Bewußtsein» auf der literarischen Oberfläche an Bedeutung verloren hat, während gleichzeitig die Digitalisierung der Welt und die Popkultur immer deutlichere Signaturen hinterlassen.

«Pop – Technik – Poesie» will einen Zugang eröffnen zu einer neuen Generation von Autoren, der die längst zur Floskel gewordene Klage über den literarischen Nachwuchs nicht gerecht wird.